JN410073

김용한 수필집

교음사

| 책머리에 |

인생은 뜬구름도 아니요, 스치고 마는 바람도 아니다. 그러기에 스스로 살피며 가꾸어 가는 것이 인생이다. 따라서 생각은 자신을 만들며 인생이라는 무대에서 끊임없는 변천사를 이어간다. 그러나 만월이 늘 상 만월이 아니듯, 사람의 마음도 변화무쌍하다. 그래서 사는 동안 이런 맛 저런 맛을 즐기며 살고 있는지도 모른다. 나 역시 나라는 본질은 그대로인데 샛별이 되었다가 묻힌 별이 되기를 반복하며 자신을 주저앉히는 것도 나였고, 세우는 것도 나 자신이었다. 이와 같은 끊임없는 흔들림 속에서도 결국 내 글을 펴내게 된 것은 한 권의 책을 내고 싶었던 초심을 억제하지 못한 탓인 것 같다. 누구나 흉터는 가리고 싶듯이 여러 가지로 부족하고 흠집이 많은 나 자신을 내보이는 것이 심히 부끄럽다.

하지만 1997년 늦깎이로 오십의 나이에 『수필문학』에 등단하여 25년이 지난 지금, 그동안 긴 외도에도 불구하고 깊이 간직되어 온 원고들이기에 세월의 무게를 고스란히 담고 있다. 내 글이 시공을 초월하여 독자의 마음에 닿을 수 있기를 기대한다.

2021년 12월에 저자 김용한

1. 동행

2. 잃고 싶지 않은 것

3. 여백의 여유

4. 만남

1

동행

내 어머니

딸이 그린 저자의 초상

지금의 내 나이 적 어머니를 생각해 본다. 갸름하고 피부색이 흰 조그마한 얼굴에 매끈하게 빗질을 하여 쪽을 찌셨다. 언제 어디서 기억을 하던 단정한 모습으로 떠오른다. 자그마한 키에, 호리호리한 몸매, 평상시엔 늘 흰 옥양목 치마저고리 차림으로 계셨는데, 그 치마폭 속으로 파고드는 나를 늘 웃음으로 허용하셨다. 우리 형제 중에 여덟 번째로 태어난 나는 내 기억 속에는 어머니의 꽃 같을 적 모습은 떠올릴 수가 없다. 중년을 넘긴 상냥하고도 얌전한 성품에 누가 봐도 다소곳한 여인으로 여겨질 법한 분으로 기억될 뿐이다.

어릴 적 우리집 사랑방에는 손님이 끊일 새가 없었다. 보릿고개에는 더욱이 그러했다. 어머니는 하루 세끼니 새로 지은 밥상을 차려 들고, 사랑방 뜨락을 오르내리셨다. 참참이 내는 술상 보기에 늘 분주하셨고, 밤늦도록 술 시중에 때로는 성가신 푸념도 하셨지만, 사랑방에서 읊어 내는 시조 소리에 귀를 기울이곤 하셨다. 체구는 작아도 종갓집 맏며느리답게 도량이 넓어 시누이들과 아래 동서들을 잘 이해하고 감쌌다. 형님인 아버지께 꾸지람 듣는 시동생의 우울함을 어머니는 늘 감싸고 위로해 주시곤 했다. 그럴 때마다 숙부는 어머니께 속마음을 마저 다 털어놓고서야 웃으며 돌아가시곤 하였다.

어머니께선 인정 또한 남달라 보따리장수들이 우리집을 들러 끼니를 때웠다. 걸인에게는 옷가지를 챙겨 입히며 잠자리도 마련해 주셨고, 고깃국을 끓이면 먼저 한 그릇 떠 들고 외딴집, 혼자 사는 노인을 찾아가시었다. 때때로 어려운 사람들을 기억하시며, 당신이 받아먹고 있는 밥상을 송구스러워하시곤 했다. 어머니는 천성적으로 착하고 인정 많은 분이셨으나, 옳고 그름에는 분명하여 자식들 훈육에는 엄하셨다. 게으름을 용납하지 않으셔서 성한 몸을 가진 젊은이가 얻으러 오면, 일해서 벌어먹으라며 타이르시곤 했다. 자식들에게도 '일하기 싫으면 먹지도 말라, 나가 있는 사람 몫은 있어도 잠자는 사람 몫은 없다.'라는 말씀으로 일침을 가하시곤 했다.

별들이 쏟아져 내릴 것 같은 여름밤이면 모깃불 타는 마당에 밀대방석을 깔고 누워, 어머니의 부채질로 나는 마당에서 잠이 들곤 하였다. 그런 내가 아침이면 방안 모기장 속에 있곤 하였다. 추운 겨울날엔 하굣길에 고드름이 되어 돌아온 내 손을 당신 앞가슴 맨살에 녹여 주시던 어머니. 착하다, 잘했다 하시며 엉덩이를 두들겨 주시고 머리를 쓸어 주시던, 밝고 맑은 얼굴을 가진 내 어머니셨다. 이웃들과도 얼굴 붉히는 일 없이 누구와도 웃음과 평온한 대화를 주고받던 모습이, 내게 따사로움으로 다가온다. 가냘프기만 한 분이셨는데 황소라도 힘에 부칠 농가의 큰살림을 해내시었다고 한다.

그때 어머니의 모습으론 상상이 가질 않는다. 점점 편리해지는 생활 수단에 접할 때마다, 당신이 젊었을 때 겪어 온 과거와 비교가 된다고 하시며 눈시울이 붉어지시곤 했다. 나는 어머니의 말씀이 마치 딴 세상 이야기처럼 들렸다. 지금 그 말씀을 회상해 보면 우리 세대는 지금 별천지의 세상을 살고 있다는 생각이 든다. 나의 어린 시절도 지금과는 비교도 안 되게 부족하고 비문화적인 세상이었는데도, 어머니는 그 시절을 당신의 시대와는 딴 세상이라 하시었다. 언니들의 혼숫감으로 비단을 끊으실 때마다, 무명옷으로 젊음을 보내온 것이 마냥 억울하시다는 눈치셨다. 지난 세월을 돌아보면 자신의 인생이 너무나 허망하고 서러워 죽어서 다시 태어나고 싶다 하시었다. 그때의 어머니를 생각해 보면 감성도 풍부하시고 문학적인 소질도 다분하셨다는 생각이 든다. 하늘을 자주 올려다보시며 빛 고운 하늘을 감탄하셨고, 바람에 일렁이는 푸른 들녘을 가슴에 품으며 행복해하시던 어머니의 모습을, 이제야 나는 그 마음을 읽고 있다.

그때가 마치 엊그제인 듯 내겐 지금도 그 모습 선명하게 눈에 가득 담겨 있다. 그런 감성을 지니신 분이 가슴에 겹겹이 쌓인 회포와 맺힌 서러움인들, 그 얼마나 많이 토해내고 싶으셨을까. 그래서였는지 어머니는 당신의 생애를 글로 엮어 보지 못하는 것에 대하여, 안타까움을 자주 표현하시곤 하시었다. 동네 사람들의 편지는 맡아 놓고 대필해줬건만, 정작 내 어머니의 마음은 단 한 줄도 엮어 드리지 못하였기에 지금 나는 가슴이 아프다.

어머니는 둘째 딸로 태어나 열일곱의 나이로 한 살 연하인 아버지에게 시집을 오셨다. 우리집은 큰할아버지가 계셨으니 족보상으로 보면 대종가는 아니었으나, 큰할아버지마저 우리가 모시고 살아서 어머니는 실상 종가의 칠 남매 중 맏며느리셨다. 서른여덟의 할머니는 오빠보다 어린 삼촌을 낳은 후 방에서만 생활하시다가 삼촌이 다섯 살 되던 해에 돌아가셨다 한다. 머슴을 두셋씩 두고 사는 농가 살림을 혼자 도맡아 해내며, 시누이 시동생 여섯 남매를 건사하고 당신 자식 칠 남매를 기르자니, 손에 물이 마를 사이가 없었다. 방앗간도 없고 옷은 모두 풀하고 다듬이질하여 꿰매 입는 시절이었으니, 사시사철 방아질이요, 옷 수발에 해가 뜨고 저물었다. 아녀자는 밝은 대낮에 대문 밖을 나가면 안 된다는 할아버지의 엄명에 따라, 밤에만 긷는 물질이 달이 없는 그믐밤이나 혹한의 동지섣달의 밤은 산밑 우물가가 천 리였다고 했다. 정수리는 늘 부어 있었고 하소연할 곳 없는 마음을 깊은 밤 울어대는 부엉이와 함께 울곤 하셨단다. 한 달에 두세 번도 돌아오는 제사에, 떡방아 찧고 제기 닦는 일들은 죽을 만큼 고되어서 양식이 넘쳐나는 종가에서 피골이 상접 하여 쓰러지곤 하셨단다. 죽을 것만 같아 친정에 갔더니 외조부모님께선 그 집 귀신이 되어야 한다고 가마에 다시 태워 돌려보냈다며, 말을 잇지 못하시던 어머니였다. 나는 어린 마음에도 어머니가 가여워서 함께 울었다. 모여 앉아 길쌈하는 동네 아낙들이 부러워 가난한 집으로 시집 못 간 것이 한이셨다는 어머니. 죽어도 김씨 문중에서 죽어야 한다는 일념 하나만으로 살아 내셨다는 내 어머니셨다.

그런데 나는 나 살기에만 바빠 어머니를 잊고 살았다. 엄마는 내 곁에 있는 당연한 존재로만 여겼다. 세상에서 가장 따뜻하고 그리움이 두고두고 묻어나는 단어 어머니. 신은 여기저기 있을 수가 없어 어머니를 만들었다는 말이 있듯, 어머니는 그런 존재이다. 이젠 저세상에 가신지도 오래이나 그 모습 그 목소리는 지금도 선명하여 더욱 그리움만 인다. 이 세상에서의 고달픔은 벗고 그 세상에서 호사 누리시기만을 간절히 빌 뿐이다. 아니 그리 믿는다.

1997. 3.

시인의 꿈

자연이 좋아 흙이 좋아 그와 더불어 살고 있다는 한 시인을 찾았다. 생면부지의 사람을 찾아간다는 것은 그리 쉬운 일이 아니나, 같은 꿈을 향해 가는 사람들이라서 가능한 것이 아닌가 생각된다.

비를 뿌릴 듯이 검은 구름이 짙게 깔렸던 하늘이 안성에 이르자, 작열하는 7월의 태양이 뜨겁게 지면을 달구고 있었다. 드문드문 보이는 집들이 대부분 양옥으로 지어 있어, 이젠 도시와 시골의 주거 문화 격차가 좁혀져 가는 느낌이 들었다. 그러나 나에겐 자라온 생활의 흔적을 아직도 지우지 못한 탓인지, 시골은 역시 초가지붕이어야 제격이라는 생각을 버리지 못한다. 여름이면 박 넝쿨이 너울거리는 사이로 큼지막한 박들이 주렁주렁 열리고, 가을이면 빨간 고추로 덮여 있는 지붕이라야 제멋을 지닌 농촌 풍경이라는 고정 관념이 있어서다.

그래서인지 내겐 그 시절의 향수가 짙게 깔려 있다. 쪽빛 하늘과 연두색 빛 들녘이 조화를 이루는 평화로운 시골 풍경을 보고 있노라니, 내 고향 산천이 떠오르고, 그곳에서 뛰놀았던 어린 시절이 생각났다. 따뜻한 봄날이면 논으로 밭으로 쏘다니며 민들레꽃 제비꽃을 따고, 고무신에 올챙이를 잡아 맨발이 되어서도, 마냥 좋아하며 낄낄거렸던 티 없던 시절이었다. 또래 아이들과 삐삐 뽑기에 정신이 팔려 해 질 녘에야 휑한 눈으로 돌아오는 나를, 꾸중 대신 포옹으로 반기시던 어머니의 따뜻함, 뱀딸기 한 움큼 입에 넣고 좋아했던 해맑은 얼굴들, 보리밭에 들어가 깜부기 뽑아 먹으며 서로의 얼굴에 수염을 그려 주고, 인디언 같은 얼굴을 마주 보며 깔깔대고 웃던 일들은, 나를 동심으로 돌려놓는 잊힐 수 없는 추억들이다.

차에서 내려 500m쯤이나 걸었을까? 갖은 풍상을 다 견디어 내었음직한 아름드리의 은행나무 서너 그루가 서 있었는데, 그 옆으로 보이는 집 한 채가 시인의 집임을 직감하였다. 널따란 정원 입구에 우리 일행을 기다렸다는 듯이, 한 중년 남자가 환히 웃고 서 있었다. 작달막한 키에 시커멓게 탄 얼굴이지만 만면에 웃음을 가득 담고 반갑게 맞아 주는 순박한 전형적인 시골 농부의 모습이다. 마음씨 좋은 이웃집 아저씨 같은 편안함이 있어 친근감마저 드는 인상이었다. 큼지막한 수건을 개켜 들고 연신 땀을 훔쳐내는데 땀이 흘러서라기보다, 습관적으로 하는 행동처럼 보였다. 정교하고 멋지게 가꾸어진 정원은 아니지만, 곳곳에 보이는 조각들의 자태가 정원의 분위기를 한결 돋보이게 했다. 각종 야생화와 잘 다듬어지지 않은 수목들의 모습에서 본래의 자연 그대로를 사랑하는 시인의 소박함을 엿볼 수 있었다.

시인은 자연과 함께 더불어 살고자 함이 꿈이었다며, 자기 집 정원에서 자라고 있는 꽃들에 대하여 설명을 하고 나섰다. 며느리 밑

씻개, 노루오줌, 기생 치맛자락, 같은 야생화는 처음 들어 보는 이름이어서 우스꽝스럽고도 흥미로웠다. 금낭화는 이름처럼 아름답고 우아하며 개까치수염, 매 발톱 등, 야생화의 이름들은 아주 매력적으로 들렸다. 눈을 씻고 봐야 할 정도로 작은 꽃, 마음을 호릴 듯이 앙증맞은 야생화에 감탄이 절로 나왔다. 야생화의 아름다움과 작은 꽃들이 이처럼 매력적이고 예쁘다는 것을 새삼스럽게 느껴졌다. 정원에 심어놓은 꽃과 식물 모두가 순수한 우리 땅의 것 토종이라 하니, 시인의 남다른 의식이 돋보였다. 그의 이야기 중에 그는 자기의 인생에 대한 자신감과 긍지가 대단했다. 흙과 함께 살고자 하는 신념이 있고 가치를 두는 이유가 있었다. 흙을 사랑하며 살아가는 한 인간에게서 흐르는 생동감이 내게 전하여 오는 듯, 가슴에 잔잔한 기쁨이 피어올랐다.

대청마루에 앉아 뜰을 내려다보니, 햇볕이 이글거리는 장독대 옆 담장 위로 힘껏 뻗어 꽃망울을 조랑조랑 달고 있는 박 넝쿨이 눈에 들어왔다. 이를 대하는 순간 오랫동안 잊고 살았던 옛 친구를 만난 듯 반가움에 내 마음이 화들짝 놀랐다. 늘 나의 추억 속에서만 만나던 것이어서이다. 지금은 비록 옛 모습을 잃었지만, 옛 고향 집이 불현듯이 떠오르고 어린 시절이 다시 떠올랐다. 햇살이 강렬하게 쏟아지는 여름날이면, 이 집 저 집 초가지붕을 다 덮고 푸른 자태를 뽐내던 박 넝쿨. 한낮엔 생각 없이 너울거리다가 해가 지면 이슬 받아 목욕하고, 촉촉이 꽃망울 방울을 피워내던 백옥 같은 신비의 꽃이었다. 그 꽃만큼이나 청순했던 내 마음을 흔들어 놓던 그때의 그것들인 양, 그를 보는 순간 새롭게 가슴을 파고들었다.

달 밝은 밤이면 이슬에 목욕하고 희다 못해 푸른빛을 발하며, 온

밤을 바람의 리듬에 맞춰 춤을 추다가, 아침 햇살이 포옹을 할 양이면 간밤의 일들은 비밀에 부치려는 듯, 입을 꼭 다물어 버리는 매력적인 꽃. 자기 비밀을 다 알아 버린 나 보기가 쑥스러운 듯, 살랑 부는 바람에 몸을 흔들곤 했었다. 나는 그런 박꽃의 자태에 빠져 아침저녁으로 마당가를 서성이곤 했었다. 나는 지난날이 회상되어 그 흔적을 찾으려는 듯, 자리에서 일어나 집 모퉁이를 돌았다.

그런데 예상치 않은 꽃사슴 두 쌍이 어두컴컴한 울 속에 갇혀 있는 게 아닌가. 넓은 정원에 뛰노는 사슴은 한 폭의 그림이고 아름다운 정경일진대, 우리 속에 갇혀 있는 사슴의 모습에선 측은지심뿐이었다. 사람에게나 짐승에게나 어울리는 자리가 있음을 잠시 생각해 보았다. 그곳을 벗어나 앞뜰에 다시 서고 보니 하늘엔 조각구름이 흐르고 너른 정원 앞 저만치에선 수탉 울음소리가 한낮을 알리고 있었다. 참으로 평화로운 풍경이었다.

그리고 너른 뜰을 메운 꽃잎 사이사이로 바삐 오가는 벌 나비의 나래 짓이 분주하였다. 신선 같은 바람은 파란 이파리들을 간질이고 달아났다가 다시 돌아와 장난을 치곤 하였다. 자연의 숨결에 취해 버린 나는 세월 뒤로 묻힌, 또 한 소녀의 모습을 회상하고 있었다. 이게 얼마만의 호사하는 시간인가.

아득히 멀어져 간 연초록의 시절, 그 소녀에겐 맑디맑은 꿈이 있었다. 시집을 베개 삼아 하늘을 향해 읊조리어 뒷산 뻐꾹새 울음에 실어 보냈는가 하면, 개울가에 앉아 속삭이는 물소리에 꿈을 합하여 종달새의 날개에 실어 보내곤 했다. 티도 때도 묻지 않은 희고 말간 꿈은 그렇게 날갯짓만 하고 있었다. 그리곤 밤하늘의 별 무리 속에 침묵으로 묻어버렸다. 그렇게 겹겹의 세월에 묻혀버렸는가 했는데 지금 이 자리에 그 옛날의 그 소녀는 지난날의 미미했던 자신의 인생 설계도를 아쉬워하며, 오늘도 씻겨져 나간 꿈을 향해 회향을 기대하고 있는 것이 아닌가. 그래서 지천명의 나이를 넘기고 서도 이렇게, 하늘 위 조각구름에 허허로운 맘만을 띄워 보내고 서 있는 것이 아니겠는가. 한 가닥 붓의 미련을 놓지 못한 채.

시인은 불편한 다리임에도 환한 웃음을 잃지 않고 자신의 시집을 일일이 사인해 줘서 귀한 마음으로 받았다. 소박하기만 한 시인의 얼굴을 찬찬히 바라보면서 그는 허구가 아닌 실상을 쓰는 시인의 진지함을 보았다. 자신이 살아가는 삶의 현장이 곧 시어로 옮겨서, 독자들과 공감대를 이루고 있음을 알 수 있었다. 자연을 사랑하는 삶이 바탕이 되고 그와 더불어 다듬고 가꾸어 쏟아 낸 글이라면, 건조한 마음을 봄비처럼 촉촉하게 적셔 주리라는 기대를 해 봐도 좋을 것 같다는 생각이 들었다. 정원을 메우고 있는 돌, 나무, 새, 모든 자연이 시인의 꿈이고, 더불어 살아가는 이곳이 곧 시의 생모지 임을 생각하며 가벼운 발길을 돌렸다.

1996. 8.

정자나무

여우도 죽을 때는 자기 굴 쪽으로 머리를 둔다고 하였다. 그런데 사람이 자기의 고향을 마음에 간직하고 동경하지 않을 자가 있을까. 내가 고향을 떠나온 지도 강산이 세 번을 바뀌고도 남을 긴 세월이었지만, 고향 산천의 사계절이 눈에 박힌 듯 지워지질 않는다. 그중에서도 거대한 모습으로 마을을 비스듬히 내려다보고 서 있는 느티나무는, 내 고향의 지주인 양 변함없이 늠름한 모습으로 남아 있다.

마을에 들어서면 제일 먼저 눈에 들어오는 이 거목의 느티나무를, 동네 사람들은 정자나무라 불렀다. 이 정자나무의 내력이나 나이를 아는 이는 아무도 없었다. 오백 년은 족히 되었으리라는 추측만 할 수 있을 정도로 몸의 골이 깊고 우람한 모습이었다. 나무 둘레를 재는데 장정이 두 팔을 벌려 시간이 꽤 걸렸던 기억으로 봐서, 지금껏 그보다 더 큰 나무는 아직 보지 못하였다. 뭉치고 굽은 뿌리가 여러 가닥으로 솟아올라 그 등걸 위에 걸터앉으면 마치 낙타라도 탄 것 같았다. 나무 밑에서는 하늘이 전혀 보이지 않을 만큼 가지와 잎이 무성하여, 어지간한 비엔 끄떡없고, 맑은 대낮에도 어두컴컴하였다. 나뭇가지의 곳곳에는 새들이 둥지를 틀고 올빼미도 살았는데, 어쩌다 낮에 나온 올빼미는 아이들의 돌팔매로 곤욕을 치렀다. 때로는 나무 안에서 사는 서까래만 한 큰 구렁이가 나왔다고 온 동네가 떠들썩하여, 아이들이 겁에 질리곤 하였다. 그러나 마을 사람들은 그것을 죽이면 해코지를 한다고 하여 잡지 않았다.

정자나무 밑에는 단오절이 오면서, 정자나무와 마을 사람들이 한데 어우러져 살아가는 기점이 되었다. 단오 전날 밤이면 청년들은 짚으로 동아줄을 틀어 까마득히 올려다보이는 나무에 밤이 깊도록 그네를 매었다. 어둠 속에서 어떻게 그런 일을 할 수가 있었을까. 생각하면 지금도 감탄스럽기만 하다. 그런데 그 시절엔 남녀 칠 세 부동석인지라, 한동네에 살아도 처녀와 총각들이 서로 한자리에 모인다는 것은 꿈같은 얘기였다. 자칭 양반이라 하는 집에선 과년한 처자가 밖에 나가는 것을 삼가도록 했으며, 일반적으로 다 큰 처자가 밖에 나다니는 것을 큰 흉으로 알았다. 그래서 총각들은 어느 집에 어떤 처녀가 살고 있다는 것만 미루어 알았을 뿐, 얼굴조차 보기 어려웠다.

그러나 단옷날 밤이면, 정자나무에 매어 놓은 그네를 타기 위해 동네 처녀들이 약속이라도 한 듯 모여들었다. 아마도 청년들이 애써 그네를 매어 놓는 까닭이 여기에 있지 않았나 싶다. 이 그네가 매어지고 나면 동네 꼬마 녀석들은 놀이터가 생겼다는 듯이, 아침 일찍부터 정자나무 밑으로 모여들지만, 키가 닿지 않아 발도 올려놓지 못하고, 줄만 잡고 매달려 빙글빙글 돌아볼 뿐이었다. 그러나 밤이 되면 멀리 떨어진 이웃 마을에서까지 모여든 처녀와 총각들의 웃음소리와 함께, 정자나무 밑에는 활기에 차고, 푸름이 더욱 짙어만 갔다.

햇볕이 따가워지고 더위가 기승을 부릴수록 정자나무 밑에는 사람들로 북적거렸다. 매미 소리 음악 삼아 오수에 빠진 마을 사람들의 모습은 더없이 평화로워 보였다. 어른들은 아이들을 정자나무 밑으로 내모는 것이 더위를 이기는 데는 상책이었다. 동생을 등에 업고 또 업혀서 나온 벌거숭이들은 일단 정자나무 밑에 나오면 집 생각을 잊었다. 녀석들에게 놀잇감이라야 흙장난 아니면, 나뭇가지를 가지고 놀다가 서로 찔리고 싸우는 게 다지만, 밥때가 되어 형들의 부름이 있어야 눈물 콧물에 흙투성이가 되어서 집으로 돌아갔다.

한낮의 무더위가 한풀 꺾일 무렵이면 청년과 장년들은 논밭으로 나가고 그 자리는 노인들이 차지하여 장기를 두고 시조를 읊었다. 우리집의 제사 끝이라든가 손님이 왔다 간 후 집 안에 술이라도 남아 있는 날은, 아버지께선 정자나무 밑으로 들고 나가셨다. 그런 날 아버지의 얼굴엔 희색이 만연했다.

백중이나 동네잔치로 사람들이 얼근하게 취한 날이면, 누구의 심사가 불거져 나왔는지 다툼의 소리도 있었다. 이럴 때면 화해시키려는 사람들이 게걸스럽게 더 소리를 높이며 왁자지껄하다. 차츰 목청이 더 높아지고 무슨 일이 날 것같이 소란스럽다가도, 언제 그랬나 싶게 곧 화기애애한 소리로 바뀌고 너털웃음이 터져 나오곤 하였다. 꽁보리밥으로도 허기를 다 채우지 못하던 시절, 서럽고 맺힌 마음들이 그 얼마나 많았을까마는 그래도 그들은 가난을 숙명으로 여기며, 이웃을 알고 하늘을 두려워할 줄 알았다.

깊어 가는 밤, 정자나무 밑에서 호젓이 들려오는 노랫소리와 하모니카 소리는, 구슬프기조차 하였다. 두견의 울음이 화음을 이루는 날은 더욱이 그러하였다. 이렇게 그곳에서는 밤낮없이 마을 사람들의 생활이 엮어지고 있었다. 정자나무 밑에서 흘러나오는 호탕한 웃음소리와, 떠들썩한 아이들 소리가 끊이지 않는 한, 고향 마을의 여름은 별다른 탈이 없었다.

정자나무를 수호신으로 여기던 마을 사람들이 섣달그믐이나 정초에는 이 집 저 집에서 운수대통을 기원하는 고사떡이 놓이기도 하였다. 이른봄 차가운 기온 속을 뚫고 정자나무 밑에서 울리는 징 소리는, 마을의 회의가 있거나 취로 사업에 나가는 알림이었다. 사정없이 급하게 두들겨 댈 때는 어디에 불이 났다는 신호임을 마을 사람들은 징 소리만 듣고도 알아차렸다.

마을을 묵묵히 지켜보며 세월의 덮개만을 무겁게 이고 있는 정자나무가 천연기념물로 지정되었다고 한다. 그러나 이제는 아이들의 재잘거림도 마을 사람들의 만남의 장도 아닌 쓸쓸함과 정적만이 감돌 뿐이다. 흙먼지 속에 뒹굴던 코흘리개들은 너나없이 앞다투어 도시로 떠났고, 쓰디쓴 인생을 이겨내느라 푸념의 장이 되었던 청년과 중년들마저 좀 더 나은 삶을 찾아 고향을 등져 도회지로 갔다. 시대변화의 흐름 속에 지난날의 회상만이 감도는 정자나무. 오늘따라 그때 풍기던 삶의 냄새가 그립다.

1997. 5.

밥 한 그릇의 의미

어느 해부턴가 봄이 되면 기억 속에 되살아나는 아낙이 있다. 그는 내 유년 시절 소꿉친구의 어머니이다. 후줄근한 차림새며 병색 짙은 얼굴, 망태기를 멘 어깨가 천근같이 무겁게만 보이던 그 친구 어머니의 모습이, 내 머릿속을 메우곤 한다. 이미 세상을 떠난 지 40년 하고도 여러 해를 더한 세월이건만 어제의 모습처럼 역력하다.

매년 봄, 쑥과 물곩을 캐서 끼니로 연명하다 결국은 부황병으로 죽어 갔다는 사실을, 나는 철이 든 뒤에야 알았다. 그런 속사정도 모르고, 그 친구가 먹던 물곩 그릇에 군침을 삼키며 부러워하곤 했었다. 가끔 우리집에도 그것을 가져왔는데, 그때마다 어머니는 그 그릇에 밥을 담아 보내셨다. 어쩌다 밥그릇에 수저를 넣어 보는 어린 그 친구는 무슨 생각을 하였을까? 그 친구를 만날 수 있다면, 물곩처럼 아린 가슴을 풀지 않아도 눈빛만으로도 그 시절을 말할 수 있을 것 같다.

어려웠던 그 시절엔 봄이 되면 걸인들이 줄을 이었다. 그래서 밥술이나 먹는 집엔 식객 없는 끼니가 드물었다. 식사 때면 예고 없이 들어서는 사람에게 식구들 밥그릇에서 한 술씩 덜어 십시일반으로 한 사람 몫을 만들었고, 때로는 여유분 한 그릇을 담아 두기도 하였다. 걸인이 남의 집 문전에 섰을 때, 마음을 담아서 내다 주는 사람과 그렇지 않은 사람을 만났을 때의 심정은 어떠했을까 생각해 본다.

산골 마을인 우리 동네는 농토 없이 살아가는 사람들이 태반이었다. 그들은 남의 집 머슴살이 아니면 품팔이나 나무 장사로 생계를 이었다. 4남매를 둔 한 과수댁은 평생 삯 베를 짜서 살았다고 하였다. 긴긴 봄날, 베를 짜다 고픈 배를 움켜쥐고 부엌에 나와 둘러보지만 먹을 것이라고는 물 한 바가지뿐 이었다고 했다. 당시 그 절박했던 가난을 내색하지 않다가 세월의 물살에 다 씻어 보낸 지금에야 담담하게 쏟아 내었다. 그 시대의 분들은 너 나 없는 가난이니, 산다는 것은 그저 그런 것이려니 하였다 한다. 어머니께선 땅에 떨어진 곡식알을 줍게 하시고, 밥상 위에 떨어진 밥 한 톨도 용납지 않으셨다. 땅속 열 길을 파도 쌀 한 톨 나오지 않는다고 하시며, 밥의 소중함을 일깨워 주시곤 하였다. 그때는 어머니가 시키시는 대로 따랐을 뿐이었는데, 어머니의 속마음도 나는 철이 들고서야 알았다.

내가 객지에 나와 잠시 자취 생활을 할 때다. 밥 한 그릇을 아끼기 위해 풀빵 몇 개로 끼니를 대신하였고, 다음 끼니를 대비하여 입에 달은 밥 수저를 놓아야만 했던 적이 있다. 그래도 그 시절 나는 푸른 희망이 있었고, 집에만 가면 얼마든지 있다는 생각에서였는지는 몰라도, 내가 궁핍하다거나 이로 인해 서럽다는 생각은 해본 적이 없었다. 단지 어머니가 아시면 마음 아파하실까 봐 그런 말은 한 번도 내 비추지 않았을 뿐이다. 그 시대가 다 지나고 난 뒤에야 안

일이지만, 그때는 대부분이 그런 생활을 거쳤다고 했다. 뒷집에서 국수를 삶아 씻다가 국수 가락이 윗집 하수구 구멍에서 떠내려오는 것을 주워서 먹었다는 이야기며, 죽어도 좋으니 배가 터지도록 밥 한 번 먹어 보는 것이 소원이었었다고 말하는 사람의 이야기도 들었다. 그러나 풍족한 오늘날에도 밥 한 그릇이 절실하여, 급박한 상황에 놓인 사람이 왜 없으랴.

나는 약한 기질을 가지고 태어난 탓에 어려서부터 배가 고프면 길을 가다가도 그냥 길바닥에 쓰러져서 꼼짝도 하지 못하곤 했다. 그래서 지금도 외출 중엔 그것을 제일 두려워하여 배고픈 것이 호랑이보다도 더 무섭다고 말한다. 어느 해 사순절이었다.(천주교에서 예수 수난을 기념하며 단식하는 시기) 나도 이 시기에 내가 가장 어렵고 힘든 것이 단식인 만큼 이를 통하여 그분의 고통에 동참하고자 했다. 그래도 하루 세끼 중 아침이 제일 나을 것 같아 첫날에 아침 단식을 선언했다. 나를 익히 아는 남편은 그런 무리는 안 하는 것이 좋겠다고 하였다. 시계 앞에 앉아서 초침 소리를 들으며 열두 시가 되기를 기다려 밥 수저를 들었건만, 손이 떨리고 앉을 기력조차 없어 기대고 앉았다. 먹는다는 말보다 입에 퍼 넣었다는 말이 옳았다. 이 광경을 누가 봤으면 혀를 차고도 남을 일이었다.

둘째 날이다. 역시 아침밥을 지어 남편과 아이들을 챙겨 먹였으나, 나는 그만 아무것도 하지 못하고 누워서 시계가 열두 시 되기만을 기다렸을 뿐이다. 문제는 삼 일째 되는 날이었다. 남편이 퇴근해서 돌아올 때까지 아예 앓아누워 버렸다. 이를 본 남편은 앞으로 당신 인생엔 단식이라는 말은 없다며 희생도 감당할 수 있어야 희생이고 의미가 있지, 이토록 무리한 일은 누구도 원치 않는다고 하였다. 이러한 나로서는 밥 한 그릇의 의미는 남다르다. 이런 이유로 나는 식사 때 밥을 많이 먹으라는 말을 나도 모르게 하고 있다. 그런데 이 말은 우리 아이들이 제일 싫어한다.

요즘에도 풍족한 세상이라 하지만 가난은 있기 마련이다. 나의 일터에는 외판원과 구걸하러 오는 사람들이 늘 오간다. 나는 배고픈 고통을 알기에 그들에게 한 끼니 식사를 권하지만, 마다하며 현금을 요구하는 사람도 있다. 얼마 전 모 일간지에 결식아동이 늘고, 한 사찰에서 퍼주는 밥 한 그릇을 타기 위해 늘어선 줄이 끝이 없다는 기사를 보았다. 선진국 대열에 섰다며 자부심을 부추기던 때가 어제의 일인데, 다시 빈곤의 시대로 되돌아가는 건 아닌지 우려가 된다. 올해도 어김없이 봄은 왔는데 IMF로 마음의 봄은 아직도 멈칫거려 보도 매체를 통한 소식을 대하기조차 두렵다. 부도의 여파를 견디지 못해 일가족 자살 비보가 잇따르고, 가장의 실직이 가정 파탄이 되어, 아이들이 보육원으로 뿔뿔이 흩어지는 소식들로 세상은 얼룩져 가고 있다. 물질의 풍요로 살기가 좋아졌는데, 사람들은 왜 극단으로 치닫고 있을까 생각하게 된다.

빈곤했던 지난 시절. 그때는 아예 풍요로움을 몰랐으니 모두가 그러려니 하고 숙명으로 받아들이며, 가난을 가난으로 여기지 않았고 고통을 고통으로 여기지 않았던 것이 아닐까. 그래서 밥 한 그릇 속에서도 정을 쌓고 나누며, 인생을 정으로 마무리할 수 있었을 것이다. 그러나 요즘엔 물질 만능의 시대를 살다 보니, 자연히 경쟁심과 이기심이 팽배하여, 자신이 그 무리에서 뒤지는 것을 인정하지 못한다. 실패했다 싶으면 쉽게 포기하고 극단을 취하는 것은 아닌가. 온 가족이 밥 한 그릇에 수저를 넣으면서도 용기와 희망을 저버리지 않았던 우리 윗세대의 정신을 생각했으면 싶다.

눈물 젖은 빵을 먹어 보지 않고는 인생을 논할 자격이 없다고 하였다. 그만큼 밥이란 인생에서 떼어 낼 수 없는 소중한 것이다. 밥 한 그릇 속에는 육신을 살리는 힘이 있는가 하면, 영혼의 피폐함을 막아주는 에너지가 되어 주기 때문이다. 밥 한 그릇 속에는 우주와 같이 크게 느껴지는 사람이 있는가 하면, 쓰레기통에 부어도 아무런 자각조차 없는 사람도 있다. 그러나 오늘도 어김없이 내게 주어지는 밥 한 그릇 속에는 많은 의미를 담고 있다.

1998. 4.

동생

내 동생 이삿날이 하루 앞으로 다가왔다. 혼자 사는 살림이라 이삿짐이랄 것도 없는데, 신경이 여간 쓰이는 게 아니었다. 과천 일터에서 하루를 마치고 안산 동생 집에 도착했을 때는 밤 11시가 다 되어서였다. 동생은 3년 전 고향에서 올 때와 같이 초중고 교과서를 포함한 책들을 몇 포대 담아 놓고 대단한 물건이나 되는 것인 양 손도 대지 못하게 감시하였다. 이제껏 그래 왔듯이 종이 한 장 버리기를 마다하며 보물처럼 여기는지라, 청소할 때마다 나는 늘 싸움으로 시작하여 싸움으로 끝을 내야만 했었다. 그런데 오늘은 이미 심신이 지쳐 있어, 무슨 말로 설득을 해야 할지 말할 기력조차 잃었다.

싸움 싸움으로 대충 버려서 짐을 꾸리고 나니, 5월의 짧은 밤이 새벽 3시를 넘기고 있었다. 잠시라도 눈을 붙여야 하겠기에 집으로 향하는 길이 전에 없이 멀게만 느껴졌다. 돌아오는 중 말이 없는 남편의 지친 모습이 가엾고 측은지심이 들었다. 또 고맙고 미안하기가 이를 데가 없으나 입을 뗄 수가 없었다. 이런 일이 한두 날이어야 말이지, 멀고도 긴 세월이 가로 놓여 말을 할 염치가 없었다. 그동안 남편은 힘들고 귀찮게 하는 동생 일이 일상처럼 되었지만, 남편은 군입 한번 뗀 적이 없었다. 죄라면 당신 같은 사람을 만난 자신의 죄라고 체념해 버린 사람 같았다. 단 한마디라도 언짢은 표현을 했더라면 아마도 나는 이중고를 겪었을 것이나, 오히려 투정 부리고 힘들어하는 나를, 우리 대신 십자가를 진 사람이니 고맙게 생각하자며 무슨 말로든 위로해 주고 다독여 주었다. 그러던 사람이 오늘은 입을 굳게 닫았다. 내 가슴속엔 만감이 교차하고 그저 서럽고 외로웠다. 어머니 아버지께선 저세상에서 이런 나를 보고 계실까. 하고픈 말이 가슴에 차고 넘쳤다.

나의 부모님은 아들이 셋인데 큰 오빠만 살았고 둘은 어릴 때 잃었다. 그러다 보니 부모님께선 집안에 아들 하나가 더 생기기를 학수고대하셨다. 그러나 그 소망을 저버린 채, 내리 딸 다섯이 태어났다. 다섯째 딸인 내가 태어나던 날은 초상집 같았다고 하였다. 그로부터 5년 후인 내 나이 여섯 살이 되던 해에 늦둥이 아들 남동생이 태어났다. 아들 하나를 더 원했던 우리집은 대단한 경사였다. 칠흑 같은 밤이었는데 삼촌은 읍내 친척 집에 묵고 계신 아버지께 소식 전하러 십리 길을 달려갔고, 할머니는 '터를 비싸게 팔은 신통한 년'이라며, 나를 업고 어깨춤을 추시던 기억이 어렴풋이 떠오른다. 동생은 백일 늦게 태어난 조카와 쌍둥이처럼 자랐다. 초등학교 5학년이 되던 해 봄, 동생은 형님 집으로 조카와 함께 서울로 전학을 갔다. 매번 방학을 지내고 돌아갈 때면 동생은 이불 속에서 꼬박 하룻밤을 울었고, 그런 아들을 어머니는 눈물로 떠나보내곤 하셨다.

동생이 고등학교 3학년이 되던 해 봄이었다. 내 직장으로 찾아온 동생은 피골이 상접했다는 말을 실감케 했다. 삼계탕 한 그릇 비우기를 젖 먹던 힘을 다하는 듯 힘겹게 먹고 있는 동생을 보고 있노라니, 나 역시도 밥이 목에 걸려 넘어가지를 않았다. 돌아간 일주일 후. 폐결핵 3기로 쓰러지게 되자 부모님 품으로 돌아가서 1년을 요양하였다. 이듬해에는 내가 맡아 남은 학기를 마쳤으나, 진학의 꿈은 무산되고 다시 부모님 곁으로 돌아갔다. 사람들과의 접촉을 피하고 자기 방에서 혼자 지낸다고 하더니 72년 가을 동생은 결국 정신병원으로 가야 했다. 2개월 동안 치료를 받고 퇴원은 했지만, 동생은 좌절과 비애와 절망감에서 헤어날 줄을 몰랐다. 어쩌다 병원에 약 타러 왔다가 내 집을 들르고 돌아갈 때면, 눈물지며 돌아서는 동생에게 '걱정하지 말고 이담에 우리집에서 같이 살자.'라는 말밖엔 건네어 줄 말이 없었다.

어머니는 살아생전 막내아들 생각에 마음 한번 펴보지 못하고 끝내는 가셨다. 어머니 뒤를 밟아 아버지 역시 '불쌍한 이 자식을 네게 부탁한다.'라는 말씀을 남기고 가셨다. 그 유언이 있어서가 아니라 나는 이미 각오했던 대로 남편과 함께 동생이 사는 시골집을 오르내렸다. 내 영업장에서 일을 마치고 남편과 밤늦게 고향 집 동생을 찾아가면 새벽이 되고, 가져간 음식 챙겨 넣어주고 집 안을 치우다 시간에 쫓겨 돌아오곤 하였다. 전 같으면 달콤한 향수에 젖고 아기자기한 추억을 떠올리며 오갔던 고향길이었다. 그러나 추억 같은 것은 떠올릴 겨를도 없이 무거운 마음으로 오갔다. 때로는 남편에게 미안하여 말을 못 하고 서투른 운전으로 혼자 갔다가 사고를 내어, 온 가족이 걱정으로 밤잠을 못 이루게 했던 적도 있지만 그것으로 그칠 일이 아니었다.

마침내는 동생을 올라오게 하여 가까워진 거리가 한 짐을 덜어낸 듯이 생각되었던 것도 잠시뿐, 시간에 쫓기기는 마찬가지였다. 생각해 보면 동생이 병원에 혼자 다니는 것만도 다행이고, 하루 세끼 밥 챙겨 먹을 수 있는 것을 크게 고마워해야 할 일이었으나 나는 그 고마움을 자주 잊곤 하였다. 만들어다 준 반찬을 열어 보지도 않은 채, 썩힌 것을 치울 때의 심정은 이루 말할 수가 없었다. 기대하지 말자고 거듭 다지는 마음과는 달리 집 안에 발을 들여놓는 순간 억장이 무너져 내렸다. 눈 앞에 펼쳐지는 광경이 숨이 막히고 가슴을 짓누르기 때문이다.

지난해 가을. 병원 응급실에 누워 있는 동생 옆에서 밤을 새울 때였다. 나는 동생이 그때처럼 소중하게 여겨졌던 적이 없었다. 이대로도 좋으니 오래오래 있어만 달라고 마음속 빌고 또 빌었다. 얼굴을 대하면 제발 치우고 살라며 푸념을 하고, 돌아서 나오면 가슴을 젖게 하는 내 동생. 그는 내게서 벗겨 내고 싶은 남루한 옷 같은 것이었지만 그런 것이 아니었다. 동생의 회상 중에 아침밥을 먹고 가는 날은 지각하는 날이고, 매를 맞는 날이었다는 동생의 젖은 음성이 내 귓전에서 맴돌곤 한다. 자신의 운명이라고 받아들여야겠지만 나는 무한히 가슴이 아프다.

동생 집을 오가는 내 발걸음은 늘 천근이다. 그러나 나는 이 걸음을 쉬지 않을 것이다. 버려도 누가 가져가지 않을 것들에 애착을 갖고 버려진 사람처럼 살아가는 동생. '살아야 할 이유가 있는 사람은 어떤 고난도 견딜 수 있다.'(니체) 나는 이 말을 곱씹으며 동생을 내 가슴에 소중히 감싸고 살고자 한다.

1998.5.

대추나무

내가 살아가고 있는 아파트 앞 화단에는 대추나무가 다섯 그루 서 있다. 그중 한 그루는 플라스틱 통에 심기어 있는데 다른 것들과는 달리 대추가 벌써 익어가고 있다. 옆에 있는 것들과 비교도 되지 않을 만큼 작고 볼품이 없지만, 나는 그것에 대한 정이 특별하다. 올해는 대추를 달고 있는 모양이 하도 기특하여 세어 보았더니 대추가 마흔일곱 개나 달렸다. 나무에 비하면 대추 알이 유난히 탐스러워, 보는 마음이 뿌듯하기가 한량없다. 가느다란 가지를 늘어뜨린 모습이 여간 대견스럽지 않거니와 하루가 다르게 붉어 가는 대추를 보노라면, 이미 저세상으로 가신 아버지가 생각난다.

일곱 해 전이다. 고향 집에 다니러 갔을 때 아버지께서 품종이 좋은 것이니, 가지고 가서 심으라며, 바깥마당 가에 있는 대추나무 한 그루를 캐놓으셨다. 심을 곳도 마땅치 않고 해서 마음에 두지 않았는데, 떠나오는 차 속에 한사코 넣어주셔서 가지고 왔다. 플라스틱 분에 심고 보니, 잎도 없는데다 가시만 돋친 것을 실내에 두기가 달갑지 않아, 겨울을 밖에서 나게 하였다. 봄이 되어서 다른 나무들은 잎이 무성한데도 이 대추나무 분에는 마른 가지를 꽂아 놓은 듯, 움틀 기미가 보이지 않았다. 추위에 그만 얼어 죽었다고 생각했는데 오월이 가까워서야 새순이 돋았다. 뒤에 알았는데 대추나무는 단단해서 잎이 늦게 나온다고 한다. 3년째가 되는 해에는 밤톨같이 실한 대추가 여남은 개 열렸다. 효도하는 자식을 보는 듯 마음이 흡족하였다. 고향 집 넓은 뜰이 아닌 옹색한 플라스틱 통에서, 대추를 매달고 있는 모습이 가엽기도 하고 고향의 정취가 묻어 있는 듯도 하여, 자주 그 앞을 서성이며 옛날을 떠올리곤 하였다.

어릴 적 우리집 바깥마당 가에 있는 채 전 주변으로 탱자나무 울타리가 있었는데, 그 안쪽 둑으로 그리 크지 않은 대추나무가 여럿 있었다. 우리집에는 여러 가지 과일나무가 있었지만, 추석 무렵부터 나는 대추나무 밑을 하루에도 수없이 드나들었다. 손쉽게 잡히는 가지를 휘어잡고 하나씩 따낼 때의 뿌듯함이란, 지금 돌이켜 생각해봐도 마음이 흐뭇해진다.

3년 전 지금 살아가고 있는 아파트로 이사를 오면서 대추나무 분이 걱정되었으나, 발코니에 볕이 잘 들어서 그나마 다행으로 생각하였다. 그런데 대추나무가 계절 감각을 잊어버렸는지, 설만 지나면 새순이 돋았다. 바깥뜰에 심긴 것들은 움도 트기 전에 우리집 발코니에선 꽃이 피었다. 더욱이 안타까운 것은 꽃이 지고 나면 열매는커녕, 콩나물처럼 가지만 멀쑥하게 자라는 것이었다. 빈 가지를 볼 때마다 지난해에 달렸던 대추가 생각나서 마음이 내내 섭섭하였다. 이듬해에도 꽃은 여전히 피었다. 궁리 끝에 남편은 붓으로 인공수정을 해주었다. 그 덕에 밀알만 하게 몇 개 맺히더니, 그대로 떨어져 내리고 말았다. 다음 해도 역시 남편은 대추 농사를 포기하지 않았다. 대추꽃이 피자 밖에는 아직 꽃샘추위가 여간한 것이 아니었지만, 날마다 발코니 창을 열어놓고 벌을 기다렸다. 그러나 아직 철이 이른 데다, 14층이나 되는 고지에 창문까지 타고 들어올 리가 만무하였다. 꽃이라야 향기가 있는 것도 아니고 색깔도 곱지 않다. 그렇다고 꽃이 눈에 띄게 크기를 한가, 기대할 수 없는 조건임에도 불구하고 창문은 날마다 열린 채 찬바람만 들이키고 있었다. 그런데 어느 날 꿈만 같이 벌 한 마리가 들어왔다. 창문을 닫아걸고 벌의 거동을 살폈으나 벽에 붙어 꼼짝도 하지 않았다. 이틀쯤 지나 벌의 행방은 묘연해지고, 대추 농사는 역시 실패하고 말았다.

해가 갈수록 꽃은 더 많이 피어서 올해는 제법 하얗게 달고 있는데 이대로 두었다가는 영 제구실을 못 할 것 같아 드디어 비장한 결심이나 하듯, 남편과 상의하여 아파트 앞 화단에 내놓았다. 그러나 밤이 되면 쌀쌀한 기온에 대추꽃이 얼지나 않을까 가슴이 조였다. 하지만 그것은 내 기우에 지나지 않았다. 모든 생물은 자연의 혜택이 없으면 제구실을 해내지 못한다는 것을 알리기라도 하듯, 꽃이 이르게 핀 만큼 대추도 앞서서 열리더니 칠팔월의 삼복 속에서 익어가고 있는 것이 아닌가. 고향 집 앞마당 가에 있었다면, 지금쯤은 아마 제법 커서 새들이 날아들고 동네 아이들이 모여들 텐데, 화분에서 아직도 회초리 신세를 면치 못하는 대추나무를 보는 마음이 여전히 편치가 않았다.

어디에든 땅을 파서 심어 주어야 하지 않을까! 하는 생각을 하면서도 공동주택단지가 되어서 내 것이 아니라는 생각이 가로막는다. 내 마음속의 욕심은 잘라내지 못하면서 그동안 애꿎게도 매년 웃자라는 대추나무 가지만 잘라내어 몸살을 앓게 하였다. 바깥 아파트 화단에 대추나무 분을 내놓고 보니, 비록 플라스틱 통을 면치 못한 신세이긴 하나 밖에 내놓기를 참 잘했다고 생각을 하였다. 더구나 42개나 되는 굵디굵은 대추를 달고 있으니 아파트 뜰 화단에 내 발길이 자주 머물고, 자식을 보듯 흐뭇함이 있기 때문이다. 햇살에 나날이 살이 오르고 붉게 익어가는 대추가 큰 밤톨 만큼씩이나 하였다. 어느 날 저녁 외출에서 돌아오다 보니, 익을 만큼 다 익어서 가지가 늘어지도록 탐스러웠다. 이젠 딸 때가 되었으니 막내에게 대추 따는 손맛을 좀 보여 줘야겠다고 생각하였다. 다음 날 아침잠에서 깨어난 막내에게 소쿠리를 들려주며 대추를 따오라고 하였더니, 몸에 팔랑개비를 단 듯이 나갔다. 그런데 금방 올라온 막내의 얼굴엔 실망과 섭섭함이 가득하였다. 한 개도 없이 누가 다 따갔다며 죄 없는 바구니만 내 던지고는 눈물이 그렁그렁하였다. 역시 밖에 내놓인 내 것은 내 것이 아니라는 것을 실감케 했다.

별로 탐탁하게 생각하지 않는 것을 아시면서도, 대추나무 한 그루를 아버지는 이 딸에게 왜 그리도 주고 싶어 하셨을까? 누구보다 아버지는 아들을 선호하셨다. 그런 아버지를 철없이 생각하며 유난히 서러워하던 내게, 대추나무에 정을 실어 오래도록 전해 주고 싶으셨을까. 당신의 속마음을 그것으로라도 표현하지 않으면, 저세상으로 편히 가실 수가 없어서였을까. 내게 주신 대추나무 한 그루. 깊은 산골에 집터 하나 마련하여 눈만 뜨면 마주 보는 앞마당 가에 심었으면 해 본다. 키가 자라고 가지가 돋는 만큼 부녀간의 정도 돈독해지질 않겠는가. 그리되면 나는 대추가 알알이 달리듯이 아버지의 기억도 달고 살리라.

1997. 11.

부부

알지 못하는 부부로부터 만나자는 요청을 받았다. 연유인즉 부부관계가 어려워 도움을 받고자 한다고 하였다. 쾌히 청을 받아들여 만나고 보니, 우리 부부를 대하기는 처음이나 알고 지내는 사람의 소개로 전화를 하게 되었다고 했다. 태도가 정중하고 조리 있는 말씨로 보아 교양도 있고 됨됨이가 나무랄 데 없는 사람들 같아 보였다. 그러나 두 사람 간의 차가운 분위기와 굳은 표정에서, 좁힐 수 없는 거리에 놓여 있음을 알 수가 있었다. 서로가 자기 위주로 말하다 보니 12년이라는 세월을 한 이불 속에서 지내온 부부라고는 믿어지지가 않았다.

결혼식에서 주례가 신랑 신부 누구에게나 묻는 말이 있다. 기쁠 때나 슬플 때나, 성하거나, 병들거나 변함없이 사랑하겠느냐는 결혼 서약문이다. 그 물음에 진심으로 "예."라고 대답하지 않는 사람은 없을 터인데, 쉽게 접어두고 사는 게 아닌가 싶다.

언젠가 라디오에서 흘러나오는 노랫소리에 새벽잠을 깬 적이 있다. "이른 아침에 잠에서 깨어 너를 바라볼 수 있다면". "하루를 살아도 행복할 수 있다면 나는 그 길을 택하고 싶다." 가사를 조합해 보면 아침에 눈을 떴을 때 눈에 들어오는 사람이 내가 사랑하는 사람인 바로 너라면 단 하루를 살아도 좋다는 말인 듯하다. 잠결에 처음 들어본 유행가 가사에 마음을 빼앗겨 진종일 흥얼거렸다. 이 나이에 단 하루의 행복을 택할 만큼 사랑에 대한 열정이 있을까마는, 지나온 세월 속에서 수없이 많은 어려움을 겪고 난 지금, 부부의 소중함을 알고 있음에서일 것이다.

10년 전, 남편은 45일 동안에 교통사고를 두 번씩이나 당하면서 죽을 고비를 넘겼다. 퇴원하고 통원 치료 중에 다시 당한 사고에서는, 이미 이 세상 사람이 아닌 것으로 전달받았다. 수화기를 통하여 들려오는 지인의 말이 내겐 날벼락이요, 칠흑 같은 어둠으로 덮쳐왔다. 자신이 철저히 무너져 내려 숨소리조차 낼 수가 없었다. 내 집 마련의 단꿈에서 기쁨을 채 누려 보기도 전에 사글세 집으로 나앉는 일도 겪었었지만, 그때는 차라리 행복이었다. 부부가 함께 있다는 것은 태산 같은 위력이 있고 재기할 수 있는 희망이 있기 때문이다. 그런데 나와 함께 살아온 남편이 없어졌다고 생각하니, 내 인생은 다 끝나버린 것 같았다. 불과 몇 시간 동안이지만 남편을 잃었다고 생각한 그 순간은, 인생 최고의 절망이고 슬픔이며 암흑 속이었다. 잠들기 전 옆자리에 배우자가 누워있고, 아침잠에서 깨어나도 다시 볼 수 있는 그 사람이 있다는 것이 행복임을 전엔 난들 알았겠는가. 내게 주어지는 당연한 일상이고 생활로 여겼을 뿐, 그것이 그렇게 위대한 행복임을 깨닫지를 못하였다. 그것은 우리가 공기의 소중함을 잊고 사는 것과도 같은 것이었다.

부부는 암세포와 같은 것이었다. 어느 한쪽의 아픔만은 아니었다.

이민 병으로 파산을 겪어 낸 것도, 양가 동기간들로 인한 고통 분담도, 부부에겐 각자 분리된 몫이 아니었다. 배우자가 겪는 모든 일이 나와는 무관하게 혼자서 피해갈 수 있는 것이 아니었다. 슬프고 고통스러운 일들이 닥칠 때마다 각기 배우자 이상으로 힘들고 아픈 것이 부부다. 그렇다고 해서 모든 것이 좋고 안락의자와 같이 매사가 안식처가 되는 것은 아니다. 부부란 유리그릇과 같아 조심스럽고 깨지기 쉬운 관계였다. 그러나 부부에겐 신으로부터 강력한 치유력을 선물로 받았기에 갈등과 다툼 속에서도 남남으로 돌아서지 않고 살아가는 것이 부부이다.

부부 싸움은 칼로 물 베기라는 옛말이 이를 대변하고 있다. 성격과 문화의 차이와 성장 과정이 서로 다른 두 개체가 한 몸을 이루며 살아간다는 것이, 어찌하여 그리 쉬운 일이겠는가. 나도 신혼 시절엔 사랑이라는 두둑한 밑천이 있어 조건 없이 퍼줄 수 있었다. 전화도 없던 시절 통행금지 시간이 지나도록 귀가하지 않는 남편을, 돌아올 때까지 앉아서 꼬박 기다릴 수 있는 열정도 있었고, 열 시가 넘어 열한 시가 다 되어 가면 친구와 어울려 한잔하겠거니 하는 이해심도 있었다. 그러나 열두 시가 가까워지면서부터는 가슴속에서 분수 같이 치솟는 미움과 원망으로 시계 초침에 눈씨름했다. 그렇지만 통행금지 시간 열두 시가 넘어서면 맹렬하게 싸움을 준비하던 기세는 어디로 곤두박이고, 걱정과 초조함으로 뒤바뀌어 방 안에 앉아 있을 처지가 아니었다. 오만가지의 불길함을 연상하며 문밖에서 미친 듯이 서성이었다. 늦어도 좋다. 아니 이 밤이 다 새고 나서 돌아와도 좋다. 무사히만 돌아와 주오. 하며 빌고 빌었다. 이같이 나 스스로 죽음 직전까지 갔다가도 태연한 모습으로 나타나는 남편을 보는 순간이면, 들끓던 마음의 지옥은 간곳없이 사라졌다. 그러나 남편을 보는 내 눈매가 어찌 곱기만 했겠는가. 부부란 이렇게 살아가는 것이 보편적 부부가 아니겠나 싶다.

어릴 때부터 옷에 까다로운 내게 남편은 걸핏하면 옷을 사 들고 오거나 구두 속옷까지 사 들고 오니, 그날은 내가 입이 나오는 날이었다. 거기다 나의 볼멘소리라도 나오면 말다툼으로 번졌다. 그럴 때 남편은 '나도 미쳤지! 아끼고 아낀 용돈 다 털어서 사 왔더니' 하고 시작하여, 다시는 사 오지 않겠다는 서슬 퍼런 맹세로 끝을 내곤 하였다. 바꾸러 가자며 나를 앞세워 가지만 결국엔 그 물건을 다시 들고 오면서도 여전히 그 일은 되풀이되었다. 그때 나는 나에 대한 남편의 사랑이고 관심이라는 것을 생각하기 이전에, 내 취향이나 의사와는 관계없이 덜렁 사 들고 온다는 그 자체만으로 기분이 상했다. 물건이 맘에 들고 안 들고는 그 이후의 문제였다. 처음부터 같이 가서 사야 한다는 생각이 남편에게 인식되기까지는 여러 해가 걸렸다.

결혼 생활을 잘하는 것도 예술이라는 말이 있는 것처럼 평화를 유지하며 조화롭게 살아간다는 것이, 생각처럼 말처럼 만만치가 않았다. 성격 취향 생각이 다른 사람이 같이 살아간다는 것은 삶의 곡예사가 되어야 한다는 말이 있을 정도다. 그렇게 되기까지는 찢기고 깎아지고 상처투성이가 되어야만 했다. 하지만 아주 특별한 경우를 제외하고는 인내하고 서로 노력하며 지혜를 모으다 보면, 그 상처와 아픔들은 결국 편안하고 행복한 관계로 되돌려져서 값진 인생이 보답으로 돌아오리라는 생각을 해 보았다.

언젠가 잡거니 끌거니 하며 걷는 한 노부부의 뒷모습을 오래도록 지켜본 적이 있다. 황혼에 이르도록 여정을 함께한 그 노부부를 나는 한동안 걸음을 멈추지 않을 수가 없었다. 그 수많은 세월을 살아오기까지 얼마만큼 불화 내지는 시행착오도 겪었을 것이고, 또 그런 과정을 통하여 돈독한 관계로 성장시켰으리라는 믿음이 갔기 때문이다. 젊었을 때의 일을 거론하며 어머니의 푸념이 만만찮았던 우리 아버지도, 두 분의 긴 여정에서 삭혀온 짙은 정이 있었다. 외출에서 돌아오시면 먼저 어머니를 찾았고, 어머니가 안 보일 때는 얼굴에 쓸쓸함이 역력하였다. 어머니의 마지막 가는 길에 많은 날들을 주야로 지키시며, 네 어머니가 떠나면 나도 곧 뒤이어 갈 것이라고 말씀하시던, 아버지의 음성이 지금도 귓전에서 맴돈다.

부부에 대한 시 한 구절이 생각난다.

> "부부는 같이 태어났고 그리하여 영원히 같이 있을 것이다. 죽어서도 같이 있을 것이다. 하느님의 고요한 추억 속에서도 같이 있을 것이다."

공감이 가는 말이다. 부부란 성장 과정이 다르고 품성이 각기 다른 사람들이 결혼이라는 테를 두고 그 안에서 서로 맞추고 도와가며 다른 또 하나, 부부로서의 품격을 지녔다. 때로는 갈등하고 번민함이 없지 않으나, 부부라는 본질에 바탕을 두고 서로 품고 서로 기대며, 인생의 종착역에 다다르는 그날까지 인생의 바다를 항해한다. 폭풍이 일고 파도가 치면 치는 대로 때때로 품어주는 서로의 온기에 가슴을 녹여주며 그렇게 부부는 함께 가고 있다. 생각해 보면 가장 편하고 마음의 안식처며 의지할 곳 부부 외에 이 세상 누가 있겠는가 싶다.

예로부터 부부가 해로하는 것을 제일의 축복으로 꼽아, 은혼(銀婚),

금혼(金婚), 회혼(回婚)을 경사롭게 여기던 풍습은 오늘날도 여전하다. 근래에 들어서 날로 이혼율이 높아지고 4, 5십 대의 이혼율도 만만찮은 수에 이를 뿐만 아니라 황혼 이혼 졸혼이라는 신생어도 생겨났으니, 결혼하는 자식에게 일러오던 옛 어른들의 말도 이제는 잊힐 듯싶다. 그러나 나는 부부들 모두가 죽음이 갈라놓는 순간까지 함께 해로하기를 소망해본다.

1998. 5.

눈빛

눈은 마음의 창이라 하였다. 사람의 눈 속에는 그의 혼과 정신이 깃드는 곳이고 또 이 눈을 통해 자신의 속내를 드러낸다. 사람은 눈빛만 봐도 속마음을 안다고 하듯, 누구나 자신이 지닌 습성이나 생각 애환 등을 눈빛에 담아낸다. 그래서 각기 지닌 모습 못지않게 그 빛 또한 각기 다르다. 눈빛에 열망과 패기에 찬 사람이 있고, 천진무구한 아기와 같이 맑은 눈빛을 가진 사람도 있다. 온갖 풍상을 겪어낸 고된 빛이 있는가 하면 지혜로움이 깃든 눈빛이 있다. 그러나 이뿐 아니라 선하고 인자한 눈빛, 교활하고 욕심스럽고 괴팍해 보이는 눈빛이 있다. 또 연인 간의 눈빛, 채권자와 채무자 간의 눈빛, 아는 사람과 모르는 사람에 대한 눈빛 등 사람과 사람 사이의 관계 안에서도 서로 다른 눈빛이 있다.

초등학교 시절, 체육을 담당하던 선생님이 계셨다. 그분은 눈이 작고 실눈이었는데 눈매가 곱지 않아 그분 앞에 서면 까닭 없이 두려웠다. 나는 학교를 대표하는 육상선수여서 나만은 친절하게 대해 주셨는데도, 그분의 시선과 마주치면 슬며시 비켜서곤 했었다. 조회 때에 그 선생님이 교단에 올라서는 날엔, 전교생 모두가 숨조차 크게 쉬지 못하고 초긴장 상태였다. 고개를 옆으로 꼬고 매서운 눈초리를 좌우로 훑다가 움직이는 아이가 발각 시엔, 벼락이 떨어지고 가차 없이 체벌이 가해졌기 때문이다. 어느 날이다. 담임 선생님의 결근으로 우리 반 수업을 맡아 해 주셨는데, 여느 때와는 달리 웃으며 열심히 가르쳤으나, 아이들은 하나같이 눈만 껌벅였다. 어린 동심에 강하게 각인된 선생님의 눈빛은, 지울 수 없는 두려움의 대상이었던 듯싶다.

어릴 때 어머니께선 사람은 눈매가 고와야 한다고 하시었다. 동네 혼인 잔치에 다녀오시는 날엔 새색시의 눈매를 운운하시며, 새사람에 대한 성격이나 심성을 예견하시곤 하였다. 그때는 그 말씀을 흘려듣고 말았는데, 사람은 심성을 잘 다스려야 한다는 말뜻임을 지금에야 알 듯도 하다. 마음이 편치 못할 때면 곱지 못한 심사를 눈으로 고스란히 되받아 내는 나 자신을 거울 속에서 보면서, 스스로 마음을 고쳐먹곤 한다. 눈빛이라면 아기의 눈빛에 견줄 자가 있을까 싶다. 자식을 키운 사람이라면 모두가 그럴 것이지만, 어린 자식을 품에 안은 엄마의 마음은 이미 천국에 있다. 그 아기의 눈빛을 보고 어떻게 세상 것에 욕심낼 것이며, 행복하지 않을 수가 있었겠는가? 세상의 미움 걱정 온갖 시름은 이미 봄눈처럼 녹아내리질 않았던가. 아마도 자식은 이때의 눈빛으로 일생의 효도를 다 했다 하면 과언이 될까? 부모는 일생을 두고 그 추억의 눈빛으로 자식의 허물을 덮고 살아가는 건 아닐는지.

나도 요즘 들어 유전인지 나이 탓인지는 모르지만, 사람을 보면 우선 눈매부터 본다. 길을 가다 우연히 부딪힌 눈빛이 여운을 남길 때나, 한가로운 전동 찻간에 마주 앉은 사람들을 보며, 한 사람 한 사람 속으로 짚어 보는 것도 꽤나 흥미롭다. 그렇지만 그들 눈에 비친 나는 어떨까 하는 생각이 들 때는, 얼른 시선을 딴 곳으로 돌린다. 몸에 난 흠집은 옷으로 가리지만, 눈매로 드러나는 흉허물은 가리기가 쉽지 않기 때문이다.

내 나이 꽃 같던 시절의 일이다. 내가 살던 오빠 집은 군부대와 철조망 하나를 사이에 두고 있어서 자연히 군인들을 접하며 살았다. 그러나 내성적이고 쌀쌀맞았던 나는 주변의 내 나이 또래와는 달리, 그들에게 말 한마디 눈길 한번 준 일없이 지냈다. 그런데 언제부터인가 나를 지켜보고 있는 눈빛이 있음을 알게 되었다. 체구가 다부지고 피부색이 흰 그는 언뜻 보아 호감 가는 얼굴이었다. 밤의 귀가 시에는 기다렸다는 듯이 플래시를 껌벅였고 마당에 나와 바람이라도 쏘일 양이면 그는 어느새 나를 향해 서 있었다. 때로는 가까이 다가와 무슨 말인가를 하려 했지만 틈을 주지 않는 내 등 뒤에서 말없이 지켜보곤 하였다.

어느 날이었다. 멀리 한강을 바라보며 고향 생각에 잠겨 있었다. 그리고는 무심코 옆을 보다가 그만 그와 눈이 마주쳤다. 순간 나는 전신이 그의 눈 속으로 빨려 들어가는 듯하였다. 황망히 자리를 피했으나 그의 눈빛은 주야로 내 머릿속을 가득 채웠다. 갈수록 나는 그가 가슴 뛰게 좋았으면서도, 막상 그 앞에 서면 그의 눈빛을 반기지 못하였다. 인연이 닿지 않아서였을까. 이름도 성도 알지 못하는 그 사람. 가슴을 사르던 강렬한 눈빛만이, 긴 세월 뒤에서 아직도 섬광처럼 빛난다.

결혼기념일이었다. 저녁에 일찍 들어와서 한잔하자던 남편이 밤늦게야 들어왔다. 나의 곱지 않은 시선에도 개의치 않고 장미꽃 한 다

발을 건네주며, 꽃보다는 리본에 쓰인 글귀를 더 의미 있게 봐 달라고 한다. 평소 남편은 내게 다정한 모습 못지않게 나를 보는 눈매 또한 부드럽다. 그런데 이 날따라 눈빛이 더욱 그윽하다. 결혼 전 데이트할 때면 그는 나와 눈맞춤 하기를 좋아하였다. 내 눈을 보고 있으면 금방이라도 까만 물이 흘러내릴 것 같다며, 신기한 듯 미소로 바라보곤 하였다. 그 또한 내 눈 속을 파고드는 눈빛은 마치 소년의 맑고 순수함 그 자체였다. 아니 싱그럽기가 물에 씻긴 포도알이었고, 그 부드러움이 선홍빛 마음을 감싸는 은은한 달빛이었다.

나는 그의 눈빛을 지워낼 여력이 없어, 그의 마음 끈에 묶이게 되었다. 그러나 이젠 우리 두 사람 그때 그 눈빛 그 형태는 간곳없이 가버린 젊음에 대한 아쉬움만 서렸을 뿐인데, 오늘따라 그의 눈빛이 그 시절을 다시금 상기시킨다. 그와 나 인생 여정을 함께 하는 동안 그의 눈빛은 내 눈빛이 되고, 내 눈빛은 그의 눈빛이 될 것이다. 부부는 함께 살면서 닮는다는데 눈빛 역시도 그러할 것이다. 연민과 애틋함이 과거와 현재를 담아내며 미래를 투영하는 서로의 눈빛 속에서 우리 부부는 그렇게 익어 가리라.

눈은 정직하다. 입으로는 거짓을 말할 수 있지만 죄지은 눈은 속이지 못한다. 눈빛은 순간순간의 느낌에 따라 변할 수는 있어도, 본바탕을 드러내는 눈빛은 바뀌지 않는다. 사람의 인격이나 인간상이 하루아침에 이루어진 것이 아니듯이, 이 눈빛 또한 그러하리라.

2001. 5.

빈자리

어렸을 때, 우리집에는 열네 식구가 살았다. 조석 때가 되면 식구들이 한 방에 앉지 못하고 여러 방으로 나뉘어 앉았는데, 식객이라도 드는 날엔 몸을 좁히어 끼어 앉곤 하였다. 어머니는 식사 전에 방 안을 한 번 둘러보시고는, 그날 밥상머리에 식구가 한 사람이라도 보이지 않을 때는, 사람이 드는 줄은 몰라도 나는 줄은 안다고 하시었다.

어느 해 봄이다. 오빠 내외가 도회지로 나가고 나자 어머니께선 먼 산을 바라보는 날들이 많아지고, 끼니때가 되면 말없이 눈물을 훔치시곤 하였다. 날이 저물면 아들이 금방이라도 대문을 밀치고 들어설 것만 같다 하시며 문밖을 서성이셨다. 막내 삼촌이 결혼하여 새 식구가 들었는데도 가슴속에 넓게 차지한 아들 내외의 빈자리를 고즈넉이 품고 계신 어머니를 나는 옆에서 지켜보며, 자식을 생각하는 부모의 마음을 일찍이 보아왔다. 해 질 녘에 동구 밖 길을 바라보며 하나씩 떨어져 나가는 자식들로 난 자리 병을 앓으시던 내 나이 적의 어머니 모습이, 지금도 내겐 어제의 일처럼 눈에 선하다.

둘째 딸 아이가 공부하러 해외로 나갔을 때였다. 일거 일습이 눈에 밟히고 가슴이 텅 빈 것만 같다. 고3이다. 바쁜 대학 생활이다. 하여 아침 한 끼니 같이하는 것이 고작이었는데도, 막상 딸아이가 떠나고 나니 왠지 식탁이 전에 없이 넓어 보이고 온 집 안이 텅 빈 듯하다. 밤늦은 귀가에 불 꺼진 방을 지켜본 날들 또한 한두 해가 아니었건만, 불빛 없는 방에서 흐르는 적막감이 딸아이에 대한 그리움을 절절히 앓게 한다. 내 마음을 알아차리기라도 한 듯, 막내딸아이가 제 언니 방으로 옮겨 앉았다. 그러나 물건이라면 다른 것으로 대처하고도 흡족할 수 있는 일이겠지만 사람의 정이란 그렇지 않다. 자식이 여럿 있어도 집 떠난 자식만을 애틋이 그리던 지난날 내 어머니의 젖은 눈시울이 떠올라, 지금 나는 그 속에 내 모습을 비추어 본다.

내가 고향 집을 다녀올 때면 가물거리는 모습으로 치마폭에 눈물을 훔치시며 돌아설 줄을 모르시던 어머니. 그 당시 내가 둥지를 차고 나간 새와 같은 내 등 뒤에서 어머니는 무슨 생각으로 마음을 다스렸을까. 내가 그랬듯이 내 딸아이도 지금의 내 심정 알리는 없지만, 그러나 세월이 가고 내 나이 때가 되면 알게 되리라. 그래서 사람은 나이가 가르친다고 하질 않는가.

단독 주택에서 살았을 때였다. 옆집에는 노부부가 살고 있었다. 젊었을 때 누렸던 넉넉함이 노년에도 이어지는 듯 보였다. 그러나 그분들은 연로한 데다 거동이 불편한 관계로 간병인에게 의지하여 살아가고 있었다. 인생에서 가장 소중한 것은 부와 명예가 아닌 마지막까지 함께 있어 줄 배우자라는 말을, 나는 그 노부부를 보면서 가슴 깊이 느끼게 되었다. 찾아오는 사람이 없다 보니 사람이 그리웠던지, 노부부는 날마다 자기 집 현관 앞에 나와 앉아 있었다. 의자에 나란히 지팡이에 의지하고 앉아, 대화조차 메마른 듯 입을 굳게 닫고 무한히 앉아 있는 모습이란, 쓸쓸함 그 자체였다. 어쩌다 아들 내외가 손님처럼 들렀다 가는 날이면, 노부부의 얼굴엔 외로움의 그림자가 더 짙게 드리워졌다.

나는 그 노부부의 모습을 보며 미래의 내 모습을 생각하곤 하였다. 배우자라도 오래 해로 해주면 다행이지만, 그마저 먼저 떠난 빈자리를 지켜봐야 하는 남겨진 사람은 어찌 다 감당하랴 싶었다. 인생은 회자정리(會者定離)라지만, 일생을 같이해 온 부부 중 하나가 앞서 떠난 빈자리는 남아 있는 자가 감내해야 할 버거운 몫이다. 더욱이 부모에 앞서 죽음으로 남긴 자식의 빈자리를 보는 부모의 마음은 또 어찌하랴 싶다. 그래서 자식이 남긴 빈자리 병은 일생을 두고 앓아도 부족하여, 죽는 날까지 가슴에 안고 간다질 않는가.

인생은 정에 웃고 정에 운다고 하였다. 정에 약한 것이 우리네 인간사이고 보면, 사람은 순전히 정에 의해 살아가는 게 아닌가 싶기도 하다. 심한 부부 갈등을 겪으면서도, 헤어지지 못하는 사람들의 이야기를 들어보면, 정이 무엇인지 그 더러운 정 때문이라 한다. 그러나 이는 아마 떠나보내고 난 뒤의 빈자리의 아픔을, 감내하기가 더 어려 울 것 같은 두려움에서 하는 말은 아닐까. 나도 남편과 부부의 연을 맺은 것은 정 때문이라 말하고 있다.

그 당시 나는 내가 결혼할 사람은 미남이야 하고 부모님이 꼭 계신 사람이어야 한다고 생각하였다. 그런데 부모님이 계시지 않는 남편을 만나면서 왠지 안쓰럽고 측은한 마음이 많이 들었다. 지금 되짚어 보면 그럴 이유가 없었는데 쓸데없는 오지랖이었다. 내가 마치

저 사람의 전부라도 되는 양 그래서 내가 저 사람에겐 내가 없이는 아니될 것 같은 마음이 자리를 잡더니, 그 사람에 대해 모든 것이 정이라는 보에 싸여 다른 선택의 여지가 없었다. 되돌려 생각해 보면 그 사람을 보낸 뒤의 빈자리를 감당해 낼 자신이 없어서였을지도 모르는데, 아직껏 나는 정 때문이었다고 말을 하고 있다.

사람은 만나고 부딪히는 가운데 밉든 곱든 정이 생긴다. 그 정 또한 쉬 버리지 못하는 것 역시 사람의 정이다. 비록 내게 상처를 준 사람일지라도, 그가 가끔은 생각이 나고 궁금해진다. 이를 보면 사람의 마음이란 육이 나간 빈자리를 정과 그리움으로 대체시키는 마력이 있는 듯싶다. 누구나 만나는 정보다 헤어지는 정을 아파하고 두려워함 또한, 아마도 마음으로 떠안아야 할 빈자리에 대한 아픔 때문이 아닐까 싶다.

인생사에 사람은 누구나 자리에 들고나기를 거듭하며 살아가고 있다. 가끔은 버스 빈자리에 오르내리는 기분으로, 때로는 억장이 무너질 듯 힘겹게 비우고 채우는 자리 바뀜 속에, 인생의 애환이 있고 삶의 흔적이 있다. 사람은 상황에 따라 또는 사람에 따라, 남기고 떠난 빈자리의 느낌에는 정녕 차이가 있을 것이다. 그러나 자식이 남긴 빈자리에, 가슴을 떼지 못하는 부모의 마음에 어찌 비할 수가 있으랴.

1999. 12.

아우라지 강의 단상

문우들과 강원도 정선 기행에 나섰다. 여행은 나이가 들어도 마음이 들뜨기는 매한가지여서, 차내가 소풍 길의 아이들처럼 소란스럽다. 차가 출발하자 좀 조용해지는가 싶더니 마음은 여전히 동심에서 벗어나지 못한 모습들이다. 버스가 도심을 지나 고속도로에 이르자, 6월의 들녘은 푸르게 일렁이었다. 물살을 가르듯이 내달리는 차 창밖 풍경을 보며, 초록빛 대지 위에 넘쳐나는 생명력에 경이로움을 금할 길이 없다. 잠시 일상을 뒤로 한 시간이지만, 우리 모두를 인간의 원초적 순수로 되돌려 놓은 느낌이다.

버스가 3시간은 족히 달렸을 즈음에, 구불구불한 산허리를 느리게 오르고 있다. 산세가 깊고 수목이 우거진 것으로 보아, 정선 땅이 가까워진 듯싶다. 천 년의 세월을 머금고 우직하게 서 있는 것만 같은 노송을 보며, 고고하고 기품 있는 위풍에 압도당하는 느낌이다. 맑은 내와 기암절벽의 절묘함에 탄성이 절로 나온다. 수목 사이로 보이는 하늘을 보며, 인간은 자연을 떠나 살 수 없다는 생각이 든다. 산촌이 싫어 어머니의 품을 마다하였던 내가, 지금은 초야에 묻혀 살고 싶다는 생각을 자주 하게 된다. 사람의 마음이란 긴 세월 뒤에 알게 되는 것들이 있다. 싫었던 것이 좋아지고, 버렸던 것이 그리워져 다시 찾고 싶어지기도 한다. 이것이 귀소본능인지 정이라는 것인지 모르지만, 이런 마음이 있어 우리는 서로의 맥이 이어지는 것이 아닌가 싶다.

풍경에 취하고 생각에 취하는 동안 버스는 어느새 정선에 이르렀다. 언제 그런 험한 산이 있었나 싶게 옹기종기 모여 마을을 이룬 정선을 바라보니, 맑은 햇살이 꿈을 꾸듯 평화로워 보인다. 정선은 여름에 시원하고 겨울은 추운 지방이다. 태백산의 가운데에 위치하여 북으로 발왕산, 서북으로 가리왕산, 동남으로 대덕산과 태백산을 끼고 있어 경치가 매우 수려하다. 계곡물이 서남으로 흘러내려 영월을 거친다.

정선을 지나 동북으로 50여 리를 더 들어가서 여량에 도착하였다. 이런저런 전설을 담은 아우라지 강이 옛 사연을 말하는 듯 흐르고 있다. 이 강은 마지막 지점인 구절역과 여량 사이에 위치하여 있고, 구절리의 송천강과 골지천(임계 천)의 합수 지점이다. 이 두 줄기가 어우러진다고 하여 아우라지 강이라 하였다고 한다.

강기슭에는 통치마 저고리에 머리를 가지런히 땋아 내린 처녀 동상 하나가 서 있다. 강을 향하고 서 있는 모습이 아직도 비련의 넋이 어린 듯이 보인다. 옛날 혼례를 치른 신랑 신부가 신행길에 배가 뒤집혀 가마에 탔던 신부는 죽고, 신랑만 살아났다고 한다. 그 이후로 사고가 잇달아 일어나자 마을 사람들이 죽은 처녀의 혼을 달래주려고 동상을 세웠는데, 동상을 세운 이후 신기하게도 사고가 멎었다고 한다. 그런데 이 슬픈 사연과는 달리 이 처녀 상에 손을 대면 딸이 잘된다는 전설이 있다고 한다. 이 말에 뒤질세라 너나없이 손을 얹어서인지 치맛자락이 반질거렸다. 혼령을 위로하라는 뜻이 담긴 말일 텐데, 자식을 위한 일에는 이의를 달 사람이 없어서일 것이다.

사방이 산으로 막혀 외부와의 통로가 되었던 이 아우라지 강이 안고 있는 전설은 예사롭지 않다. 뗏목을 타고 한양 간 낭군을 기다리다 지친 처녀가 강물에 몸을 던졌다는 또 하나의 전설 속 애달픔도 이 강이 안고 있다. 우리의 대표적 민요 아리랑의 발상지가 또한 이 아우라지 강이라 한다. 외부와 통교 수단이 되었던 이 강과 운명을 같이 할 수밖에 없었던 그 비련의 시절, 그 사람들에 대한 연민이 가슴에 절절하다. 지형적 여건이 인생사에 미치는 영향을 생각하게 된다. 산 넘어 미지의 세계를 막연히 꿈꾸며 살아온 심산유곡의 사람들, 그들은 쓰디쓴 인생을 노래로 쏟아 내었을 것이다.

어릴 때 내 어머니도 푸른 달빛이 뜰에 가득 차는 밤이나, 앞산에 아지랑이가 아른거릴 때면, 구슬픈 콧노래를 흥얼거리곤 하시었다. 내 어머니는 꽃 같은 열일곱의 나이에, 내 고향 산골로 시집을 왔다고 했다. 산과 산 사이를 오가는 해와 달을 따라 살다 보니, 어느덧 반백의 나이에 이르렀다며, 회한의 날들을 더듬곤 하시었다.

그런데 내가 소녀기에 들면서부터 어머니의 서정적 풍광이 내게로 옮아앉았다. 봄날엔 새들의 울음에 가슴이 젖고, 기우는 조각달에도 까닭 없는 서러움을 삼켰다. 산머리에 걸린 구름 한 점에도 내 마음은 길손이요, 유랑의 방랑자였다. 비상을 꿈꾸는 새처럼 외지에 대한 동경 또한 숙을 줄을 몰랐다. 산 넘어 어딘가에 있을 미지의 땅으로 달음질쳐 가곤 했다.

십 년이면 강산도 변한다는 세월을 몇 번을 돌아, 뗏목이 흘러가고 뱃사공이 노를 젓던 아우라지 강의 옛 모습은, 이제 한낱 전설 속의 이야기가 되었다. 강을 향해 「회심가」를 부르며 가슴을 달래고, 거친 인생을 엮어내던 옛사람들 또한 모두 다 가고 없다. 다만 전설만이 남겨진 낯선 땅. 이곳 아우라지 강가에 서서 나는 내 고향 그곳을 향한 그리움을 가슴 가득 품고 있다. 고향을 등지고 외지로 나와 늘 어머니의 마음을 아리게 한 나였다. 그래서일까? 산천초목 앞에 서게 되면 나는 어머니를 향한 시린 가슴이 되고 속죄와 회한에 젖곤 한다. 오늘도 비련의 강 아우라지 강가에 서서 어머니에 대한 그리움이 멈출 줄을 모른다.

2001. 3.

잠 못 이루는 밤

어느 날이다. 아침 해가 중천에 걸려서야 잠에서 깨어난 막내 딸아이가 어젯밤엔 잠을 잘 수가 없었다며, 엄살 반 투정 반 조로 말하였다. 이유인즉슨 자신의 얼굴을 빤히 보고 있는 달 때문이었다고 했다. 그러면 그 시간에 무슨 생각을 하였느냐 물었더니 기도를 하였다고 한다. 모녀가 달빛에 마음을 빼앗겨 잠 못 이루기는 마찬가지였는데, 뒤바뀐 감이 들어 혼자 웃었다. 지난밤 나도 잠자리에 홀연히 찾아든 달빛을 보며 가슴 설레는 밤을 보냈던지라, 아직도 나이에 맞지 않는 옷을 입고 있는 나를 의식해서였다.

나는 어릴 때부터 달 밝은 밤이나 눈 내리는 밤이면 분위기와 풍경에 젖어서 잠을 이루지 못하였다. 비 내리는 밤엔 빗소리에 취하고 두견새 우는 밤이면, 그놈의 울음이 애절하여 밤이 깊도록 몸을 뒤척이곤 하였다. 여름밤 지붕 위로 덮인 흰 박꽃이 푸른 달빛을 되받아 내고 있는 정경을 보면, 그 정취에서 마음을 떼지 못하여 밤의 정적 속에 서성이다가, 잠자리에 들어서도 각인된 광경을 지우지 못해 얼른 잠을 이루지 못하였다. 집을 떠나 객지 생활을 할 때는 어머니에 대한 그리움으로 베갯잇을 적시곤 하였는데, 한강철교를 달리는 기적 소리라도 듣게 되는 밤이면 나는 밤잠을 싣고 고향 집으로 달려가곤 하였다.

어머니가 저세상으로 가신 지도 어언 열두 해. 덧없이 흘러가는 세월 속에서 나는 어머니에 대한 그리움으로 가슴을 앓곤 한다. 달 뜨는 밤. 그리고 계절의 모퉁이마다 어머니의 모습이 배어 있는 것만 같아 무심할 수가 없다. 딸 중 막내인 나를 애틋이 여기셨던 어머니는 서정적 풍광 앞에 서면, 내닫는 감성을 억제하며 눈시울을 붉히곤 하시었다. 스산한 바람이 불고 마당 가 감나무 잎의 푸름이 잦아들 즈음이면, 어머니는 이미 가을을 앓고 계셨다. 창호지 문살에 달그림자 어른거리는 밤이면 어머니는 뜰 안을 서성이며 무엇인가를 읊어내곤 하시었는데, 그런 어머니를 보며 어린 나도 감상에 빠져들곤 했던 것들이 어제의 일만 같다. 가지 많은 나무 바람 잘 날 없다 하듯이, 어머니는 칠 남매나 되는 자식 일에 잠 못 이루는 밤 또한 얼마나 많았으랴 싶다.

나 역시 삶의 거친 물살에 엎치락뒤치락할 때마다 어머니와 소식조차 끊고 단절하였던 탓에, 전전으로 듣는 딸자식 소식에 잠 못 이루었던 밤은 또 얼마나 많으셨을까. 내 딴엔 아픈 속내 보이지 않는 것이 어머니를 위한 것이라 여겨서였으나, 그것이 어머니께는 더 큰 아픔이었다는 것을, 내가 세상을 한참 살고 난 후라서야 알았다. 더욱이 자식들이 다 떠나가고 난 뒤, 빈 둥지와 같은 존재로 남겨진 노년의 밤은 얼마나 길고 긴 밤이었을까. 이제 내 나이 석양 길에 이르러서야, 어머니의 생애가 가슴속에 절절하게 녹아내린다. 입원 소식을 듣고 병원으로 달려가던 차 속에서의 애절했던 신과의 약속도, 삶의 무게에 눌려 잊고 살았던 나였다. 이제야 간절한 마음으로 어머니를 불러본들 공허한 메아리일 뿐이다. 가슴을 헤집는 밤이 늘어만 간다.

각별한 사이였던 사람이 묘한 감정을 보이더니 상식 밖의 행동을 보였다. 여러 날 밤잠을 설치며 골똘히 생각해 본들, 까닭을 모르니 당혹스럽기가 이를 데가 없었다. 무덤덤한 사이였다거나 마음속에 껄끄러운 감정이라도 담고 지내던 사람이었다면, 마음 써질 일도 마음 쓸 일도 아니겠으나, 그녀와는 피차 진실과 애정을 가지고 지내왔다는 나 나름대로 확신이 있었다. 그런지라 이해 안 되는 행동에 불쾌감이 배로 컸다. 진실은 통하는 것이고 통하는 사람과의 신의는 저버리지 않는 것이 사람의 기본적 자세며 도리요, 지켜가야 할 덕목이라고 믿었다. 한 번 마음을 주고 신뢰한 사람이라면 적어도, 바람에 흩뿌려지는 눈발처럼 자기 느낌대로 감정대로 행동하며 자기중심적 행동으로 관계에 금을 긋고 돌아서는, 그런 사람은 아니어야 할 것이다.

목적이 있는 사귐. 행보를 위한 디딤돌. 사람이 살아가는 방식에 대해 생각해 보게 된다. 차라리 몰랐더니만 못하다는 생각이 들어 아픈 감정들을 주체하기가 어렵다. 열 길 물속은 알아도 한 길 사람 속은 모른다더니 인생의 귀한 만남이라 여겨온 내 마음 안에, 빈 무덤을 쌓은 격이 되어 버려 자괴감마저 든다. 시린 가슴을 애써 감싸며 실망과 서글픔을 지우려 멀리 달아난 잠을 쫓아가 보려 하나, 그러면 그럴수록 상실되어 가는 삶의 의욕 또한 걷잡을 수가 없다. 산은 산이요 물은 물이듯, 인간은 인간이라는 모든 삼라만상의 본질 앞에 내 감정을 일소해 버리려 하나, 번뇌만이 들끓어 잠 못 이루는 밤이 이어져 간다.

인생살이 희로애락이라 하였는데 일일이 열거할 수는 없지만, 잠 못 이루는 밤이 그 얼마나 많았던가? 어찌 비단 나뿐이겠는가. 이런 고뇌의 밤 없이 인생을 살았노라고 뉘라서 말할 수가 있으랴. 예로부터 사람은 밥 잘 먹고, 잠 잘 자는 것을 삶의 조건 중에 제일로 여겨 왔듯이 그 의미가 깊다. 그것은 인간이란 환경이나 정서적인 것들에 의해 몸도 마음도 지배당하기가 쉽기 때문이다. 기쁨과 희망, 미래에 대한 설계, 지난날의 로맨스에 대한 회상 등, 정서적 감흥이나 흥분으로 잠 못 이루는 밤이야 화려한 외출과도 같은 것이어서 마다할 사람은 없을 것이나, 생사의 갈림길이나 답을 낼 수 없는 인생의 장벽 앞에 선 사람의 잠 못 이루는 밤은 사뭇 다를 것이다. 깊어져 가는 가을밤. 이런저런 회한에 나의 단잠은 멀리 달아나고 뒤척이는 이불깃 소리만 잦은 밤이다. 곧 먼동이 틀 듯싶다.

2004. 6.

선물

선물이란 받아서 기쁘고 줘서 기쁘다는 말처럼, 기분 좋은 것임에는 틀림이 없다. 사람과 사람 사이에 윤활유 역할을 한다고 해도 과언은 아니다. 선물은 친분이나 마음을 나타내는 것이 되기도 하고, 소원한 사이를 좁히는 계기가 되기도 한다. 따라서 선물을 하는 마음도 여러 가지여서, 고마움이 담긴 선물이 있는가 하면, 의무감이나 체면치레로 하는 선물도 있다. 맘과 맘을 주고받는 자체로 본다면 정을 느끼기에 충분하지만, 때로는 받은 선물이 부담만 되는 경우가 없지 않다. 그러나 평생을 두고 가슴을 지키는 선물도 있다.

내 회갑이 지나고 여러 날이 비켜 간 어느 날이다. 휴가 온 수녀 딸이 가방에서 예쁜 포장지에 싸인 묵직한 것을 내놓으며 말하였다. 엄마 회갑 선물을 준비하고 싶었지만, 가난한 수도자의 처지가 처지인 만큼, 궁리 끝에 마음으로 준비한 선물이라며, 기쁘게 받아 달라고 하였다. 묵직한 중량감이 궁금하여 얼른 포장지를 풀어 보니, 그림이 그려진 보도블록 한 장이었다. 거리에나 쓰이는 보도블록이 딸이 내게 주는 회갑 선물이라니 그럴 수밖에 없었던 딸의 심정이 내 가슴에 와닿는 순간, 나는 눈시울이 뜨거워졌다.

그림을 찬찬히 들여다보며 생각하였다. 이 세상 어느 누가 이 같은 선물을 받아 본 사람이, 나 말고 또 있겠나 싶었다. 맑고 깨끗한 마음자리에 사랑과 정성을 담고 혼을 담아 마련한. 그토록 순결한 선물을 받아 본 사람 말이다. 그 어떤 값진 선물이라 해도 내가 받은 이 선물에 비길 수가 있으랴 싶었다. 이 어미를 생각하는 가난한 수도자. 내 딸의 심정이 내 마음에 고스란히 파동 쳐왔다. 십각형의 물결무늬 보도블록에 그려진 푸른 초원, 누군가의 멍든 가슴속을 씻어 낼 듯, 청순미 넘치는 하얀 마가렛 꽃의 순결함이, 아름답기가 그지없다. 밑면으로 붉은 보라의 제비꽃, 또 내가 좋아하는 청보라 제비꽃도 주저리 피었다. 우아한 자태의 순백색 마가렛꽃 너머로, 청, 보라, 붉은빛 아주가 푸르디푸른 하늘을 아우르고 있다. 꽃이 있는 곳엔 나비가 있기 마련, 노랑나비 한 쌍이 춤을 추고 있다. 자신의 마음을 상징한 것일까. 앞 맨 위쪽 복판엔 나의 세례명인 Cecilia라 쓰고 세운 벽돌 정수리 면엔 아버지 세례명인 matthias라 썼다. 소중한 내 맏딸을 선물로 바쳤더니, 딸아이의 소중한 마음과 혼을 영원히 간직하며 살라고, 전해 주신 그분의 선물일까.

나는 아침잠에서 깨어나면 딸을 대하듯이 보도블록 그림 앞에 앉는다. 미처 몰랐던 그림 솜씨를 새삼 감탄하며, 그저 미소를 머금게 하는 기쁨의 시간이다. 수시로 눈길이 머물고, 보고 또 보아도 내 입가에 미소를 짓게 한다. 딸아이를 대하는 듯 가슴을 열어 마음을 교감하고 나면, 그 자리엔 딸에 대한 애틋한 그리움이 밀물처럼 밀려오고, 그날의 기억들이 안개처럼 피어오른다.

내 큰 딸 아이가 수도원으로 삶의 자리를 옮겨 앉던 날이다. 2006

년 3월 하순(25일) 그날도 매년이 그러하듯이 품을 파고드는 바람이, 옷깃을 여미게 하는 쌀쌀한 날씨였다. 흰색과 검은색의 옷과 생활에 필요한 소지품들로 채워진 검은색 가방을, 자동차의 트렁크에 옮겨 담는 남편 또한 마음이 찹찹해 보이기는 마찬가지였다. 그 광경을 지켜보는 당사자인 내 딸 표정은 그지없이 담담하다. 부모라면 모두가 자식을 보는 눈이 그렇듯이, 내 딸 또한 충분한 능력과 패기 발랄한 멋을 지닌 숙녀였다. 그러나 지금까지의 모든 것을 다 버리고 수도원으로 향하고 있다. 흰색 블라우스에 검은 스웨터, 그리고 검은색 주름스커트와 검정 스타킹에 검정 단화를 신고 있다. 컬을 넣어 적당히 구불거리던 멋스럽던 긴 머리는 간 곳이 없고, 귀 밑머리의 단발이 되어 여고 시절을 연상시킨다.

가족 모두 차에 탔지만 여느 때의 분위기가 아니다. 창밖을 보며 나직이 몇 마디가 오갈 뿐이다. 하늘은 더없이 푸르고 햇살은 고우나, 힘든 길을 가는 딸아이의 인생 무게가 내 가슴에 천근의 무게로 얹어져서 그 빛의 찬란함 속에 나는 눈물만 뿌렸다. "나는 커서 수녀 될 거야" 딸아이들이 깨금발을 지며 팔딱거리던 시절엔, 그래?! 그렇게 하렴! 모두 다 가거라. 하고 유쾌히 웃었건만, 내가 이렇게 뒤바뀐 마음을 어떤 말로 장황이 설명하랴. 다른 집 딸이 수녀로 산다고 하면, 축복을 받았다며 생각 없이 건네었던 인사가 미안함이 되어 다가온다. 딸을 수도원에 보내고 서원 때까지 밤에 대문을 걸지 못하였다딘 한 어머니의 이야기가, 이같이 깊이 가슴에 담게 될 줄을 뉘라서 알았으랴. 한 가정에 성직자 수도자가 나온다는 것이 대단한 축복이라 하였던 말들은, 말이라고 하기 쉬워 쉽게 내뱉었던 말들이었음을, 나는 지금 그 파편 조각들을 다시 주워 가슴에 모아들인다. 딸아이가 혼기에 들면서, 나도 여느 엄마들처럼 건실한 청년을 만나 단란한 가정을 이루고 사는 모습을 보고 싶었다. 강산도 변한다는 십수 년의 세월을 두고 염원 해 왔건만, 나의 그지없이 소박한 그 소망마저 거절당한 섭섭함이 가슴에 차고 넘쳤다. 딸아이에게 더 이상의 설득도 할 수 없도록 싫어도 싫단 말 못 하도록 목으로 꿀꺽 삼키게 한, 그분의 위력 앞에 솟구치는 눈물만 뿌릴 뿐이었다.

딸아이가 사춘기가 되어서 "난 수녀는 안 되겠어. 빨리 시집갈 테야" 하며, 어릴 때의 꿈을 뒤바꿔 말하여 나를 또 한 번 웃게 하더니, 철부지 적 야무지게 내뱉었던 그 말을 다시 담아서 굳혀 온 그 꿈을 향해 가고 있다. 어느 어미나 다 그렇듯이, 나 역시 딸 시집보낼 때 사 주고 싶고 꾸려 주고 싶은 것들을, 하나의 기쁨이요, 꿈처럼 품고 살았다. 그러나 검은 가방 하나 달랑 들고 수도원으로 향하고 있는 내 딸을 보는 마음이 아프기만 하다. 가슴이 무너져 내린다면 표현이 될까. 남 같으면 거룩해 보인다며 치하하고도 남을 일인데, 마음에서 놓아지지가 않는다. 수도복 속에서 키워갈 꿈을 향해 내딛는 첫발을, 축복해주어야 한다는 머릿속 생각과는 달리 온통 잿빛으로 물들어 버린 내 가슴은, 청명한 3월 하늘에 하염없이 마음의 비만 뿌렸다.

삶 속에서 우리는 수 없이 선물을 주고받으며 산다. 그중 신이 우리게 주신 선물 또한, 헤아릴 수 없을 만큼 많다. 더욱이 자식은 신이 주신 일생일대의 귀한 선물임을 다시 말해 무엇 하랴. 주셔서 기쁘고 소중했던 선물을 그분께로 되돌려드린 선물이니, 딸이 내게 건넨 회갑 선물처럼 내 딸아이도 그분 가슴에서 내려놓지 않는 선물이었으면 한다.

2007. 7.

동행

한 시인이 세상을 떠났다. 60여 년 동안 함께 살아온 부인이 세상을 떠나자, 앞서간 부인의 죽음을 슬퍼하다가 곡기를 끊고 닷새 후에 그 뒤를 따랐다 한다. 그는 병상에 누워 있는 부인을 향해 "자네를 전생에서도 본 것 같네"라며 가없는 사랑을 나직이 고백하였다던 시인. 그는 이승의 짐을 훌훌 벗고 앞서 떠난 부인 곁으로 갔다. 이것이 그가 살아생전에 소망해 온 부인과의 마지막 동행, 그만의 꿈이 실현되었는지도 모른다. 감정에 의해 만나고 헤어지는 요즘, 세상에 부부라는 의미를 다시금 생각하게 된다.

내가 남편과 함께 살아온 지도 올해로 서른세 해를 넘기고 있다. 그동안 삶이라는 테두리 안에서 갖가지 우여곡절을 겪었지만 어떠한 경우에서건, 남편만은 나의 유일한 동행자였다. 때로는 내게 실망과 좌절감을 안겨다 준 야속한 사람이기도 했지만, 이보다는 격려와 사랑으로 늘 나를 감싸며, 살아가는 의미와 이유를 알게 해준 사람이었다. 봄날 같은 화사한 시절엔 상큼하고 향기 짙은 꽃 동무였고, 가시밭 험난함과 폭풍우 속에선 나를 꿋꿋이 세워주는 버팀목이 되어 주었다. 때로는 서로의 잘잘못을 비난하며 맹렬하게 공격하는 미성숙함이 있었을지언정, 되돌아서면 후회하고 보듬으며 살아온 세월. 우린 여정을 함께하는 부부로서의 애정을 실추하지 않았다. 그저 같이 있으면 편안하고 세상에 대한 두려움이 사라지는 삶의 수호자였다. 언제부터인가 우리는 죽음의 이야기가 자연스레 오가고, 같은 날 같은 시에 죽자는 남편의 말도 입버릇처럼 되어 버린 지 오래다. 그 말은 남편의 설명 없이도 같이 살아왔던 서로에 대한 배려로 나는 알아듣는다. 앞서 떠나는 사람을 지켜봐야 하는 남아 있는 사람의 마음이나, 외롭게 홀로 남겨 두고 혼자서 떠나가는 사람의 처지 모두가 가엾기는 마찬가지여서 택한 말임을 나는 잘 안다. 바란다고 다 이루어지는 것은 아니겠지만, 그래도 남편과의 마지막 동행을 나는 희망한다.

그런데 어느 부부는 차를 탈 때 좌석을 앞뒤로 나뉘어서 앉는다고 했다. 해외여행을 갈 때도 각각 다른 비행기를 탄다고 하였다. 이유를 들어보니, 만약의 경우를 대비해서라고 한다. 한 사람이라도 살아남아야 아이들이 고아가 되는 것을 면할 수 있지 않겠느냐 반문하는 말을 듣고, 자식에 대한 보호 본능이 뛰어나다고 생각하였다. 나도 남편과 차를 타거나 여객기에 오를 때면 어김없이 머릿속을 스치는 일이긴 하나, 한 번도 그리해 보거나 또 그리해야겠다는 생각조차 해 보지 않아서 우리야말로 비정한 부모가 아닌가 하는 생각으로 잠시 자책하였다.

오랜 세월 뒤로도 나의 뇌리에서 지워지지 않는 한 장면이 있다. 임종을 앞두고 계신 어머니를 지켜보시던 아버지의 모습이다. 40여 일을 꼬박 어머니와 밤을 밝히셨는데, 어머니께서 임종하시자 아버지는 당신도 함께 떠나시겠다며 밥상을 물리셨다. 그런 아버지를 뵈면서 부부란 바로 저런 것이구나. 살아오시는 동안 당신들만의 약속이 있고 소망 해오신 일이었는지는 모르겠으나, 그러나 당장 어머니와 함께 저승길을 동행하시겠다고 곡기를 멀리하시는 아버지가 가엾고 애잔함으로 가슴에 사무쳤다. 이처럼 죽음을 불사(不辭)하고 염원하는 것이 부부의 마지막 동행이라면, 시기적절한 때에 저세상으로 가는 동행이야말로 꽃길이 또 달리 있을까 싶었다.

자동차 세차를 할 때였다. 차단기가 열리며 물이 쏟아지고 형형색깔의 세척기가 돌아가는 현란함 속으로 차가 미끄러져 들어가자, 나는 갑자기 두려운 생각이 들고 이승과 저승의 갈림길이 이런 것이 아닐까 생각되었다. 지금 창밖에서 일어나고 있는 일들이 마치, 내가 사(死)의 세계로 들어가는 길목에서 세상을 바라보는 것 같은 착각이 들었다. 나와 관계되었던 모든 것들을 두고 내 의지와는 상관없이 이끌려 가는 죽음의 순간이 이렇지 않을까 생각되었다. 남편이 동승했을 적엔 차창 밖에서 일어나는 모든 광경이 신기하고, 고립된 공간이 오히려 오붓하고 좋았었다. 그런데 혼자라는 데서 오는 느낌이 이렇게 사뭇 달랐다.

사실 나는 남편과 단둘이 자동차 타고 나들이하는 것을 최상의 기분으로 여겨왔다. 또 이를 두고 나의 가장 행복한 순간이라고 말해왔다. 그것은 둘만의 공간이 매양 자유로울 뿐만 아니라, 시야에 가득 차는 차창 밖 광활한 풍경이 마음의 여유와 평화로움을 더해주기 때문이다. 우리 일상의 이야기나 세간에서 일어나는 이런저런 일들을 나누고 교감하며, 견제되고 격식 있는 대화가 아닌 주제도 없고 흉허물도 없는 무제한의 대화이다 보니 마음은 평화의 물결이다. 그러나 때로는 대화 중에 의견 충돌이 생기고 급기야 언쟁으로 번지는 돌발 사고도 발생하지만 그러한 경우, 나는 내 감정을 어느 정도 표출시켰다 생각되면 얼른 기분을 바꾸어 이전의 감정으로 반전 시킨다. 이것이 내가 이제껏 긴 동행을 통하여 터득해온 기법이고 수련된 기교다. 우리 부부에게 있어서 이 일만은 남편이 아닌 내가 리더다. 나는 인생의 행과 불행이 기본적으로 부부의 관계에 있다고 생각하기 때문에, 불편한 감정을 되도록 빨리 털어내는 것을 무엇보다 우선으로 여긴다. 이왕 일생을 함께해야 할 긴 여정 속의 동반자라면, 서로 즐겁고 편안한 동행인이 되어야 하지 않는가 하는 생각에서다.

우리의 인생은 동행의 연속이다. 평생토록 떼어 낼 수 없는 운명적 동행이 있고, 잠시 잠깐 스쳐 가는 동행이 있다. 길에서 짐을 무겁게 든 사람과의 동행은 그날의 일시적 동행이요. 우연히 빗속을 함께 걷는 우산 속 사람과의 동행 역시 바람 같은 동행이지만, 이런 저런 동행이 있어 인간의 잔잔한 향기 속에 우리는 살아가고 있다. 이웃과 함께 하는 행보. 외로운 사람과의 대화. 보조를 같이하는 걸음걸이. 없는 이들과 함께하는 마음. 인생 여정에서의 동행은 무수히 많다. 가난한 사람들과 일생을 함께한 마더 테레사 성녀의 거룩한 동행만은 못하여도, 사람들은 나름의 대상을 찾아 이런저런 동행의 연속 속에 살아가고 있다. 사람과 사람 우주 만물들과의 교류 속에 살아가는 것, 이 또한 우리 인생에의 동행 그 자체가 아닌가. 그중에 부부의 연을 맺고 평생을 함께한 배우자와의 동행, 이것만은 마지막까지 운명적 동행 그것이었으면 한다.

2004. 11.

2

잃고 싶지 않은 것

소나무

내가 자주 오르내리는 수리산 입구에는 곧게 뻗은 소나무가 하늘을 찌를 듯이 빽빽이 서 있다. 햇살 고운 날 아침 산 입구를 들어서면, 소나무의 짙은 향이 산속을 가득 메우고 있어 매양 기분이 좋다. 소나무 사이사이로 보이는 하늘이 잉크 빛처럼 푸르고, 흐르던 구름도 솔잎 위에 얹힌 듯 아름다운 날이면, 소나무를 타고 오르내리는 청설모의 곡예가 아침 산의 적막을 깬다. '송충이는 솔잎을 먹어야 하고 갈충이는 갈잎을 먹어야 한다.'는 격언이 소나무를 볼 때마다 상기되는데, 요즘엔 송충이를 전혀 볼 수가 없다.

어릴 적 내 고향 뒷동산엔 아름드리 소나무들이 가득 차 있었다. 눈이 내리는 겨울이면 층층을 이룬 소나무 가지들이 쏟아지는 함박눈을 가득히 이고 있었다. 무게를 감당하지 못해 가지를 찢어 내리면서도 불변의 기상으로 서 있었다. 이런 날 밤이면 나는 눈 내린 경치를 보려고 뒷문을 열어젖히곤 하였다. 퍼붓던 눈은 그치고 언제였더냐 싶게 말끔하게 걷힌 하늘엔, 휘영청 푸른 달빛으로 덮인 산하의 광경은 슬프도록 아름다웠다. 눈을 담뿍 쓰고 있는 소나무 위로 쏟아

내는 달빛은 작은 내 가슴을 놓아 주지를 않았다. 저것 좀 보라며 감탄사를 쏟아 내다가, 찬 바람 들어오니 그만 문 닫고 자라는 호통을 듣고서야, 흥분이 한풀 꺾이어 슬며시 마음의 빗장을 내리곤 하였다.

아침잠 많기로 내로라하는 나였지만 그런 날 아침만은 제일 부지런한 아이가 되어 있었다. 바깥마당으로 나가 눈을 담뿍 쓰고 서 있는 소나무들의 수려한 모습을 보고 있노라면, 나는 벌어진 입을 다물지를 못했다. 그처럼 신비롭던 광경을 통하여 세월이 흘러도, 나는 소나무에 대한 범접할 수 없는 고고함에 매료되어 그것에서 벗어나지를 못한다. 다른 어느 숲보다 소나무 숲을 비추는 아침 해는 더욱 광채를 발하고 눈부시도록 아름답다. 소나무 숲을 스치는 바람 소리 또한 고즈넉이 파고드는 울림이 있어 어머니의 품속인 양 평온이 감돌고, 홀로 푸른 소나무의 청정함은 겨울 산을 거룩한 모습으로 바꿔 놓곤 하였다.

봄이 오면 겨울 속에서 단련된 소나무가 몸을 풀고 새로운 모습으로 우뚝 섰다. 보릿고개에 먹을 것이 없던 사람들에게 소나무는 그나마 기댈 곳이 되었다. 연한 가지를 꺾어 껍질을 벗겨 먹을거리로 삼는 것이었다. 이것을 송기

(松肌)라고 하였는데, 간식거리가 변변치 않던 그 시절, 아이들이 학교에서 집으로 돌아오는 길에 송화와 송기는 군입거리의 대상이 되었다. 누가 먼저랄 것 없이 길옆 산으로 올라가 소나무 새순에 매달려 있는 송화를 땄다. 볼펜 크기의 꽃대에 밥풀 데기 같은 모양의 꽃이 옥수수처럼 박혀 있다. 그 송화 송이를 따서 씹으면 쌉쌀한 맛과 짙은 솔향이 어우러져 입안을 향긋하게 하였다. 아이들은 이것만으로 산에서 내려오지 않았다. 송진을 따내어 입에 넣고 씹었다. 처음엔 쓴 물이 나오지만 계속 씹으면 송진 껌이 되었다.

지금 돌이켜 생각해 보면 아이들의 그런 모습들은 먹을거리로 삼아서라기보다, 단조로운 산촌 생활에서 찾는 하나의 재미이고 놀이이며 일과였던 것 같다. 초여름으로 다가서면 송화는 가루를 날리어 땅 위를 노랗게 물들였다. 이것을 따서 가루를 내어 보관하였다가, 추석이나 큰일에 다식을 만들었다. 그 당시엔 흔한 것이 송홧가루였으나, 쉽게 먹을 수 없었던 것 또한 노란 송화다식이었다. 채취가 그리 용이하지 않았기 때문이다. 지금 시중에 나오는 송화다식은 그 함량이 얼마나 되는지는 내가 확인한 바가 없어서 모르지만, 송화다식을 만들기 위해선 채취하기 위해 많은 품이 필요로 했기 때문에, 그 당시엔 시장성도 없고 해서 직접 만들어 먹을 사람이 아니면 누구도 손을 대지 않았다.

내가 사는 아파트는 산이 둘러싸인 동네라서 이른 여름이면 송홧가루가 집 안으로 날아 들어온다. 그래서 송화분이 날릴 때쯤이면, 창문을 열어 놓지 못하는 약간의 불편이 있다. 하지만 그것은 복에 겨운 투정이다. 그 시절 풍광만은 못하여도 어릴 적 향수를 떠올릴 수 있고, 눈길을 자주 줄 수 있는 즐거움이 있다. 아침이면 소나무

숲에서 새들의 울음소리가 들리곤 하여, 창밖으로 귀를 쫑긋 세우고 그 울음에 빠져 보는 재미도 쏠쏠하다.

아파트 마당에서 간간이 아이들의 조잘거림이 들려올 때면, 그 옛날 성황당(城隍堂) 고개에서 서로가 소나무 그늘을 차지하려고 자리다툼하던, 땟국물 흐르던 익살쟁이 조무래기들의 모습이 눈에 선하다. 자리 차지하고 앉았다가도 머리에 송충이가 떨어져 내리면, 혼비백산하여 흩어지곤 했다. 그랬다가 다음 날에도 역시 다시 자리다툼이 벌어지곤 하였다. 지금은 이름도 성도 기억할 수는 없지만, 그때 그 아이들의 티 없이 맑고 순수했던 눈망울만이, 머릿속에 각인되어 떠올려진다.

나는 소나무와 더불어 자라서인지 소나무의 고고하고도 우아한 모습에 늘 애정이 가곤 한다. 우리 토종인 조선 소나무가 지닌 변함없는 기상은 지조 있는 선비의 상이다. 기나긴 풍상을 겪어 낸 옹이 깊은 소나무에서는, 더더욱 경건한 마음이 일고 절묘한 기품을 느낀다. 소나무는 세월을 거듭할수록 고된 풍상을 겪으면 겪을수록, 아름답고 마음을 잡아끄는 강한 매력이 있다. 사람도 나이가 들수록 품격이 있고 우아한 사람이 있으니, 이는 인생의 갖은 풍상을 겪으면서도, 자연의 이치에 따라 순리적으로 살아온 그만이 지닐 수 있는 모습이 아닐까 싶다. 나도 내 나이의 끝자락에 섰을 때 소나무와 같은 기품과 우아함이 있어, 보는 이의 마음에 닿았으면 한다.

소나무에는 여러 종류가 있다. 흑송은 키가 그리 크지 않으면서 구불구불하게 자라는 것이 풍미가 있다. 산이나 어느 집터에서 이런 멋들어진 나무를 만나면, 나는 발길을 멈추고 눈에 가득 품는다. 검고 두꺼운 각질이 또한 특색이다. 또 적송은 몸이 붉고 흑송과 비슷한 모양이나 각질이 두껍지 않고 얇다. 또 반송은 밑부분에서부터 가지가 여러 가닥으로 되어 옆으로 퍼지며 둥근 모양으로 자란다. 이는 정원수로 택함을 받고 있다. 경상도의 안동 하회 마을에 갔을 때 보았던, 옛날 고관 댁의 뜰 안에 반송들의 기품과 우아함이 머릿속에서 지워지지 않는다. 우리의 이런 토종 나무들은 왜 소나무와는 달리 오랜 풍상을 겪으며 더디 자란다. 금강송은 일명 춘향(春香宋)이라고도 불리는데 이것은 곁가지가 없이 밋밋하고 곧게 자란다고 하여 절개를 상징하는 춘향의 이름을 따서 부르는 것이 아닌가 싶다. 또한 소나무는 어느 산에서나 흔히 볼 수 있는 나무지만, 기백과 기상을 자랑하듯 청청함이 있다. 그리고 백송이 있는데 북중국에서 이식되어 온 것이라고 한다.

우리나라에서는 극히 희귀종이어서 천연기념물로 지정되어 있다. 서울에 몇 그루, 경기의 광주와 이천, 경남 밀양, 충남 예산에 소수가 있다는데 나는 서울 창경궁과 예산에서 한 그루씩을 보았다. 수백 년이 된 것이라지만 외모는 볼품이 없었다. 이 백송은 연륜을 거듭할수록 껍질이 박락(剝落)된다고 한다. 몸에 껍질이 얇고 회색에 가까운 백색을 띤 나무가 보기에 좀 생경했다.

소나무는 애국가 가사에도 등장할 만큼 기상과 기백 절개를 상징하는 우리나라의 대표적인 나무다. 추사 김정희 선생의 「세한도(歲寒圖)」에서 '추운 겨울이 된 뒤에야 소나무와 잣나무의 절개를 안다'라고 말했듯이 예로부터 충신의 표상이기도 하다. 이처럼 소나무는 같은 이름으로 여러 품종의 이름을 달고 있지만 우아하고 청정한 기품은 하나이다.

『수필문학』 초회추천 작품 1997. 1.

산

산은 언제 보아도 푸근하고 정감이 인다. 내 집 같은 편안함이 있는가 하면 미더운 친구처럼 든든함이 있다. 여행을 다닐 때나 어디를 가다가도 산세가 좋은 곳을 보면, 짐 풀고 눌러살고 싶은 충동을 느낀다. 그래서 몇 해 전만 해도, 산이 보이는 집을 무척이나 염원하였다. 이제는 내가 원하던 그런 곳에 집을 갖게 되어서, 더 부릴 욕심이 없게 되었는데도, 여전히 탐내는 것이 산이다.

이곳 산본에 자리한 내 집은 베란다 창 쪽으로 눈만 돌리면, 산자락이 가득 눈에 들어온다. 그는 언제나 유유히 흐르는 한 조각의 흰 구름처럼 마음에 평온을 가져다준다. 나는 바라보는 것만으론 미흡하여 햇살이 퍼지는 아침이면 산에 오른다. 가슴을 활짝 열고 심호흡을 하며, 산을 가슴에 가득 품는 기분은 비할 데 없는 환상의 극치다. 나무들이 터널을 이룬 숲 사이로 햇살을 곱게 품은 하늘이 열리고, 간간이 스치는 바람과 이따금 푸드덕거리는 새들의 날개깃 소리가, 산의 정취를 고조시킨다. 산 중턱에 다다라 숨을 고르며 올라온 길을 돌아다보면, 아득히 먼 곳에 이어지는 능선이 물살처럼 출렁이고 있다. 산 위로 반쯤 보이는 하늘이 호수처럼 고요하다. 성벽처럼 둘러쳐진 산자락을 보며, 나는 마음의 자리를 펴고 고향의 산을 생각한다.

부여 옥산에서 북으로 십여 리를 더 들어간, 막다른 산동네가 나의 고향이다. 병풍처럼 둘러쳐진 산 사이로, 해가 뜨고 지는 것을 보며 자랐다. 여름날에 한줄기 소나기가 지나면, 산허리로 쌍무지개가 꽂히고, 한낮에 들려오는 뻐꾸기의 울음이 구슬펐다. 해 질 녘엔 소쩍새 울음도 서산마루에 메아리치고, 달이 산봉우리를 타고 넘으면 산자락이 베일 속에 가리어진 듯, 어렴풋한 모습으로 드러나곤 하였다. 스러질 듯 끊어질 듯 초사흘 달이 산마루에 걸리면, 나는 조용히 산의 정경을 바라보곤 하였다. 그리고 아침 햇살에 수려한 모습으로 다가서는 산이, 언제나 감동으로 메워지곤 하였다. 7, 8월의 작열하는 태양 아래 뭉게구름이 산봉우리에 얹어질 때의 모습도, 지금까지 마음속 깊이 박히어, 산을 볼 때마다 떠올려진다. 사람은 귀소 본능이 있어 옛것으로 돌아가고 싶어 한다지만, 그 옛것에서 풀려나지 못하는 것 또한 내겐 병이 아닌가 싶다.

오늘도 옛사랑을 그리듯 산을 오르고 있다. 점점 가팔라지는 산길을 거친 숨을 몰아쉬며 쉼터에 다다르니, 깎아 세운 듯 암벽이 발길을 가로막는다. 바위 틈새로 돋아난 풀포기와 나무들의 모습에 눈길이 머물고 산의 정취에 빠져든다. 벼랑 끝이나 바위 틈새에 위태롭게 뿌리를 박고 사는 것들을 보니, 힘겹게 살아가는 고달픈 인생을 보는 듯, 그 시절 그 사람들이 생각난다. 먹을 것과 땔감이 궁핍했던 그때는, 사람과 산이 떨어질 수 없는 관계였다. 어떤 이들에겐 산이 농토 대신 배고픔을 달래 주는 생명선과도 같아서 찾지 않고는 살아갈 수가 없을 만큼 절실한 곳이었다. 논농사에 쓰는 퇴비와 땔감도 산이 거의 다 전담하다시피 하였으니, 농사꾼들은 한여름 농사철을 빼고는, 산을 벗어나지 못하였다. 전답이 없는 사람들은 봄이면 나물을 뜯고, 여름 가을 약초를 캐며, 겨울이면 땔나무를 해서 장에 내다 판 돈으로 목숨을 이어갔다.

그래서인지 멀리 들려오는 나무꾼들의 노랫소리는, 인생을 탄식하듯 구슬프게 들려왔다. 따라서 산은 해를 거듭할수록 푸른빛을 잃어만 갔고, 그 옛날의 봄 산은 그렇게 처연하기만 했다. 그러나 요즘의 산은 어느 곳이나 푸르러 희망이 솟는 그런 곳이 되었다. 그뿐만 아니라 오늘날의 산은 현대인들에게 안정과 정취를 즐기는, 휴식의 공간이 되었다.

정상이 가까워지자 산이 가팔라지니 숨이 찬다. 곧 주저앉아버릴 듯이 기진하나 나는 도중에 쉬지 않고 전진에 전진이다. 산행은 곧 인생과 같다는 생각이 들어서이다. 성공한 인생의 내면에는 어려움을 극복해 낸 아픔이 있듯이 산행도 그러하다. 정상에 다다르기까지 자신과 싸움의 연속이다. 이렇게 얻어낸 산의 정상은 천하를 얻은 것 같은 기쁨과 만족이 있다. 내게 쉬어가기를 권하던 사람들은 아직도 올라오는 기척이 없는데, 옆 산에선 '야호'를 외치는 소리가 산의 정적을 깨고 있다. 땀 흘려 정복한 그 만의 기쁨과 희열이 봄 산에 퍼져 나간다.

나도 따라 야호! 하며 외쳐 보고 싶지만, 타고난 천성 탓에 가슴속에서만 넘실거릴 뿐이다. 그마저도 해 보지 못하고 혼자서 소리 없는 웃음으로 대신하며 정상을 뒤로한다. 사물을 발밑에 두었던 정상에서 내려오기란 그야말로 순식간이다. 올라갈 때는 불과 얼마 안 되는 거리도 신음에 가까웠는데, 내리막길이란 상쾌함과 즐거움이 있을 뿐이다.

그러나 세상 속의 정상은 어떤가. 부도덕의 소치로 하루아침에 나락으로 떨어져 내몰리는 것을 보아왔다. 그들은 정상 자리의 단맛 속에서 무슨 생각하며 하행하였을까. 욕망으로 점철된 정상과 순박한 산행의 정상에서의 하행선은 정녕 다를 것이다. 산의 중턱을 내려오자 산들은 내 시야뿐만 아니라, 마음까지도 초록빛으로 물들여 놓은 듯 싱그럽기만 하다. 가까이 스치는 초목들이 내 몸과 맘을 보듬는 듯이 풍요롭고 정감 있게 느껴진다. 아래위 좌우로 여지를 두고 있어서인지, 산의 풍광에 취하고 평온과 여유와 감미로움이 물씬 가슴을 덮친다. 이 같은 산 중턱의 편안함에 마음이 매료되다 보니, 우리 인간사 역시 너무 잘나지도 너무 못나지도 않은, 평범한 인생이 행복하다는 생각이 든다. 따라서 평범함 속에 비범함이 있다는 말도 다시금 곱씹게 된다.

산이 좋아서 산이 그리워서 오르내리는 사람들, 그 들은 자연의 아름다움에 마음이 젖고 싱그러움에 영혼을 내어 맡긴 사람들일 것이다. 그래서 태초에 신이 인간에게 내린 이 선물을 맘껏 즐기며 사랑하리라. 그러함에 땀방울을 비 오듯이 쏟고 또 쏟아내면서도 오르고 또 오르는 것일 것이다. 이런저런 생각을 하며 하산을 재촉하는데 시선을 끄는 진달래의 자태가 바위 틈새로 유난히 곱다.

『수필문학』 추천완료 작품. 1997. 7.

7월의 하늘을 보며

– 등단 소감

문학의 향기로움에 내 마음은 늘 서성임의 세월이었습니다.

밤하늘에 별들의 아름다움을 동경하듯 먼발치에서 그렇게 맴돌 뿐이라고 생각했습니다. 꿈이 옅어질 때면 내 가슴 언저리를 타고 도는 고독이 글숲을 향해 달음질쳐 가곤 했습니다. 열릴 것 같지 않은 굳게 잠긴 문을 향해 허름한 가슴 찧어가며 글을 쓰는 고뇌에 접해 보기도 하였습니다.

수필은 곧 삶이기에 신앙의 마음으로 옷섶을 다시금 여미며 장마에 쏟아지는 폭포수이기보다는 가뭄에도 마르지 않는 샘물이고자 합니다. 모든 것이 정지된 듯이 보이지만 만물의 법칙에는 한 치의 어김이 없는 겨울 속의 자연처럼 진실을 바탕으로 조용히 자리를 지켜 갔으면 합니다.

삶의 호흡

P는 나와 같은 연배는 아니나 정서가 같고 인생을 생각하는 것이 돋보여서 내가 좋아하고 아끼던 사람이다. 아침 해가 늑장을 피우는 1월 중순의 어느 날이다. 그녀와 나는 일박 이일의 일정으로 부산으로 여행을 떠나기 위해 약속 장소인 과천청사 지하철역에서 기다리기를 십여 분이 지났다. 이럴 리가 없다는 생각이 머리에 스치는 순간이었다. 누군가를 부르는 소리에 돌아다보니 P가 아닌가. 내가 약속 장소를 잘못 기억한 탓이었다. 서울역에서 내리자마자 우리는 누가 먼저라 할 것도 없이 내리뛰었다. 젖 먹던 힘까지 다하여 뛴 덕에 우리를 마감으로 개찰구가 닫히고, 기차에 올라타는 동시에 출발하였다. P와 나는 그제야 안도의 숨을 내쉬며 마주 보고 웃었다. 어린 시절 육상 선수로 뽑혀 다녔던 실력을 유감없이 발휘하였다. 내가 이용하는 전철이라면 과천에서는 늘 청사역이었기 때문에, 나의 고정된 습관이 오늘 이렇게 어려운 상황으로 만든 것이어서 그녀에게 여간 미안한 것이 아니었다.

그러나 그 마음도 잠시뿐, 기차가 도심을 벗어나 교외를 달리고 있을 때, 나는 바깥 풍경에 마음을 빼앗겨 나만의 기분에 도취 되어 있었다. 꿈을 꾸듯 조용한 햇살을 가르며 달리는 차 창 밖으로, 내 마음은 이미 날개가 달려 하늘을 날고 있었다. 끝없이 펼쳐지는 투명한 하늘과 맑디맑은 햇살이 들녘을 포옹하듯 퍼져나가고 멀지 않은 봄날의 향연을 꿈꾸는데, 휴식에 잠겼던 대지가 기지개를 켜며 두 팔 벌려 나를 환호하는 듯하였다. 기차에서 간간이 울리는 기적 소리 또한 평화로움 그 자체였다.

심신이 지치고 삶이 권태로울 때면, 나는 기차 여행을 꿈꾸곤 하였다. 지난날의 상흔을 한번쯤 보듬고 반추해 보는 시간을 갖는다면, 삶에 대한 여력이 살아날 듯해서였다. 나는 삶의 무게를 훌훌 벗어던지고 차창 밖 드넓은 벌판을 향하여 마음껏 미소로 화답하였다. 멀리 마을 어귀에 높이 솟은 미루나무 꼭대기에 까치집들이 마치, 전원의 평화를 상징하는 등불처럼 아름다웠다. 이맘때면 어릴 적 고향 집 뜰 아래엔 빛 고운 햇살이 가득 고이고, 삼라만상이 꿈을 꾸는 평화로운 곳이었다. 가난했지만 순박하고 정이 넘치던 그곳, 그때 그 사람 지금은 아무도 없지만, 추억하는 것만으로도 삶에 대한 기쁨이 솟고 핑크빛 가슴이 되곤 했다.

나의 푸르던 시절, 나는 기차를 타고 고향길을 오갔다. 눈만 뜨면 그리웠던 어머니. 티 없이 뛰놀던 앞 냇가 푸른 들은 청순했던 내 마음을 늘 잡고 있었다. 그래서 고향 가는 길은 언제나 마음이 먼저 앞장서서 내달렸다. 그때는 교통수단이 좋지를 않아, 기차로 일고여덟 시간을 걸쳐서 다녔다. 그건 그나마 운이 좋았고 걸핏하면 연착이어서 아홉 시간도 좋고 열 시간도 좋았다. 그래도 그저 고향 간다는 일념으로 마다하지 않았다. 한번은 상경하기 위해 고향 역에서 기차를 기다리다가 뜻하지 않게도 초등학교 남자 동창을 만났다. 정해진 좌석표 제도가 아니던 시절이라, 그 친구와 나는 같은 자리에 앉았다. 어릴 때의 모습은 남아 있으나 훌쩍 자라버린 훤칠한 키며, 또렷한 이목구비를 갖춘 얼굴이 낯설게만 느껴졌다. 어머니가 싸 주셨다며 찐 달걀을 꺼내놓고 수줍어하는 모습은 여전하였다. 긴 시간을 무슨 이야기로 채웠는지는 기억에 없지만, 지루함 없이 왔던 기억은 역력하다.

나는 잠시 스쳤던 옛 추억에서 벗어나 마주 앉은 P를 보았다. 그녀의 얼굴에선 갓 교복을 벗고 세상에 나온 해 맑은 소녀의 모습이다. 서로가 준비해온 음식은 별것도 아니었지만, 어느 고급 레스토랑에서의 식사가 이 기분을 따를 수가 있으랴 싶다. 지친 일상에서 벗어난 이 순간 모든 것들이 매양 좋기만 하다. 이런저런 살아가는 이야기로 가슴을 덥히는 동안 천릿길인데 어느새 종착역을 알리는 안내 방송이 나오고, 승객들은 짐을 챙겨 출구 쪽으로 향하고 있었다. 우리는 아쉬움에 선뜻 일어서지를 못하였다. 지나온 세월을 훌훌 털어내기라도 하듯, 시공을 초월하여 P와 주고받은 일상의 이야기들에 가슴이 더워지고 삶의 온기가 흐른 까닭에서였다. 그러나 일어서서 돌아다보는 빈자리가 마음을 더 아쉽게 했다. 인생의 종착역도 이처럼 다가오며 떠나고 난 빈자리는 다시 누군가로 채워진다는 사실을, 마치 이 자리를 비롯하여 확인이라도 한 것 같아서였다.

해운대의 밤바다는 아베크족들의 밀어를 품어 주려는 듯 어두움이 짙게 내리고, 그들의 발길은 무수히 백사장을 가르며 꿈과 사랑과 추억을 심고 있었다. 멀리 해변으로 피어나는 불빛은 나그네의 마음을 밝히려 함인가. 연인의 눈빛처럼 아늑하였다. 멀리 표류하는 어선

한 척이 별빛 같은 가녀린 빛으로 밤바다를 지키고 있으나, 어둠이 삼켜 버린 밤바다는 죽은 듯이 고요했다. 캄캄한 망망대해를 바라보니, 내 일상의 고달픔도 한 꺼풀씩 어둠의 침묵 속으로 묻히었을까. 가슴속 깊이 고요가 흐르고 있었다. 사람은 만남이라는 인연의 끈으로, 인생의 한 페이지 한 페이지를 써나가고 있는 것이 아닌가. P와의 만남으로 이루어진 이 순간들, 밤바다를 향하여 삶을 가다듬고 있는 이 동행이, 내겐 앞으로의 삶에 이따금 들춰보고 회상하는 향기로운 삶의 호흡이 될 것이다. 명상에 잠긴 여인처럼 아름다울 것임에.

내겐 삶 속에서 신선한 호흡으로 다가오는 풍광들이 있다. 봄의 언저리에서 알몸으로 맞는 안개비를 털어내지 못하고, 가지마다 은구슬을 맺고 있는 광경을 보며 S 친구와 감미로움을 만끽했던 순간이며, 회오리바람에 함박눈처럼 쏟아붓던 느티나무 잎 속을 혼비백산하여, 이리 뛰고 저리 뛰며 철없는 소녀가 되었던 E 친구와의 즐거움. 아름들이 벚나무 무리의 행렬 속에서 꽃비를 맞던 L과의 그 순간들은, 나를 핑크빛 시간으로 돌려놓는 신선한 호흡이며, 내 삶의 분신들이다. 육신의 호흡은 코로 하지만 영혼의 호흡은 생각으로 한다. 좋은 추억은 좋은 생각을 만들고, 따라서 좋은 인연의 끈을 이어갈 것이다. 따라서 어두움으로 덮인 망망대해를 바라보며 나와 함께 지내는 P와의 이 시간, 이 또한 내 생애에서 제어할 수 없는 삶의 호흡이 될 것이다.

1998. 3.

빛 좋은 개살구

단풍이 절정에 이른 가을 산을 보면 창조주의 신비를 느낀다. 각양각색의 모습이 어우러져 장관을 이룬 절경 앞에 서면, 누구라도 탄성을 금치 못할 것이다. 그러나 아름답기가 이처럼 극치에 달하는 단풍도, 하나하나 살펴보면 폭풍우와 벌레들에게 시달려, 온전한 것이라곤 거의 없다. 이 같은 자연을 통해 나는 인간사를 보곤 한다. 겉으로 보아서는 멀쩡하지만, 내막을 보면 녹록한 인생이 흔치 않다.

내가 살아가고 있는 아파트는 자연경관이 빼어나다. 거실에서 내다보이는 산머리가 사계절을 알리고, 뜨고 지는 해와 달의 정경이 감동의 물결을 이룬다. 정류장에 나와 차를 기다리노라면 능선 넘어 하늘이 눈이 시리도록 푸르다. 혼탁한 내 영혼을 말끔하게 씻어 줄 것 같은 믿음이 든다. 겨울엔 숨을 죽이게 하는 설경이 펼쳐지고, 여름날 해 질 녘에는 소쩍새의 울음이 내 마음을 사로잡는다. 이런 주변 환경에 조화를 이루듯, 동네 사람들의 모습 또한 행복해 보인다.

그러나 한 해가 가고 두 해가 지나 십 년 가까이 이웃하여 지내는 동안, 그 속내를 알고 보니 어느 집이나 걱정거리

없는 집이 없다. 부모와 자식 간의 문제, 형제자매간의 문제, 부부간의 갈등, 경제적 어려움이나 우환 등등의 고통을 안고 산다.

누가 봐도 내 어머니는 복이 많으셨다. 가난했던 시절을 사셨지만 배고픔을 모르셨고, 아버지와 67년간 해로하시고도 84세의 고령에 남편 앞에서 곱게 눈을 감으셨다. 넘기가 어려웠다던 보릿고개 시절에, 땟거리가 없어 굶고 있는 동네 사람들에게 볏섬을 풀었다는 집의 맏며느리였으니, 그 당시의 어머니를 누군들 부러워하지 않았으랴. 그렇지만 어머니는 당신의 젊은 시절이 회상될 때면 눈물을 짓곤 하시었다. 어린 나이로 시집와 며느리와 출산을 같이 하는 시어머니 밑에서, 시누이 시동생 7남매와 당신 자식 7남매를 함께 길러 시집 장가, 보내고 대 종갓집 구실 못하는 백부모님까지 모시며 한 달에 제사를 두세 번도 지냈다고 하였다. 대가족의 먹을거리와 입을거리, 농사짓는 일꾼들 뒷바라지를 혼자서 해냈다 하니, 그 고달픈 세월을 어찌 다 말로 엮어낼 수가 있을까. 옛날 부농의 맏며느리는 머슴보다 더 고달팠다고 하시던 어머니. 이런 어머니를 마을 사람들은 부러워하였다 한다. 그래서 자연이나 사람이나 이 세상 모든 것은 겉만 보고 말할 수가 없는 것 아닌가 싶다.

늘그막에야 아버지는 어머니의 고생을 빚으로 여기셨던지, 자주 병석에 눕는 어머니께 수십 리 마다하지 않고 약을 구해오곤 하셨다. 반찬거리 하나를 사도 자상하게 살펴 주시는 아버지를 보며, 우리집에 드나드는 보따리장수들은 어머니에 대해 부러움을 금치 못하였을 것이다. 그러나 어머니는 시집, 친정, 동기들, 자식들 걱정이 잦아들 날이 없었고, 마지막 가시는 날까지 태어난 몫을 못 하는 막내아들 걱정에 가슴이 녹아내리는 아픔을 안고 계셨다. 보기 좋은 떡이 먹기도 좋다는데, 인생에는 그도 먼 이야기인 듯싶다.

사람들은 지금의 내게 부럽다고 말한다. 내 나이쯤에 영업장 하나쯤 운영해 봄직하다는 것이 그들의 이야기다. 한 친구는 놀러 왔다가 하는 말이, 이 집은 주객이 전도된 게 아니냐고 하였다. 왔다가는 손님마다 잘 먹었다며 고맙다고 인사하고 가는데, 이런 사업은 누워 떡 먹기라며 그 비결이 뭐냐고 물었다. 그 말을 듣는 순간 나는 가슴속에 켜켜이 쌓인 감당하기 어려웠던 순간들이 회오리가 일 듯 되살아났다. 밝은 태양만 보고 살아온 사람이 폭풍우의 밤을 어찌 알리오. 겪어 보지 않은 사람에게 무슨 말이 답이 되겠는가. 무지개는 소낙비 뒤에 뜨고 봄은 겨울이 지나야 온다는 이치를 모르는 친구에게 나로선 해 줄 말이 없었다.

세상사가 어디 겉 보는 것처럼 만만한 것이던가. 음식 사업에 문외한이던 내가 너무 쉽게 생각하고 손을 댄 일이라서, 그에 대한 나의 답은 무식해서 용감했다는 말과 내 식구가 먹는 음식이라는 마음 하나만으로 일관해 왔다는 것 외엔 할 말이 없었다. 내가 고객을 상대로 밥을 팔고 있는 한, 내 집을 찾는 고객에 대한 책임이 업주에게 있다는 일념으로 하루하루를 극복하였다. 그날들이 모여 지금의 내가 있게 하였다. 이는 내가 일을 멈추지 않는 한 진행 중이며 선택에 대한 나의 피할 수 없는 책임이다.

세상 어디에서든 진실은 통하고 인정은 모이기 마련이다. 그것이 내 마음의 지렛대가 되어 주곤 했다. 세월이 흘러 낯익은 얼굴들이 하나둘 떠나가고, 보이지 않다가도 수년 만에 다시 찾아오는 이가 있다. 그것이 나로선 보람이며 사는 맛을 느끼게 했다. 주객 간이지만 재회를 한다는 것은 가슴 훈훈한 일이다. 운영상에서 오는 어려움이나 옥죄어 오는 압박감을 이런 인정들이 에너지가 되어 주었다. 내 적성에 맞지 않는 일이라고 깨달았을 때, 나는 이미 되돌릴 수 없는 것이었다. 그러나 나는 지난 세월을 되짚어보며 내 인생을 빛 좋은 개살구에 비교하고 싶진 않다. 왜냐면 일이 적성에 맞지 않아서 오는 이런저런 어려움을 인내하고 극복하는 가운데에서, 지혜가 생겼고 이를 통하여 무한한 인생사를 배웠다. 이 안에서 새로운 세상을 보았고 사람과 사람 간의 인정을 보았다. 그러니 어찌 빛 좋은 개살구라고 말할 수가 있으랴. 따라서 내 어머니의 고달팠던 생애도, 어찌 빛 좋은 개살구였다고만 말할 수가 있겠는가. 나의 어머니께선 일생을 그 큰 대가족을 위해 한 몸이 부수어지도록 통틀어 헌신 하며 사랑하셨다. 그러니 이보다 더한 숭고한 삶이 있으랴 싶다. 그분 인생으로 말미암아 한 가정이 지탱되고 가족들의 인생에 주춧돌이 되었으니, 당신의 생애는 태양처럼 뜨겁고 빛나며 거룩하셨노라 말하고 싶다.

우리는 인간사에 대해 주관적인 생각이나, 보이는 것만이 전부인 것으로 생각하기 쉽다. 그러나 잔잔한 호수에도 내면엔 요동이 있고, 아름다운 숲속에도 약육강식이 있으며, 순풍에 미끄러지듯 유유히 흐르는 돛단배에도 바람과 싸움이 있다. 마찬가지로 우리네의 인생에도 이와 다르다 할 게 없다. 중요한 것은 그 속에 참삶이 있다는 것이다. 당신 생애를 빛 좋은 개살구에 비유하신 내 어머니. 당신의 생애는 빛 좋은 개살구가 아니라, 일곱 빛깔 무지개와 같은 아름다운 인생이었노라고 하는 이 막내딸의 외침을, 살구가 익어가는 유월의 하늘에서 환한 웃음으로 듣고 계셨으면 한다.

2003. 6.

동남아 크루즈

나의 본병

여행은 언제나 마음 설렘이 있다. 동남아 크루즈를 하루 앞둔 밤 역시 나는 소풍 가는 아이의 마음인 한편, 집과 일터를 비우는 부담이 크게 느껴졌다. 더욱이 2박 3일간의 피정을 마치고 다시 이어 여러 날을 비우는 것은 누적된 피로는 물론 아이들과 영업장이 걱정되었다. 그러나 오래전에 몇몇 부부와 계획된 일이라 걱정은 과감히 접기로 했다. 아이들이 대학에만 가면 집을 비우는 데에 대한 부담감에서는 해방(?)이라고 생각했는데 그렇지를 않다. 산다는 것은 늘 틀이라는 부담에서 면하지 못하나 보다.

1996년 7월 29일 (월) 낮 12시 45분 김포 공항에서 출발한 여객기가 방콕 현지 시각으로 18시 45분에 도착되었다. 한국과 두 시간이 늦은 시차가 있었다. 우리는 방콕 공항에서 1시간쯤 휴식 후 다시 출발하였다. 1시간 만에 푸켓 공항에 도착했으니 김포 공항에서 출발하여 꼭 열 시간이 걸린 셈이다. 해는 이미 지고 없으나 아직 어둡지는 않아 이채로운 바깥 풍경을 볼 수 있었다.

공항 청사를 벗어나자 기온은 우리나라와 흡사하게 더웠고, 공항 크기나 주변은 우리나라 제주공항을 연상케 했다. 드문드문 서 있는 야자나무와 무성한 숲이 남국의 정취를 물씬 풍겼다. 자연의 숨소리가 느껴질 만큼 주변은 한적하고 평화로웠다. 유독 자연을 좋아하는 나는 사방을 두리번거리며 시야에 차오르는 녹색의 아름다움을 눈속에 가득 담았다. 그리고 숨을 깊이 마시며 자연의 맛을 가슴 가득 채웠다.

방콕에서 서남쪽으로 떨어진 푸켓은 제주도 절반가량의 면적에 25만여의 인구가 살아가고 있는 작은 섬이다. 대부분 관광객을 유치하는 수입에 의존하고 있으나 대체로 안정된 생활을 하고 있고 빈부차가 심한 곳이라고 했다. 여자는 밖에 나가 생업에 종사하고 남자는 가사를 돌본다는 가이드의 말에, 우리나라의 옛 제주도 풍습이 연상되고 이것이 섬사람들의 생활상인가 하는 생각이 들었다. 살림을 맡아서 하는 남자들이 저녁밥 짓기를 싫어하는 관계로 외식을 하는 것이 이곳 풍습이라 한다. 호텔로 가는 고속도로변은 좌우로 야자나무와 고무나무가 주종을 이루어 숲이 울창하다. 어둠이 서서히 내리고 있는 대지 위로 인가가 띄엄띄엄 보였다. 계절은 건기, 하기, 우기의 3계절로 나누어지며 현재는 우기로 접어들었다 한다. 호텔로 가는 도중 우리는 한식당에 갔는데 주인은 중국인인데도 경상도 말씨를 쓰고 있어 인상적이었다. 맛깔스럽게 차려진 음식은 아니었으나 김칫국이 입안을 개운하게 하였다.

푸켓에서 가장 좋은 호텔이라고 하는 라구나비치호텔(LAGUNA BEACHHOTEL)에 여장을 풀었다. 호텔이라면 비교적 높은 건물을 생각하는데 넓은 평원에 단층으로 건축된 것이 안정감이 있고 아늑하게 느껴졌다. 뒤편으로는 바다가 있고 골프장, 수영장, 탁구장, 당구장 등 비교적 시설이 잘 갖추어졌다. 주변이 여유롭게 보여 편안한 느낌이 들었다. 넓은 면적에 충분한 공간을 두고 이곳저곳 연결하여 지은 건물 양식이 마음에 들었다. 물 위에 정자 같이 지어진 건물도 있고, 커다란 연못에는 연꽃과 수련이 자태를 자랑하고 있었다. 투명하도록 맑은 물이 찰랑거리는 크고 작은 수영장이며, 한적하기까지 한 호텔 주변은 이곳저곳 돌아보고 싶은 의욕을 불러일으켰다. 만나는 호텔 직원들의 표정 하나하나가 어찌나 밝고 친절한지, 마주치면 그들의 환한 웃음에 나 역시도 얼굴 가득 웃음이 고였다. 투숙객들이 눈에 띄지 않아 휴양지에 온 듯 조용하고 홀가분한 느낌이었다. 우리가 아파트 발코니에 놓고 키우던 열대 식물들이, 이곳에는 거목으로 서 있는 모습 또한 신기하고도 놀라웠다. 작은 도마뱀들이 건물 벽 여기저기에 달라붙어 있는 광경은 소름이 돋는 일이었지만, 지극히 순수한 자연의 현상이라고 생각하니 그도 친근감으로 다가왔다.

학교 선생님의 자세를 잃지 않는 일행 중 한 사람인 J 씨가 둥근 달을 가리키며 "저기 저것이 뭣이래유?" 하고 묻자, 유머 감각이 뒤지지 않는 내 남편이 "이 동네에 살지 않아서 모르겠는디유!"라고 화답하여 우리는 폭소를 터트렸다. 질문도 대답도 신통하고 걸맞다는 생각에, 이 두 사람의 뛰어난 위트에 감탄을 하지 않을 수가 없었다. 일행 모두가 유머 감각이 뛰어난 사람들 틈에서 나는 그저 웃는 것이 내 몫이었다. 그러나 언제나 그랬던 것처럼 맘껏 웃고 즐기다가도, 가슴속 한구석에는 구멍이라도 뚫린 듯이 허전함이 밀려오는 것은 왜일까. 이 지구상 아픔은 혼자 끌어안고 살아가는 양 왜 가슴이 젖고 있는 걸까. 내 가슴엔 서러움을 가득 삼킨 원혼이라도 똬리를 틀고 있는 걸까. 필시 본 병인 것이다.

나는 살며시 자리를 빠져나왔다. 물먹은 듯 어슴푸레한 달빛만이 고요를 타고 흐르는 호텔 주변의 잔디 위를 걸으며 생각하였다. 푸른 달빛이 흐르는 너른 평원. 거대한 우주 속을 홀로 자유롭게 여행하고 있는 여유로움 속의 이 순간, 누가 뭐래도 이건 내가 즐겨야 할 내 몫이다. 역시 내겐 이런 호젓한 밤이 제격이라 생각하며 자연을 만끽하였다. 한편으론 그 누구와 이 아름다운 정취를 공감하고 싶었다. 새롭고 신비감으로 다가오는 모든 사물에 대한 감동과 감흥에 대하여 살갑고도 진지하게 교감하는 그런 파트너가 그리웠다. 바람같이 가볍게 스치는 마음으로 풍선같이 둥둥 뜨는 이야기를 하다가도, 더러는 가슴을 촉촉이 적시고 훈훈하게 하는 진실이 배인 대화가 그리웠다.

7월 30일(화) 산호섬으로 가는 괴성

아침에 일어나니 모두들 밤을 새우며 즐거웠다고 야단들이었다. 나는 잠 못 자면 병나는 사람이니, 깨우지 말라는 내 남편의 말이 너무나 간곡한 부탁으로 들려서 편히 재웠다고 했다. 조반은 호텔 식당에서 맛있게 맘껏 즐겼다. 밤새껏 술에 절어 보이는 J 씨는 그 좋은 음식을 앞에 놓고도 울상이었다. 안내자가 와서 날씨 관계로 피피섬을 취소하고 시내 관광으로 바꾸겠다며 의견이 분분하던 나머지, 오전 한나절은 호텔에서 보내기로 하였다.

서울에서 왔다는 일가족이 있을 뿐이어서 수영장은 한가로웠다. 일행은 모두 수영을 즐기고 있었다. 나는 물을 좋아하지 않아서 주위를 돌아보다가 하얀 파도가 철썩이는 바닷가에서 목석이 되었다.

아무런 생각 없이 내 앞에 와 부서지는 파도를 보며 그저 그렇게 서 있었다. 인생은 곧 파도와 같은 것. 크고 작은 일들이 물결처럼 일렁이면서 밀려오다가, 종래에는 하나의 물거품처럼 사라지고 마는 그런 것이 아닌가? 모래 위에 남긴 내 발자국을 지우고 달아나는 장난기 심한 파도. 내 마음을 확 잡아끌고 달아나 버린 듯 텅빈 느낌이다. 내 나이 지천명인데 소녀 적 감성에서 벗어나지 못하고 있으니 이를 어쩌나? 자신이 한심하다는 생각을 지울 수가 없다. 철들자 망령이라는 말과 같이 나는 철들 날이 없을 것 같다. 아니 현실적이지 못한 나는 철들기는 틀린 것 같다.

점심 식사는 라구나호텔 주인이 경영한다는 레스토랑엘 갔다. 음식집이라기보다는 낭만이 물씬 묻어나는 곳이었다. 음식을 분야별로 그 자리에서 만들어 내고 식객들은 만들어 내는 대로 직접 날라다 먹었다. 본토 음식, 중식, 일식, 아이스크림류, 각종 과일에 이르기까지 맘껏 즐길 수 있었다. 음식에 짙은 향료가 좀 거북스럽긴 했어도 모두 즐겁게 먹었다.

산호섬으로 가기 위해 배를 탔다. 파도의 높이에 따라 겁에 질려, 여인네들이 내지르는 소리는 괴성에 가까웠다. 물벼락을 맞으며 널뛰듯이 엉덩방아를 찧어 대기를 30여 분 동안 계속하다 보니 정신이 멍하였다. 산호섬은 말 그대로 바닥이 온통 산호인데 지금은 죽어서 까맣게 되었다고 했다. 백사장은 모래가 아닌 산호 가루라서 맨발에 닿는 촉감이 떡가루같이 희고 보드라웠다. 비치 의자에 누워 아름다움에 대한 시상을 떠올려 보려 하지만, 정리가 되지 않아 안타깝기만 하다. 서울에서 만 리가 넘는 이국땅 작은 섬에 누워서 아름다움을 만끽하고 있다는 것이 꿈만 같은 아득함과 행복감이 가슴을 가득 메웠다. 우리 여인네들은 수영하기에 신이 나서 나올 줄을 모르더니, 물고기 떼에 놀라 온통 호들갑이다.

물고기 구경을 하라며 나를 물속으로 떠밀다시피 밀어 넣어서 잠깐 들여다보았으나 고기떼는 보이지 않고 갑자기 보라카이(필리핀의 섬)의 전경이 떠올랐다. 그곳에서 보았던 물고기 떼와 더불어, 극치를 이루던 빛 고운 산호초들이 눈에 선했다. 그곳에 대한 아름다운 전경을 잊지 못한 까닭인 듯싶다. 멀리서 비구름이 서서히 몰려들자 자신 있게 몸매를 자랑하며 해변을 거닐던 미국인 미녀들과 아이들, 그리고 수상 스키를 즐기던 사람들로 그림처럼 아름답던 해변은 어느새 하나둘, 모두 떠나 버리고 적막감이 감돌았다. 금방이라도 비를 퍼부을 것만 같아 우리도 서둘러 배에 탔다. 돌아오는 길에 가이드 안내로 바다제비 집도 보았고 백화점에 들러 많은 진주 액세서리와 자라난다는 진주도 보았지만, 우리에겐 아무런 흥미를 끌지 못하였다. 숙소에 오자마자 부인들은 잠자리에 들었는데, 얼마나 자고 있었을 즈음에 남편들이 몰려다니며 깨워서 집합시켰다. 어제도 오늘도 날밤을 새우다시피 하는 남정네들이, 젊지도 않은 나이에 몸이 얼마나 버티어 줄지 걱정스러웠다. 수학여행 갔던 시절로 착각하고 있는 것은 아닌지? 아무튼 정 많고 좋은 사람들임에는 틀림이 없다는 생각이 들어 따뜻한 느낌이 들었다.

7월 31일(수) 지울 수 없는 팡야만

이번 여행의 주 목적지인 크루즈에 오르는 날이기 때문에, 짐을 꾸려서 떠날 준비를 해 놓고 아침 식사를 했다. 좀 더 머물고 싶은 아쉬움이 있었으나 자연의 생태계가 가장 잘 보존되어 있다는 팡아만으로 향하였다. 라구나호텔에서 버스로 1시간 반가량이 소요되는 거리였다. 버스에서 내리자 주변에는 물건을 파는 상인들이 있었다. 그들은 이내 우리가 한국인임을 알아보고, 어설프게 우리말 단어를 구사하였다. 옥수수 장수는 우리가 지나가자 한국말로 "옥수수"를 계속 외쳐 댔다. 두 사람이 나란히 앉을 만큼의 좁고 기다란 나무배가 우리를 기다리고 있었다. 발동기로 운행을 하는 허술한 쪽배였다. 어떻게 될 것만 같은 불안감이 앞서 배 위에 발을 내딛기가 두려웠다. 통통통 소리를 내며 앞으로 나아가는데, 바람이 조금만 불어도 배가 물살을 치는 압력에 의해서 바닷물이 얼굴을 뒤덮곤 하였다. 그때마다 너나없이 소리를 지르고 깔깔거리는 모습들을 보며, 사람은 나이가 들어도 어린애 티를 간직하고 있다는 것 또한 얼마나 아름다운가. 하고 생각하였다. 양옆으로 펼쳐지는 조그만 무인도가 수없이 나타나는데, 그 섬들도 모두가 화산암으로 이루어진 섬 들이라고 했다.

그러나 하나같이 나무들이 무성하게 자랐다는 것이 아무리 봐도 이해되지 않는 부분이고 신비였다. 섬들이 어느 것은 큰 바위를 잘라 놓은 것 같아서 그 오묘함이란 절정에 달했다. 절벽과 수면이 닿은 부분에 파이고 구멍이 숭숭 뚫린 그 절묘함들은, 자연의 위력을 증명이라도 하는 듯했다. 수면에 닿은 부분은 가늘고 윗부분은 굵어서 금방이라도 동강이가 날 것 같은 불안감을 주는 바위섬이 있는가 하면, 한가운데가 둥그렇게 뚫려 쪽배가 지나갈 수 있을 정도의 통로를 이룬 것, 고드름이 수렁주렁 달린 것 같은 모습을 한 바위섬들, 이루다 표현할 수 없을 정도로 절경을 이룬, 자연의 장엄 하고도 정교함에 나는 입을 다물지 못하였다.

목적지인 제임스 본드 섬에 도착하니 특산물을 파는 상인들이 모여 있었다. 그 섬 역시도 모두가 바위로 이루어졌고 바위 안쪽으로 통로가 나 있어 사진 촬영도 했다. 옆에 있는 바위섬은 넓이 5~6m, 높이 30~40m 가량 높아 보이는데, 자를 대고 바위를 톱질하여 켜 놓은 듯이 반듯하게 잘려져 일정한 틈새를 두고 서 있는 모습은, 자연 그대로라 하는 것이 믿어지지 않을 뿐만 아니라, 인간의 힘으로는 더더욱 불가능한 일로 보였다. 아득히 높은 바위벽 아래로 밧줄같이 생긴 몇 가닥이 땅바닥까지 치렁치렁하게 내리뜨려져 있어서, 그것이 무엇인가 궁금했다. 그런데 그것을 알아낸 남편이 나를 한 20m쯤 되는 높이의 바위벽 앞으로 끌고 가더니, 눈을 그 줄 따라 올라가 맨 끝에 보이는 식물이 무엇인가 보라 하였다. 믿어지지 않는 사실에 나는 놀라움을 금치 못하였다. 크지도 않은 선인장이 밧줄같이 굵은 몇 십m의 긴 뿌리를 내렸다는 것이, 눈으로 직접 보면서도 얼른 믿어지지 않았다. 눈 앞에 펼쳐지는 믿어지지 않는 것들이 사실이라는 데에 자연의 경이로움을 금치 못하였다.

배를 다시 타고 나올 때는 회교도 마을에 가서 점심을 먹었다. 물위에 세운 동네로써 배의 손님을 맞도록 앞쪽에는 음식점이 여럿 있고 뒤쪽으로는 살림을 사는 가옥들이 있었다. 회교도가 궁금하여 방문 요청을 했더니, 전날 폭우로 집 안에 물이 들어서 치우고 말리는 중이라며 거절하였다. 섬들은 하나같이 바위섬들이었다. 이뿐만 아니라 또 하나같이 나무가 무성히 자라고 있는 기이하고도 아름다운 섬. 이 섬 들을 뒤로하고 팡아만을 벗어나 푸켓 시내로 돌아왔다.

푸켓에 도착해 보니 싱가포르행 유람선의 시간은 아직 남아 있었다. 일행 중 일부는 시내 구경 나가고 나는 찻집의 창가에 앉아 바깥 풍경을 바라보고 있었다. 이곳 사람들의 교통수단은 주로 오토바

이였다. 승용차라고는 이따금 지날 뿐이고 거리를 걷는 사람도 별로 눈에 띄지 않는데, 오직 오토바이만이 쉴 사이 없이 오갔다. 푸켓항으로 이동하는 차내에서 다시는 볼 수 없을지도 모르는 이곳 풍경을 하나라도 놓칠세라 열심히 차창 밖을 살폈다. 눈앞에 끝없이 다가오는 고무나무 재배지는 이 나라의 고무 생산량을 대변해 주는 듯하였다. 가끔은 근사한 집이 눈에 띄었는데 이곳의 빈부 차이를 말해 주고 있었다. 그런 집들은 대부분 영국 사람들의 것이라 하였다. 이곳은 나무가 울창하다 보니 나무와 나무의 마찰로 산불이 빈번하다 했다. 그때마다 허술하게 지은 인가는 모두 타 버려 피해를 보게 되는데. 영국인의 집은 불에 타지 않는 것을 보고 웬만큼 돈이 있는 사람들은 대부분 영국식으로 집을 짓는다고 했다.

낭만의 슈퍼스타 제미나이

이 여행에서 주 여행 코스가 되는 싱가포르행 유람선을 타기 위해 푸켓항에 들어오니, '슈퍼스타 제미나이'라는 간판을 건 유람선은 배가 아니라 하나의 거대한 건물이 서 있는 것 같았다. 선착장 주변엔 아무런 시설도 없고 옷가지를 파는 노점상인 몇몇이 있을 뿐이다. 탑승하면서 놀란 것은 배라는 말이 믿어지지 않을 정도로 호화로운 호텔에 들어서는 느낌이었다. 밝게 웃으며 맞아 주는 승무원들의 모습에서 다른 세상에 온 듯 상큼한 느낌이 들었다. 일행들을 보니 이미 분위기를 타고 마음들이 둥둥 떠 있는 표정들이었다. 제미나이는 8층 건물로써 2층이 가장 좋은 층수이나 우리는 3층에 들었으니 비교적 좋은 층이라고 좋아들 했다.

방문을 여니 싱글 베드 두 개가 양편으로 놓여 있고 깨끗하고 단정한 분위기가 맘에 들었다. 짐을 정리하고 커튼을 밀치니 나의 흥분을 고조시키려는 듯, 멀리 수평선 넘어 석양이 붉게 타고 있었다. 우리 일행의 얼굴을 보니 신비의 나라에 온 듯 기쁨이 가득했다. 옷을 갈아입고 저녁 식사하러 옥상으로 올라갔다. 문을 열고 들어서는 순간 깜짝 놀랐다. 눈 앞에 펼쳐진 장면이 너무나 상상외의 일들이었기 때문이다. 무대 위에는 노래와 춤으로 분위기가 한창 무르익었고, 세계 각처에서 모여든 오백여 명의 사람들이 어우러진 저녁 만찬은 모두가 흥분된 분위기였다. 동양인으로는 말레이시아 싱가포르인 중국인 몇 명 그리고 한국인이 단체로 온 26명과 우리 열 명을 제외하고는 모두가 서양인들이었다. 그들은 부부 개인 혹은 가족이었고 특히 노부부가 많았다. 그 너른 갑판 위에서 동서양 인이 모두 즐겨 먹을 수 있는 최상의 뷔페식이었다.

요리사들이 즉석에서 음식을 해내고 있었다. 생선과 고기 굽는 연기가 하늘을 치솟아 별이 쏟아지는 하늘을 덮고 있었다. 분위기와 음식 모두가 내 인생에 보너스를 받은 느낌이었다. 진행자의 지시에 따라 음악에 맞춰 리듬을 타며 머리와 피부색이 서로 다르고 언어가 다른 사람들이지만, 즐겁고 행복한 느낌만은 하나인 듯이 보였다.

함께 어우러져 즐기는 가운데 밤은 깊어 11시 40분, 배는 드디어 항해를 시작하였다. 일렁이는 배에서 멀미라도 하면 그 긴 시간을 어찌 견디나 염려했지만, 그건 나의 기우에 지나지 않았다. 서양인들의 춤과 그 흥은 우리가 당할 재간이 없는 것 같다. 문화가 다르고 인생관이 서로 다른 데에서 오는 그들의 여유와 몸에 밴 낭만적인 모습들이 부럽기만 했다. 그들과 함께 어우러졌던 춤과 율동은 오래도록 잊히지 않을 정도로 유쾌했다.

우리는 밤이 깊어 가는 줄도 모르고 나이트에 가서 또 춤추고 바에 가서 술도 마시고 블랙잭을 하며 분위기를 마음껏 누렸다. H 신부님께서 한 번쯤 기분을 느껴보라며 $2씩을 나누어 준 다음 슬롯머신을 해 보라고 하셨다 대신 다 잃고 나면 그 이상은 금기라 하셨다. 허망하게도 우리는 모두 빨리 끝났다. 밤이 깊어지자 우리 일행들은 어지간히 즐겼다 싶은지 모두들 방에 들어가 휴식으로 들어갔다. 나는 옥상으로 다시 올라갔다. 저녁 식사를 하던 분위기는 간데없고 내일을 대비하여 몇몇 직원들이 수영장 비치 의자를 늘어놓고 있었다. 어둠에 싸인 망망대해를 조용히 바라보노라니 새로운 것에 대한 흥분도 미지의 세계로 가고 있다는 기대와 기쁨도 담담할 뿐이다. 둘레 160m나 되는 거대한 배가 어두움을 가르며 유유히 가고 있다는 문명의 발전도, 그저 출렁이는 물결일 뿐이다. 가도 가도 끝없는 어둠의 수평선 하늘과 바다를 번갈아 바라보며 얼마를 그렇게 서 있었다.

8월 1일(목) 단점이 보이는 것도 관심이 있어서다

이튿날 아침, 곤히 잠에 빠진 남편을 깨울 수가 없어 살며시 나와서 옥상으로 올라갔다. 일출을 보기엔 좀 늦었다고 생각되어 헐레벌떡 옥상에 올라갔더니, 소녀의 뺨처럼 발그레한 구름이 띠를 두르듯 수면에서 20cm 가량 올려 깔았다. 그리고 양옆으로는 아치형으로 구름 기둥이 세워졌다. 수평으로 깔린 구름 위를 기둥 사이로 살짝 올라탄 불덩이 하나가 장관을 이루었다. 소리쳐 사람들을 불러오고 싶은 충동을 누르며 육안에 오래도록 각인시켰다. 어떻게 그토록 완벽한 극치를 내게 보여주고 있을까? 일출과는 비교가 되지 않을 만큼 아름답고 그런 장면은 다시 볼 수 없을 것 같았다. 신이 나에게 보여 준 묘기 아니면 선물이라고나 할까? 한국인 부부가 실내 슬리퍼를 끌고 나와 그 장면을 배경으로 사진 찍기에 바빴다. 아침 인사를 건넸건만 무표정하게 넘긴다. 그 많은 서양 사람들 틈에 보이는 우리 한국인은 왜 그리도 얼굴이 굳어 있을까? 서양인들은 언제 어디서나 밝게 인사하는 모습이 참! 좋아 보여 닮고 싶었다. 나는 그 부인에게 다가가 실내화는 방에서만 신으라고 말해 주었다. 국내라면 물론 아니었겠지만 내 오지랖이 발동하였다.

아침 식사 전에는 남녀 혼성 합창단이 로비에 나와 아름다운 하모니를 이루었다. 그야말로 환상적이고 희망과 활기가 가득 찬 아침이다. 언제 들어도 음악은 희망과 벅찬 감흥이 일게 한다. 아침에 듣는 음악은 더욱이 그러하다. 아침 식사 역시 훌륭했다. 지상 천국이 달리 또 있겠나 싶었다. 아름다운 분위기에 입이 즐겁고 몸과 마음이 즐거우니 자연히 터지는 탄성이요, 환호다. 이역의 땅 더구나 항해하는 유람선 안에서 드리는 미사는 생애 전에도 없었고 앞으로도 다시 없을 것이어서 감사와 감동의 그 자체였다.

항상 웃음과 친절로 시종일관하는 직원들의 모습은 참 보기에 아름다웠다. 우리나라에서도 저런 모습을 보면 얼마나 좋겠는가? 하고 입을 모으듯 말했다. 인간을 보는 아름다움, 바다와 하늘을 보는 기쁨, 게다가 적당하게 시원한 바람과 동행하는 즐거움, 우리의 식욕을 만족시키는 음식의 풍요로움, 그뿐인가? 무엇보다 같이 지내는 사랑하는 사람들이 어우러진 이 정경이 어찌 행복하지 않을 수가 있겠는가? 망망대해를 바라보며 갑판에서 성대하게 벌어진 오찬, 이는 일생에 또 하나의 잊을 수 없을 순간들이다. 특히 우리 일행들의 입에서 시도 때도 없이 튀어나오는 유모는 늘 웃음의 도가니였다. 직원들이 우리의 내막을 간파라도 한 듯 싱글거리며 어름과 냅킨 등을 친절하게 챙겨다 주곤 했다. 맛난 게는 평생 먹을 분량을 다 먹어 치우는 것 같다며 한바탕 웃었다. 금강산도 식후경이라던가 우리는 먹기 위해 사는가 하는 말들로 익살스럽게 떠들어대며 맛있는 음식 실컷 먹는 그 행복감이란 대단했다.

한낮은 싸우나, 수영, 슬롯머신, 헬스 등 자유로운 시간을 가졌다. 먹고 나면 놀고, 놀고 나면 먹는 것을 하다 보니 내가 이래도 되나? 누군가에게 미안한 마음마저 들었다. 시간은 흘러 저녁 만찬 시간이 되어 파티복 차림으로 레스토랑을 향하는데 한복을 곱게 차려입은 어느 부인의 모습이 한눈에 들어왔다. 이국에서 보는 한복이 그토록 아름답게 보이고 친근감이 가는 것은 우리 동족에 대한 애정이 아니겠는가? 나는 왜 그 생각을 못 했을까? 그 순간 한복을 준비하지 못한 것이 사뭇 아쉬웠다. 그 아름다운 모습의 여인이 이왕이면 남편과 나란히 서서 담소하며 미소 짓는 얼굴이었으면 얼마나 더 아름다우랴 마는, 싸운 사람처럼 이쪽저쪽에 서로 등을 돌리고 밖을 내다보는 무표정한 모습이 안타까웠다.(우리 일행은 제외)

유럽의 노부부들은 손잡고 다정하게 웃고 속삭이며 지내는 모습과 대조를 이루는 것 같아서, 여유 없이 살아온 우리의 인생이 결국 그런 모습으로 밖에는 표출될 수밖에 없음이 안쓰럽기까지 했다. 오늘 저녁 만찬은 지정석에서 주문에 의한 음식이다. 술은 언제나 별도로 주문하여 돈을 내고 한 잔씩 마시게 되는데, 병째로 시키는 우리가 몰라서 그렇게 하는 것으로 알았는지, 아니면 자기 귀를 의심한 건지, 재확인을 거듭하는 직원에게 주문을 굽히지 않는 우리가 참! 주량도 흥도 모든 면에 있어 열정적이구나 하는 생각이 들었다. 이제껏 우리처럼 병 술 주문이 처음이라는 것이 그의 표정에서 역력히 보였기 때문이다.

8월 2일(금) 느낌의 나라 싱가포르

일찍 일어나 남편과 함께 5층 난간을 산책했다. 잘 보이진 않으나 오른쪽으로는 인도네시아의 수마트라섬, 왼쪽으로는 말레이시아를 끼고 돌아 유람선 슈퍼스타 제미나이는 그사이를 가고 있다. 아침 바람은 난간 모퉁이를 돌 때마다 숨을 쉬지 못할 만큼 거세다. 유람선 둘레를 여섯 바퀴 돌면 2km가 된다고 한다. 나는 남편과 함께 로사리오 기도를 바치며 아홉 바퀴를 돌았다. 옥상의 월 풀엘 갔더니 아직 아무도 없다. 우리 둘만이 월 풀에 들어가 마주 바라보니 별천지에 온 것만 같아 남편과 서로 바라보는 느낌도 신선하고 감미로웠다.

아침 식사가 시작될 때면 필리핀 혼성 합창단이 불러 주는 노래가 환상적이다. 지난 필리핀 여행 때도 들은 바 있으나 이들은 음색이 유난히도 맑고 깨끗하다. 마치 아침 이슬이 풀잎을 타고 도르르 구르는 것 같은 신선함, 아니 신비감이랄까? 하루가 더욱 유쾌할 것 같다. 아침 식사를 하면서 이구동성으로 하는 말은 음식이 매우 맛이 있어 입에 착착 달라붙는다며 아무리 먹어도 여전히 소화는 잘되니 웬일이냐고 한다. 그 말에 나 역시 공감은 하면서도 왠지 나는 남의 옷을 빌려 입은 것만 같은 불편함이 있다. 물론 열심히 일한 대가인데 미안해할 이유도 부담을 가질 필요도 없다 생각을 하면서도 며칠간의 먹고 즐기는 호화로움이 이처럼 불편한 것은, 몸이 성치 못한 내 동생과 세상 각처에 굶주림으로 죽어가는 이들의 눈망울이 줄곧, 내 가슴속에 파고들었기 때문이다. 그만큼 그들에 대한 나의 자책이 아니겠는가?

어젯밤부터 검은 덩어리로만 보이던 수마트라와 말레이시아가 지금은 가깝게 느껴지는 해협을 지나고 어느새 앞쪽 가까이에 싱가포르가 보인다. 짐을 챙겨 갑판으로 나오니 후끈한 바닷바람에 더위의 끈적거림이 다가온다. 눈앞에 보이는 싱가포르항에 도착하여 하선하기까지에는 무려 한 시간이 넘게 걸렸다. 마중 나온 안내자를 따라 리무진 버스에 올라 싱가포르의 이야기를 들었다. 역사는 2백 년이 안 된다고 한다.

싱가포르는 영국 동인도회사의 래플즈경이 네델란드 동인도회사에 대항하기 위한 기지로서 1819년 조호르의 술탄으로부터 당시 $5,000에 사들인 뒤, 영국 식민지로서 자유·중계 무역항이 되었으며, 제2차 대전 중에는 일본군에 점령당했다가 종전 후에는 다시 영국 식민지가 되었다. 그러나 중국인 중심의 반식민지 운동으로 1959년에 자치권이 부여되고 1963년에는 말레이 연방을 결성하였으나 중앙정부와 대립하여 1965년 8월에 분리, 독립되었다. 면적은 우리나라 서울과 흡사하고, 인구는 290만에 군인이 30만이다. 19세기 초에 르네쌍스식 건축이 시작되었고 현재의 건축 공사는 우리나라의 건설업체가 70%를 맡아서 하고 있다고 한다. 고무나무 재배를 시도했으나 실패했고 싱가포르에서 생산되는 자원은 아무것도 없다. 식수까지도 70%를 말레이시아로부터 수입하여 절반은 자기들이 먹고 절반은 특수 가공하여 말레이시아로 역수출한다.

이런 나라가 GNP $15,000이라니 신비의 나라다. 거리가 깨끗하고 질서가 잘 지켜지는 것은 그만큼 법이 엄하기 때문이란다. 금연 장소에서 담배를 피우거나 껌을 씹으면 $1,000 이상 벌금이고 여자를 희롱하면 곤장 50대를 맞는다고 한다. 죄에 대해 법이 원칙을 깨지 않는 나라, 공무원의 청렴결백은 전 세계가 인정해 주는 내외적으로 깨끗한 나라다. 안내원이 우리 일정표를 받아 들고 이틀이란 날짜가 고민스럽다고 할 만큼 보여 줄 곳이 한정된 나라라 하는 것이 가이드의 말이다. 그런데도 일 년에 100만이 넘는 관광객이 모여든다니 아리송하기만 하다.

관광코스 외에 볼거리가 없다고 하는 가이드의 말에 의견이 분분하던 끝에 새 공원과 난 공원을 돌았다. 날씨는 덥고 특별히 의미 있는 곳도 아니어서 싱가포르 관광코스를 가지고 홍보하는 관광 회사가 한심스럽다는 생각이 들었다. 어디를 데리고 가던 고맙다. 감사하다고만 하는 노인들이, 가장 반가운 손님이라고 말하는 이곳 싱가포르 안내원의 말을 들으며, 가이드 없는 여행을 하도록 하라던 푸켓 가이드의 말이 생각났다. 말을 연결 해 보면 우리 일행은 안내원들에게 있어서 어려운 사람들이었나 보다. 정해진 코스를 마다하고 자신들의 취향에 따라 코스 변경을 요구하는 사람들이라서 일 것이다.

8월 3일(토) 적도에 서다

호텔에서 아침 식사를 하고 불과 세 시간밖에 되지 않았는데, 또 먹는 점심 식사는 제아무리 먹는 것을 좋아하는 나이지만 곤혹스럽다. 중국 음식점으로 안내되어 들어가 보니 양념 된 날 음식들을 뷔페식으로 날라다 즉석요리를 해서 먹을 수 있게도 되어 있다. 우리 일행은 시간 끌기 위해 더디 나오는 음식으로 주문식을 했다. 아침 식사가 아직 소화가 안 돼 못 먹겠다고 하면서도, 제각기 그릇은 언제나 비워지곤 했다.

이 세상에서 가장 큰 새는 먹새라고 말씀하시던 어머니 생각이 난다. 우리집은 열네 식구의 대가족이었으니 무엇인들 남아날 수가 있었겠는가? 그 먹을거리를 해대는 어머니의 곤혹스러운 표현이기도 했겠지만 사실 그렇다. 그 시절에 먹었던 음식의 풍미가 늘 그리움으로 떠올려지는 것을 보면, 역시 뭐니 뭐니 해도 먹는 것이란 인간에게서 빼놓을 수 없는 큰 즐거움이고 추억이 되기도 한다.

센토사 비치와 수족관을 가기 위해 버스에 탔는데 안내원은 표정도 없이 의무적인 말 이외엔 입이 붙어 있었다. 아마 자기네의 진행하는 일정과 다르게 움직이는 것이 불만으로 여긴 까닭으로 보였다. 버스에서 내려 수족관을 가는 지상 전철을 탔다. 어제 유람선을 타고 싱가포르항에 입항할 때 건너편 산허리에 나타났다가 사라지고 다시 또 나타나는 구불구불한 길을 돌아가는 전차가 보였는데, 지금 우리가 그곳을 가고 있었다. 타고 보니 과천 대공원에서 현대 미술관을 갈 때 타 봤던 그런 종류의 차였다.

고가 철로를 천천히 달리는 차에서 내려다보이는 푸른 지대는 아름다웠다. 인공 공원이라 그런지 너무나 깨끗하고 정갈했다. 우람한 나무들로 이루어진 숲들은 열대지방이기 때문에 가능한 것인지, 자연이 매우 풍요로웠다.

수족관엔 갖가지의 물고기도 신기하고 희한하게 생긴 물고기들이 놀랍기도 하다. 고래와 상어를 비롯하여 수없이 많은 각양각색의 물고기들이 머리 위로 양옆으로 유유히 떼를 지어 다니는 모습을 보면서 내가 바닷속에 있는 착각이 들었다. 내 마음도 역시 고기떼에 못지않을 만큼 평화로웠다.

센토사 비치는 아주 작지만 깨끗하고 아름다운 곳이었다. 물을 좋아하지 않는 나는 남편과 함께 멀리 보이는 다리로 갔다. 나무판자를 바닥에 깔고 양옆 난간은 굵은 밧줄로 엮어 만든 공중에 떠 있는 다리라 걸음을 옮길 때마다 좌우로 출렁거렸다. 남편은 X자 걸음을 걸어서 다리가 출렁거리게 하니 그에 맞춰 나는 마치 유년 시절로 돌아간 듯 즐거웠다. 다리를 건너니 아주 조그만 섬이다. 야자나무와 이름 모를 꽃들, 파란 바다와 그리고 세상 모든 아픔과 고뇌를 다 씻어 갈 것 같은 맑은 바람이 있을 뿐이다. 우리는 지상낙원이라고 탄성을 지르며 눈길을 어디다 모으지를 못했다. 우리나라에도 이런 곳이 있다면 사람들로 사태가 날 것이라는 생각이 들었다. 대리석에 세계지도를 그리고 현재의 이곳이 적도라는 글을 보니 감회가 새로웠다. 내가 지금 적도에 서 있다는 새로운 인식에 큰 감격이었다. 이곳을 배경으로 기념사진을 찍었다. 전체를 도는데 자동차로 45분밖에 소요되지 않는 손바닥만 한 나라 이곳 싱가포르. 단 이틀의 시간 동안 보여 줄 곳이 없는 나라라고 하는데도 관광객이 줄을 이어 모여드는 이유는 무엇 때문일까. 의아스럽던 그 의문이 풀리는 순간이었다.

여기에 비하면 우리 한국은 오랜 역사 속에 유적들이 많고 사계절을 통해 수려한 아름다움을 지닌 곳이 많은데 그러함에도 불구하고 외국 관광객 유치가 어려운 것은 정책상 문제가 있고, 국민성에도 문제가 아닐까 생각된다. 김포 공항에서부터 바가지 택시 요금을 비롯하여 가는 곳곳에서 쓴맛을 보게 된다니 어느 누가 좋으니 가보란 말이 나오겠는가? 나가서 들은 이야기지만 교민들 간에 한국 사람만 조심하면 된다는 말을 빼지 않고 들었다. 동해안 갔을 때도 어느 상인이 하는 말이 가을 단풍 때나 여름 바캉스 인파가 남기고 가는 것이라고는 쓰레기밖에 없다고 했다. 그러나 그렇게 말하는 그 상인은 음료수까지 싸 들고 온다며 볼멘소리를 하기보다, 자신들은 어떻게 장사하고 있는지를 한번쯤 반성해 볼 일이라고 생각했다. 무거운 짐 싸 들고 여행하고 싶은 사람은 없다. 그러나 음료수 하나에 몇 배의 바가지를 쓰고도 억울하지 않을 사람 또한 없다. 비싸도 살 수밖에 없다는 약점을 알고 턱없는 값으로 관광객을 울리는 몰염치와 언제 다시 볼 것이냐 하는 단견적 사고가, 자신들에게 불만의 요소를 키워 가고 있는 것은 아닌지? 순하고 착한 동방의 예의지국에 인심 좋던 우리 민족이 왜 이렇게 각박하게 변했는가? 그러나 이제 우리도 세계화를 부르짖는 현실에 맞게 의식이 달라져야 하지 않을까?

그녀

미사를 드리기 위해 연 공원으로 갔다. 이곳에서 연을 날린다고 하여 붙인 이름이라 한다. 해는 서산에 기울어 서늘한 바람이 부는데, 아이들은 부모와 함께 나와서 연을 띄우고 있었다. 안내원이 마침 가톨릭 신자라서 미사에 함께 참석했다. 잘난 척한다며 싫어했던 그녀가 나는 왠지 자꾸만 마음이 쓰였다. 그녀로부터의 말을 빌리면 이러했다.

결혼해서 십 년이 넘도록 이곳 싱가포르에서 살았다. 이곳으로 이주하기 전의 서울에서 생활은 주변 사람들의 부러움의 대상이었는데 현재는 뒤바뀌었다. 지금의 경제력 가지고는 한국에 발붙일 곳이 없다. 그렇다고 이민을 허용하는 나라도 아니고 보니, 거주인으로서 한국을 드나들어야 하는 처지다. 고국에 가면 친구들은 나날이 달라지는 호화로운 살림살이며 물질적 풍요를 누리는 것에 비해, 자신은 그들과는 비교가 안 될 만큼 정부가 주는 작은 아파트에서 생활하고 있다고 했다. 돋보이는 늘씬한 키와 눈에 띄게 아름다운 미모의 여인, 그에 못지않은 학벌 역시 우월감이 고조된 그녀로 보였다. 그런 그가 고국에 올 때마다 현실적으로 초라하게 느껴지는 그런 자신을 보며, 생각과 같지 않은 처지가 어이없고, 불공평한 대접을 받는 것 같은 자신만이 느끼는 억울함이 있을 것이라 짐작이 갔다. 서울에 다녀올 때마다 친구들이 사는 모습을 보면서 배신감을 느낀다고 말하는 그녀인 만큼, 세상에 대한 적대심 또한 생활에 갈등으로 올 것이기에, 그녀는 남을 이해하고 배려하는 여유가 없는 것 같았다. 그래서 자기 말에 고분고분 따라 주지 않는 고국의 관광객이 밉고 싫었을 것이다. 그래서 맞서서 더 도도하게 굴고 싶은 게 그녀의 심정이었으리라고 나는 이해하였다. 누구를 곱게 보아줄 마음의 여유가 없는 그녀가 오히려 안쓰러웠다.

미사를 마치고 나는 진심으로 그녀를 포옹하였다. 마음을 불편하게 했다면 미안하다고도 말하였다. 그녀는 눈물을 글썽이며 고맙다고 말하며 미사 중에 자신도 부끄럽게 생각했다고 말하는 예쁜 그녀의 얼굴에서 웃음이 감돌았다. 신부님의 따뜻한 격려에 힘입어 그녀는 저녁 식사 때 명랑한 모습이 되어 우리가 식사하는 데에 불편 없도록 거들어 주었다. 역시 성직자의 말 한마디는 생명력을 발휘한다. 어디서나 적재적소에 맞게 특별하시고 뛰어난 카리스마! 가슴에 감동이 일게 하시는 H 신부님.

공항으로 향하는 버스 안에서 온종일 다물고 다녔던 그녀가 입이 열리어 싱가포르에 대해 열심히 이야기하는 것을 보니 그녀의 속마음을 보는 것 같아 흐뭇하였다, 미소를 머금고 하염없이 손을 흔들고 있던 그녀의 모습이 지금도 내 눈 속에 박힌 듯 선하다.

1996. 8.

지리산 종주

지리산 입구에 당도하다

2001년 한가위 저녁 10시 20분경, 동대문에서 출발한 버스는 이튿날 새벽 3시 30분에 목적지인 지리산 입구에 당도하였다. H 신부님과 L 부부 남편과 나, 그리고 같은 차에 탔던 명산 산악회 소속 19명과 우리 팀 5명은 인솔자의 안내에 따라 움직였다. 우리는 버스에서 내려 희미한 불빛이 새어 나오는 어느 음식점으로 들어갔다. 이미 차려진 식탁이니 음식을 바로 먹을 수 있었다. 그러나 잠 못 자고 차멀미로 시달린 탓인지, 음식이 구미에 당기지 않았다.

4시경 다시 버스를 타고 뱀 허리 같은 산길을 오르는데, 서편으로 기울어 가던 추석 만월이 우리와 숨바꼭질을 하듯이 숲 사이사이로 달음질치며 앞서갔다. 나는 그달 놀음에 홀려 차창에서 눈을 떼지 못하였다. 4시 30분, 성삼재에서 버스가 다시 서고 우리는 모두 하차하였다. 어둠으로 덮인 산정엔 고요한 적막감에 잠기고, 구름 한 점 없는 하늘엔 휘영청 달빛만 흐르고 있었다. 멀리 남단으로는 새하얀 목화솜을 깔아 놓은 듯이 운해가 푸른 달빛 속에 장관을 이루고,

가장자리로 반짝이는 불빛은 어느 것이 하늘이고 어느 것이 땅인지, 분간이 가지 않는 은하의 세계가 펼쳐져 있었다. 신비스럽도록 아름다운 광경에 넋을 잃은 나는 그곳을 향하여 망부석이라도 된듯하였으나, 갈 길이 멀어 노고단을 향해 발길을 재촉하였다.

노고단으로 가는 길은 약간의 경사 길이었지만, 잘 닦여져서 일행끼리 짝을 지어 걸었다. 나는 H 신부님과 도보를 같이 하였으나 200m도 못 가서 숨이 차고 발걸음이 떨어지지 않아, 내 속도 대로 갈 것을 선언하였다. 시작과 동시에 벌어지는 예기치 못한 상황에 얼마나 당황스러운 일이었을 텐데, 신부님과 L 부부는 내색 없이 속도를 늦추며 같이 걷고자 하였다. 그러나 나는 지리산 종주라는 것조차도 모른 채 따라나선 이 길이 두렵고 불안하여 마음은 뒷걸음질 치고 있었다. 버스 안에서 나누어 주었던 일정표에 그려진 화살촉 같은 산들만이 머릿속을 가득 메웠다. 목적지까지의 예정 시간 13시간이 머릿속에서 맴돌고, 걷잡을 수 없는 압박감이 가슴을 조여 왔다. 지리산 가자는 말에 어느 산 하나를 올라갔다 내려오는 것이겠거니 하고 가볍게 따라나선 길이 지리산 종주라니, 나는 마음의 장벽이 아닌 실제 두 다리로 넘어야 하는 거대한 장벽을 앞에 두고 질식할 것만 같았다. 잰걸음으로 앞서가던 남편이 내가 뒤처진 것을 알고는 멈춰 서서 기다리고 있었다.

갈 길은 첩첩산중 하룻길이 멀기만 한데, 초입에서부터 지친 나를 보는 남편은 말문이 막힌 듯 묵묵히 내 뒤를 따랐다. 먹을 것 몇 가지 꾸려 넣은 가방이 천근같이 느껴지고, 발목엔 연자매라도 매단 듯이 무거워서 주저앉고 싶은 심정뿐이었다. 인생을 살아갈 때 남이 내 십자가를 대신 지어 줄 사람 없듯이, 내 등에 멘 짐은 내 몫이라고 생각하였다. 그만큼 등짐이 내게 버거웠다. 삶 속에서 어려움과 산행에서의 등짐에 대하여 생각이 오가는 동안 노고단 정상에 이르렀다. 그러나 앞서간 신부님과 M의 모습은 보이지 않고, 아직도 어둠을 벗지 못한 산정엔 차가운 기운만이 가득하였다. 아스라이 멀어진 운해가 여전히 마음을 끌었다. 북으로는 남원. 남으로는 구례 시가지 불빛이 하늘의 별처럼 반짝이고 있었다. 시공을 초월하여 이곳에 머물고 싶은 아름다움이었다. 그러나 하루의 일정이 채찍이 되어 발길을 재촉하였다. 임걸령으로 접어드는 초입에는 길이 평평하고 좁은 오솔길이어서 걷는 즐거움이 있었다. 따라서 사람들이 주고받는 이야기 소리도 들려왔다. 산의 형태에 따라 심경의 상태가 달라지는 것을 보며, 육신의 고통이 얼마나 마음을 각박하게 하는가를 생각하였다.

여인의 치맛자락처럼 부드러운 피아골 능선

동이 트고 어둠이 서서히 벗겨지면서, 희뿌옇게 실체를 드러내는 지리산은 웅장하고도 거대하였다. 여유롭던 발걸음도 잠시뿐이고 가파른 길이 시작되자 다시 고달픈 생각이 잇따랐다. 아직 돋지도 않은 해가 다 질 때까지 걸어야 한다는 생각이 절망감을 불러오고, 앞을 보나 뒤를 보나 암담할 뿐이었다. 이 산속에서 죽지 않으려면 앞으로 갈 수밖에 없다는 판단을 내리고, 용기를 내보았으나 평 길 백리 길도 염두에 둬 본 일이 없던 내가, 산길 백 리를 걷는다는 것은 기가 질리고도 남을 일이었다. 갈수록 숨이 치고 힘에 부쳐 뒷걸음질 치듯 하는 나를 남편이 보다 못해, 내 짐을 덜어서 자기 배낭에 옮겨지었다.

부부란 역시 한배를 타고 항해하는 인생의 동반자요, 한 지체임을 이 산행에서도 다시 한번 실감하며, 새삼스럽게도 남편에게 대한 생각이 오래 마음속에서 머물렀다. 못마땅하고 설사 이해되지 않는 부분까지도 가슴으로 감싸며, 세파의 바람막이가 되어 주는 사람이다. 생각해 보면 세상에서 가장 고맙고 소중한 사람이다. 나는 알면서도 왜 그리 자주 잊고 사는 것일까. 인간이 공기 없이는 살 수 없다는 것을 알면서도 그 소중함을 잊고 사는 것처럼 말이다.

아직도 초입에 불과한 이 시점에서, 내 마음은 시시각각 먹구름이 뒤덮곤 하였다. 고달픈 삶에는 주변을 돌아볼 여가가 없듯이 산행도 마찬가지였다. 산을 오르기에 급급해서 땅바닥만 보며 걷다 보니, 앞 못 보는 소경과 다를 바가 없다는 생각이 들었다. 고개를 들어 좌우로 돌아보니 이곳이 천혜의 땅인지, 아니면 멋모르고 얼떨결에 지리산 종주를 하는 내가 천혜의 몸인지 모를 일이었다. 뜻밖에 이처럼 아름다운 광경을 볼 수 있다니 감사한 마음이 한량없었다. 피아골과 뱀사골을 지나 이어지는 능선이, 여인네의 치맛자락처럼 부드럽고 어머니의 품속처럼 아늑하다. 그래서 설악산과 대조하여 지리산을 여성적이라 하는가 싶었다.

날나리봉에 이르러서야 우리를 기다리며 쉬고 계신, 신부님과 L 부부를 만났다. 외롭고 고달픈 인생살이에서 따뜻한 이웃을 만났을 때가 그렇듯이, 마음에 위안이 되고 든든하였다. 우리에겐 이처럼 따뜻한 이웃이 있어 행복하다는 사실을 일상에서 자주 잊고 살아왔다는 생각이 들었다. 쉬고 있자니 혹독한 고문에서 풀려 난 것 같은 평화로움도 잠시뿐이고, 시야에 끝없이 펼쳐지는 아름다운 능선들이 내게는 압박감이고 막막함일 뿐이었다. L 씨가 비상식량으로 대비했다는 빵 한 개를 줘서 남편과 나누어 먹고 나니, 기운이 좀 차려지는 것 같았다. 평상시엔 하잘것없게 여겼던 빵이었건만 어찌나 입에 달던지. 역시 음식은 배고픈 사람에게만이 절실하고 소중한 생명의 양식이 된다는 교훈을 얻고, 다시 힘을 내어 걷기 시작하였다.

토끼봉으로 향해 가다 보니 양옆으로 늘어선 산 대나무가 오솔길을 이루고 있어 운치도 있고, 지친 몸의 피로감이 씻겨지는 듯하였다. 나무들이 멋스럽게 터널을 이루고 부드러운 흙이 발에 밟히니, 이것이 곧 고통 끝에 오는 낙이려니 생각되었다. 그러나 다시 험한 길이 나오면 나의 고단했던 시절이 떠올려지고, 고락의 연속인 산행이야말로 우리네의 인생 여정과 다를 바가 없었다. 토끼봉과 명선봉. 그리고 삼도봉에 이르는 길에 깎아지른 절벽을 통과할 때마다, 땀 흘리는 인생의 가치를 알게 하였다.

왼쪽 다리의 통증이 심해져서 다리를 끌며 걷다 보니, 뒤에 오는 사람들에게 길을 비켜 주기에 바빴다. 남편은 요지부동으로 내 뒤만 따라오며 나를 밀고 당기었다. 이때 신부님께서 짚고 가던 스틱을 내게 주시며 도움이 되면 짚어 보라 하셨다. 나는 노인들이 지팡이 짚는 이유를 알 것 같았다. 지팡이가 내 몸에 중심을 잡아 주니 완전히 의지하게 되었다. 그러다 보니 신부님께는 염치없지만 나는 끝내 스틱을 놓을 수가 없었다. 산악인들은 자신의 신장보다 더 높은 배낭을 지고도, 행군하듯이 올라가고 있었다, 그러나 절뚝거리며 고통을 호소하는 사람들을 만났을 때는, 그들보다는 그래도 내가 낫다는 생각이 들어 스스로 위로가 되었다. 칠순이 넘어 보이는 한 노부부가 힘겹게 오르는 것을 보며, 사람은 어떤 일에서건 상황이나 처지가 이유가 될 수 없다고 생각을 하였다.

천신만고 끝에 영산봉에 이르렀다

출발하여 7시간 30분만인 11시 30분경, 연하천 산장에 도착하였다. 여기저기서 점심 준비에 열중하는 사람들 역시 지친 기색이 역력하였다. 나름대로 힘들기는 마찬가지일 텐데, 태연하게 식사 준비를 하는 M 씨를 보며 미안한 마음과 반면 건강한 체력이 부러웠다. 중탕한 햇반 한 개씩에 라면 두 개를 끓여서 나누어 먹고 나니 피로감이 더 밀려왔다. 휴식도 없이 출발하려 하는데 등산화 닿는 발목 부위에 심한 통증이 왔다. 등반에 경험이 없고 생각이 짧아서 나는 악조건을 스스로 만들었다. 편한 신발이 등산의 제일의 조건이라는 걸 모르고 새 신을 신고 왔으니 그 얼마나 무식이 부른 소치인가? 그렇지만 이름도 거대한 지리산 종주 꿈엔들 생각조차 했을까마는, 마음으로 늘 동경해 왔던 지리산을 이렇게 얼떨결에 종주까지 하고 있다는 것이 일생일대의 행운이요 감동이다. 평생 잊히지 못할 고단한 길이지만 마음만은 더없이 뿌듯하고 자랑스러웠다. 그리고 사랑하는 이웃이 있어 가능했음을 생각하며 이웃에게 대한 소중함을 다시 한번 생각하였다.

빨치산 이야기며 이곳을 주제로 한 책들과 뭔지는 모르지만 막연하게나마 무한대함이 느껴지던 곳이었으니 더욱이 그러하다. 그런데 꿈만 같은 이 시간 이 현실을 제대로 즐기지 못하고 내 몸 가누기에 급급해하는 것이 내겐 줄곧 안타까움이었다. 그러나 평길이 나타나면 능선의 자태와 비바람 속에 수천 년을 견디어 낸 흔적들이 한눈에 들어와 감동의 물결이었다. 인고의 세월을 살아온 사람에게서 인생의 깊은 맛을 풍겨 내듯, 만고의 풍상을 겪어 온 거목의 앞에 서고 보니 저항할 수 없는 위력이 있었다. 구름 한 점 없는 쪽빛 하늘 아래 유난히도 맑은 햇살이 퍼지는 지리산의 광활함은, 자연의 극치요 신비였다. 인생은 저지른 자의 것이라더니, 멋모르고 따라나선 이 산행이야말로 내 인생의 소중한 한 페이지로 장식될 줄이야! 은근히 몸에서 힘이 솟았다.

전라남북도와 경상남도가 경계를 이루고 있다는 삼각고지 삼각봉 정상에 올랐다. 삼도봉이라 부르는 이곳은 삼각으로 된 푯말에, 3 개 도의 이름이 새겨져 있었다. 사방이 탁 트인 지리산의 전경은 산줄기마다 지상의 원대한 꿈을 품은 듯, 장엄하기까지 하였다. 삼각봉에서 다시 형제봉으로 이르는 길에 천상의 길이 이런 것이 아닐까 생각하였다. 시달린 끝에 맛보는 평지인데다 길 양옆으로 나지막한 시골 담장을 연상케 하는 철쭉이 고달픈 발길을 반기었다. 지금은 볼 수 없지만 봄 산을 장식했을 꽃잎의 너울이 환상으로 다가왔다. 형제봉을 지나 다시 덕평봉으로 덕평봉에서 다시 영산봉에 이르는 동안, 천신만고라니 기진맥진이니 하는 말들을 나는 몸으로 체험하였다.

나는 가는 길을 올려다보지 않았다. 생활이 고달플 때 미래를 생각하면 앞날이 더 막막하고 현실이 더욱 힘들게 느껴지는 것처럼, 담벼락 같은 산을 보게 되면 기가 질리고 절망감이 들기 때문이었다. 남편과 L이 번갈아 가며 내 뒤를 따라 주더니, 이젠 선두 섰던 신부님과 M도 뒤로 물러서며 나를 앞장세웠다. 그것은 내 속도 대로 마음 편히 가라는 배려였다. 나는 릴레이 경주에서 지질한 선수로 뛰는 것 같은 느낌이 들었다. 그러나 한편 소중한 이웃 내 인생의 동반자임을 뜨겁게 각인시켰다. 인생에 오르막이 있으면 내리막이 있듯 산행도 그와 같다.

그런데 나는 내리막길이 나오면 한숨을 돌리기도 전에 오르막에 대한 부담이 앞섰다. 그러고 보면 삶 속에서도 현재의 즐거움에 만족하지 못하고, 이래저래 걱정을 떨치지 못하며 살아가는 나의 모습이 떠올려졌다. 편안하면 편안한 그 자체에만 기뻐하고 행복하면 되는데 말이다. 하룻밤의 숙소가 되는 세석산장이 이제나 보이나 저제나 보이려나 능선을 넘고 또 넘어 보지만, 보이느니 말 그대로 산천

초목뿐이었다. 영산 봉 정상에 앉아 기진한 몸을 쉬고 앉아 걸어온 길을 돌아보니, 헤아리기조차 어려운 태산준령이 시야에 가득 찼다. 내가 걸어온 길이라고는 믿어지지 않았다. 끈기와 인내심 앞에는 거대한 산악도 인간의 발밑에 있었다. 평면 기온과 10℃ 이상 차이가 난다는 이곳은 단풍이 곱게 물들어 어느새 가을이 와 있었다. 배낭 속 과일이 냉장고에서 갓 꺼낸 것 같아 한 입 목을 축이고 나면 땀에 젖었던 옷이 어름처럼 느껴져서 갈 길을 재촉하곤 하여 이곳에 이르렀다. 마음은 감상에 젖어 무한히 앉아 있고 싶지만, 시간은 우리를 재촉하듯 일으켜 세웠다.

해냈다는 뿌듯함을 가슴에 안고 세석산장 도착하다

나는 전쟁터에서 돌아오는 패잔병 같은 발걸음으로, 걷고 또 걸어서 드디어 세석산장에 도착하였다. 저녁 5시 25분이었다. 성삼재에서 출발하여 12시간 55분이 걸렸다. 예정 시간인 13시간을 넘기지는 않았다. 산장에는 이미 몇몇 팀이 도착하였고, 신부님과 M은 어느새 도착하여 전망이 좋은 탁자에 자리를 마련해 놓고, 우리를 기다리고 있었다. 명산회 소속 다섯 번째 입장이라며 박수를 받았다. 자신이 참으로 대단하고 대견스러웠다.

해냈다는 뿌듯함이 가슴을 메웠다. 해는 서산에 기울고, 산장에는 하룻밤을 쉬어가고자 모여드는 나그네들로 점점 붐비어 갔다. 저녁 식사가 시작되고 술잔이 돌아가자, 남정네들은 목청이 높아지면서 마치 소년 시절로 돌아간 듯하였다. 그러나 나는 내 기분을 내가 감지할 수 없었고, 사시나무 떨듯 몸이 떨려왔다. 내일을 위해 먹어둬야 한다는 생각과는 달리, 입이 꽉 악물어지고 몸이 점점 조여들어서, 온몸에 힘을 주며 아무리 태연한 척해 보지만 신부님께서는 이미 눈치채시고 스웨터를 건네주셨다. 흘려보지 않고 적재적소에 도움을 주시는 신부님을 보며 이런 모습이 바로 인간의 향기요, 우리가 지녀야 할 덕목이 아닌가 생각하였다.

일행 모두 달돋이를 봐야 한다고 마음이 들떠 있는데, 기진한 나로선 그만한 감정의 여력조차 없을 듯싶었다. 그러나 달은 이미 산봉우리를 비집고 올라오고 있었다. 그 광경을 보는 순간 나는 숨죽여 지켜볼 수밖에 없었다. 누구라도 저지할 수 없는 이 거대한 자연 앞에 누군들 감히 순리를 거스를 수가 있을 것이며, 교만과 사악함 또한 씻기지 않을 자가 있으랴 싶었다. 서서히 실체를 드러내며 짙게 내린 어둠을 벗겨내는 둥근달! 그것은 어린 시절에 토끼가 방아 찧고 있다고 들었던 전설 속의 이야기가 아니라, 인간사에서 얽히고설킨 내 마음을 곧추세워 주는 성자의 모습과도 같은 것이었다. 이 벅차오르는 감동의 순간도 온몸이 떨려오는 한기가 삼켜 버린 듯 나는 먼저 취침에 들 수밖에 없었다.

그러나 마루방 위에 담요 두 장으로 지내야 하는 산장의 밤이, 단잠을 부르기엔 너무나 을씨년스러웠다. 세면장을 찾아 어둠 속을 돌다가 잠자리에 다시 들었으나 잠은 좀처럼 올 것 같지 않고, 지리산 개념도에서 봤던 천왕봉이 머릿속에서 맴을 돌았다. 잠 못 이루고 뒤척이고 있는데, 우리 일행이 이제야 도착하는 팀이 있었다. 지금 시간이 열한 시 반이라는 소리가 들려오고 아마도 산악회 주선자가 기다렸다 맞아들이는 것 같았다. 굴비 엮듯이 정해진 잠자리에서 산장의 밤은 길기만 하였다.

잠시 눈을 붙였다가 깨어난 시각은 새벽 1시, 곤히 잠자고 있는 사람들 틈에서 시간 가기만을 기다렸다. 얼마 후 사람들이 하나둘, 일어나 침실에서 빠져나가고 있었다. 내가 일어나자 따라 일어나는

M과 밖에 나왔을 때는 1시 30분이었다. 너무 이른 시각이라서 남편들을 기다릴 걱정이 앞섰다. 그런데 신발장 앞에서 약속이라도 한 듯이 L 씨와 남편을 만났다.

부부란 약속 없이도 행동이 일치하는 것을 보니, 통하기 때문에 사는 건지 살다 보니 통하는 건지 모를 일이었다. 취사장에는 물론 처마 밑까지도 콘크리트 바닥을 개의치 않고, 침낭 속에서 곤히 자는 젊은이들로 즐비하였다. 자기가 좋아서 하는 일에는 고생도 자초하는 그들의 젊음과 패기가 부러웠다. 이들 대열에 나도 끼어 있다는 사실을 나 스스로 인정하고 싶었다.

세월 뒤로 아름답게 남을 우리들의 추억을 생각하며 그들에게도 무사한 하루를 빌었다. 하늘을 보니 회색빛 구름이 낮게 깔려 우리가 가야 할 하룻길을 초조하게 하였다.

남아 있는 식량 햇반 하나와 라면 두 개를 끓여서 밤참인지 아침인지 모를 식사 한 끼니를 때우고 나니, 살기 위해 먹었다는 생각이 들었다.

인생의 긴 여정이 담긴 지리산 종주

3시 40분, 아직도 어둠 속에 있는 세석산장을 뒤로하고 촛대봉으로 향하였다. 신부님께서 앞장을 서고, 나는 전장에 나가는 병사처럼 정신 무장을 하고 뒤따랐다. 긴장한 탓인지 아니면 어제 쌓은 기량 때문인지, 예상했던 것보다 발걸음이 가벼웠다. 랜턴에 의존하여 땅만 보고 걷는 것이 정신적 부담이 적었다. 완만한 길은 순간에 지나고 가파르고 험한 길은 1, 2㎞가 악몽 속이었다. 비탈진 인생길이나 산악의 길이나 무엇이 다르랴 다시 한번 되짚어 생각해 보았다. 우리는 촛대봉에서 일출을 보려 했으나 시각이 이르고 찌푸린 날씨라서 기대를 접었다.

촛대봉을 지나 연하봉을 향해 내려가던 길에서 우리가 식사 준비할 때 출발하였던 팀을 만났다. 워낙 뒤처지다 보니 남보다 일찍 출발할 수밖에 없다며 서둘러 떠났던 사람들이었다. 그들이 우리게 하는 말이 등반대회에 출전할 수 있는 실력이라 하더라며, 남편은 마치 나를 두고 한 말이라도 되는 것처럼, 그 말을 되풀이하면서 내게 격려를 아끼지 않았다. 장터목산장을 지나 산허리를 가로지르듯 언덕을 오르자 고사목 지대에 이르렀다. 정말 나무도 숲도 없는 불모지의 땅이었다. 그야말로 고사목만이 모진 풍상의 세월을 말해 주는 듯하였다. 이 지대를 지나 하늘을 통한다는 통천문을 지나고 바윗길을 기다시피 하여 오르니, 지리산의 최고봉 1,905m의 천왕봉에 도달하였다.

누구나 사람은 순탄한 삶 속에서 맞는 풍랑이 그 고통의 무게를 더욱 크게 느끼지만, 그것을 겪고 난 후엔 그보다 더 큰 어려움이 닥친다 해도, 수월하게 견디어내는 힘이 생긴다. 이처럼 큰 부담으로 가슴을 짓누르던 천왕봉이, 어제의 하루가 있어서인지 생각보다 수월하였다. 천왕봉에서 내려다보는 지리산의 전경은 무한 방대하였다. 멀리 남도의 촌락을 넘어 남해의 바다가 보일 듯도 한데, 찌푸린 날씨 탓인지 보이지는 않고 아득히 눈 닿는 곳에, 구름만이 켜켜이 쌓여 있었다. "한국인의 기상은 여기서 발원되다."라고 새긴 글귀가 눈에 들어왔다.

두 번 다시 올 수 없는 곳이라고 생각하며 숨을 고르는데, 신부님께서 기념 촬영을 해 주셨다. 오른쪽으로 돌아보니 제석봉 반야봉 토끼봉 노고단에 이르기까지 커다란 산악군을 이루고 있었다. 봉우리가 우뚝 솟은 반야봉은 한국 전쟁 때에 빨치산 사령부가 있었던 곳으로써, 연곡사에서 반야봉 쪽으로 오르는 길이 바로 빨치산 토벌로 유명한 피아골이라 한다. 휴전 이후 대부분 월북하거나 토벌되었으나 마지막까지 격렬하게 저항하여 가장 많은 주검이 묻혀있는 한 서린 곳이라고도 한다.

역사적으로 거슬러 보면 마한 시대의 전투를 시작해서 고려 말에 원나라가 침입하였고, 여순사건 한국 전쟁 빨치산 활동 등. 우리 민족의 수난사를 함께 겪어온 민족의 영산이다. 그래서인지 회한에 찬 듯하면서도 부드러워 보이고, 또 수려함이 있는가 하면 그를 묻히게 하는 장엄함이 있었다. 그래서 이 지리산을 모든 이가 그렇듯이 나도 오래전부터 이곳을 동경해 왔는지도 모른다. 누구에게나 굴곡의 세월이 연민의 정으로 돌아보게 되듯, 나는 안간힘을 다해 넘어온 봉우리마다 정감이 어리고 감개무량하였다. 하늘과도 훨씬 가까워진 듯하여 속세를 벗어난 듯 홀가분함과 고단함이 일시에 씻겨 나가는 듯하였다. 그렇지만 아직도 하산길이 기다리고 있어 감상 속에 머물 수만은 없는 일이었다.

하산은 누워 떡 먹기라고 생각했던 것과는 달리 이 역시 쉽지 않았다. 포대를 타고 내리는 곳은 그런대로 재미가 있었으나, 끝이 날 것 같지 않은 내리막길의 계단이 지루하고 답답하였다. 두세 시간 정도는 별 탈이 없었는데 무릎에 통증이 시작되면서 게걸음이 되었다. 천왕봉에서 중산리에 이르기까지 4시간 반 동안 줄곧 내리막길이어서, 굴곡 없는 인생이 얼마나 무의미하고 지루한가를 알게 하였다. 그래도 엎치락뒤치락 오르락내리락하며 사는 것이 인생의 묘미가 있고 참 맛이 있다는 것. 이것이 21시간의 산행이 내게 준 교훈이다. 지리산 종주. 그 속엔 인생의 긴 여정이 담겨 있었다.

2001. 11

한라산

설레는 한라산 등반

"꿈은 이루어진다." 나는 이 말을 좋아한다. 그것이 자기의 역량에 좀 못 미칠 것이거나 환상에 그치고 말 것이라 해도 그냥 가슴에 품어 보는 것쯤이야 어떠하랴 싶다. 꿈이 있다는 것은 살아가는 의미 부여와 삶에 긍정의 에너지를 불러오기 때문이다.

나는 한때 지리산을 동경해 왔었다. 한번 가보면 얼마나 좋을까. 누구에게도 내어놓지 못했던 하나의 막연한 바람이었다. 그런데 뜻밖에도 지리산 종주자라는 타이틀 이 내게 붙여졌다. 그 광활하게 펼쳐진 광경과 감격이 늘 내 마음 한 자락에 자부심으로 남아 있다. 그런데 언제 터인가 또다시, 마음 한구석엔 한라산에 대한 그리움이 지리산이 비켜난 자리를 지키고 있는 것이 아닌가. 내 나이 또래의 사람들은 한라산 등반이라 하면 염두에 두지 않는 건지, 엄두조차 내지 못하는 건지 알 수는 없으나, 한라산 이야기를 꺼내 보면 말이 없었다.

제주도를 갈 때면 나 혼자 입속으로 뇌까리다 섭섭함을

안고 돌아오는 것이 고작이었는데, 이런 심중을 알아차리기라도 한 듯 추위도 다 비켜난 3월 어느 날. G로부터 제주도에서 잠시 기거하고 계신 H 신부님과 한라산 등반을 하지 않겠느냐는 제의가 왔다. 나는 몹시 기뻤다. 이 얼마나 바라고 소원했던 일인가?

2016년 3월 10일 이른 새벽. 어두움을 뚫고 남편과 함께 서둘러 리무진 버스에 올랐다. 얼마쯤 가다 밖을 보니 김포 공항이 아닌 인천 공항으로 가고 있었다. 그때 황급한 마음으로 기사분에게 말해 봤지만, 인천 공항에서 내려 택시 타고 가는 수밖에 없다는 대답이었다. 누구도 탓할 수 없는 일이니 서로 입 다물고 비행기 시간 늦지 않기를 바랄 뿐이었다. 늘 자기만 믿고 따라만 오면 된다던 남편도 나이는 어쩔 수 없는가 보다. 빠듯한 시간에 김포 공항에 도착하여 G 부부를 만나 탑승하고 나서야 한숨 돌리며 미소 지을 수 있었다.

바람이 세찬 제주공항

제주도 바람이라더니 비행기 트랩을 나서자 몸이 휘청하며, 단숨에 몸을 날려 버릴 듯이 바람이 세찼다. 내 생전에 처음 느껴본 바람 맛이려니와 말만 듣던 제주도 바람을 제대로 만났다 싶었다. 고맙게도 H 신부님께서는 직접 안내를 자청하시고 이른 시간에 차를 몰고 공항까지 나와 우리를 맞아 주셨다. 5.16 도로로 오던 중 지난밤에 눈이 많이 내린 관계로 통제를 하는 바람에, 다시 다른 길로 돌아왔다 하시었다. H 신부님은 누구에게서도 느끼지 못하는 남다른 향기가 있다. 삶의 목표가 확고하여 활기가 차고, 인생의 풍요와 멋을 아는 분이기에 여유와 낭만이 아우러진 그분만의 향기다. 오랜만에 뵈니 반가움 또한 컸다.

간밤에 많이 내렸다던 눈은 어느새 오간 데가 없고, 멀리 보이는 한라산 봉우리만이 흰 눈을 덮어쓴 채, 청명한 하늘과 아침 햇살과 조화를 이루며 눈부시게 아름다웠다. 제주도에서 사는 사람도 한라산 봉우리를 볼 수 있는 날은 일 년 중 50일 정도라는데 우린 행운이었다. 송악산을 가기 위해 아침 식사는 그 근방 갈치구이 집으로 갔다. 갈치 한 마리가 통째로 길 다란 접시 위에 낚싯바늘을 입에 물고 누워 있는 모습이란 장관이었다. 입에 낚싯바늘이 물렸을지언정 살기 위해 필사적으로 저항하며 끌려 나왔을 1m도 훌쩍 넘어 보이는 갈치를 보며, 우리 인간사에도 낚이는 자와 낚는 자의 불꽃 튀기는 사투가 있음이 상기되었다. 어부와 갈치와의 전쟁. 그 광경이 연상되어 젓가락이 얼른 가지질 않았다. 이 나이까지 상상조차도 해 보지 못했던 통갈치구이를 이곳 제주도에 와서야 보았다. 생선은 커야 제맛이 난다더니 그야말로 갈치의 참맛을 본 것 같았다. 든든하게 아침밥을 잘 먹고 송악산을 가기 위해 주차장 앞을 나서니 가슴이 확 트이는 바다가 펼쳐지고 왼편으로 형제섬이 보였다.

그리고 좀 더 고개를 돌리니 산방산이 한눈에 펼쳐졌다. 맹렬히 불어대는 바람은 여전히 숙어지질 않아, 걷고 있는 발걸음이 이리저리 휘청거려 앞으로 나아가기가 어려웠다. 제주도 하면 누구나 아름답고 살기 좋은 곳이라 말하는데, 이 바람을 만나 보지 않았을 때의 말인 것 같다. 그렇지만 제주도의 명물 중 하나인 바람을 제대로 체험해 봤다는 것도 매우 인상적이고 추억에 남을 것으로 생각되어 기분이 좋았다. 제주도의 최첨단에 있는 산이며 제주도에 여덟 개 산 중에 하나라는 평지의 산 송악산, 능선을 따라 올라가노라니 바다 경관이 빼어났다. 잉크 빛 바다가 초록빛 숲길을 에스코트하듯 보일락 말락 줄곧 따라붙었다. 이곳엔 맑고 깨끗한 마음이 있고 애써 의식하지 않아도 되는 자유로움이 있다. 허세도 욕심도 허물도 보이지 않는 이곳, 나는 지금의 이 마음으로 세상을 살 수 있다면 얼마나 좋을까 염원해 보았다. 송악산에서 내려와 올레길 7코스를 걷기 위해 차로 이동하였다.

제주도의 올레길 22개 중 외돌개에서 시작하여 7코스는 맑은 햇살에 입맞춤하는 푸른 바다와 벼랑과 들고 나는 어우러짐이, 천하의 일품이었다. 걸음걸음마다 눈 두는 곳마다 싱그러움과 평화 자체다. 푸른 바다와 육지가 조화를 이루며 아름다움을 연출해 내고 있음은, 지금 내가 살아 숨 쉬고 있음을 충분히 감사케 했다. 이곳에 묻혀 산다면 내 영혼도 맑고 아름다움을 닮아질 수 있을까, 잠시 바람을 가져 보았다. 이 7코스는 바다 쪽에서 바라보면 주상절리(柱狀節理)로 기암절벽을 이루고 있다는데, 비록 볼 수는 없었지만 걷는 내내 지상 천국을 실감하였다. 한 노파가 직접 채취해 왔다는 멍게와 해삼, 홍합을 넣어 끓인 라면의 맛을 음미하며 제주의 바다 향기가 물씬 나는 올레길을 뒤로하였다.

눈 덮인 한라산에 넋을 잃다

서귀포에 있는 한국순교복자성직수도회에서 여장을 풀었다. 잠자리에 들었으나 하루의 일이 머릿속을 맴돌고 미지의 땅, 한라산에 대한 환상으로 잠이 오질 않았다. 그러나 이른 새벽 마음을 한껏 부풀리는 한라산이 나의 고된 몸을 번쩍 들어 세웠다. 미사를 드린 다음 여명의 빛을 받으며 우린 해장국집으로 갔다, 속을 든든히 채우고 나서 신부님께선 점심을 위해 맛있기로 소문난 김밥을 사러 가신 틈에, 우리는 맑은 햇살을 받아 하얀 봉우리를 뽐내는 한라산을 카메라에 담기에 바빴다.

상판 악 주차장에 도착하니 이미 차들로 가득 메웠다. 아이젠을 사고 단단히 마음의 준비를 하고는 뒤를 따랐다. 그렇게도 염원했지만 내가 정말 정상까지 완주할 수 있을 것인지 은근히 걱정되었다. 사라 오름 검은 오름길과 몇 군데는 올라 봤지만, 우리나라에서 최고로 높은 1950m의 한라산을 이 나이에 가겠다고 거침없이 따라나선, 내 용기가 가상하고 스스로 놀라웠다. 지리산도 그랬거니와 아무런 준비나 대책도 없이 막연한 그리움과 동경만을 품고 살다가 기회만을 포착하는 나는, 순진한 건지 용감한 건지 모를 일이었다.

그러나 생각해 보니 이도 저도 아닌 무식하면 용감하다는 말이 내겐 제격인 것 같다. 백록담까지는 매우 힘들 것이라 짐작되어 은근히 겁이 났지만, 그래도 나는 지리산 종주자라는 자부심으로 마음에 자신감을 불어 넣었다. 그도 십 년이 넘어간 일이었음도 잊은 채 말이다. 한라산은 386개의 오름을 가지고 있으며 그 오름마다 분화구가 있다니, 이 얼마나 거대한 신비의 산인가? 그중에 가장 크고 높은 분화구인 백록담은 남북 길이 약 400m, 동서 길이 600m, 둘레 1720m, 표고 1841.7m, 깊이 108m의 타원형 분화구라 한다. 백록담은 옛 선인들이 이곳에서 백록(흰 사슴)으로 담근 술을 마셨다는 전설에서 유래 되었다는 유서 깊은 산이기에, 나는 어떤 곳인지 눈으로 한번 봐야만 했다.

비록 느리더라도 완주가 내겐 가장 중요했다. 갖가지의 나무들로 빼곡하고 가도 가도 끝이 없어 보이는 광활한 산, 추운 겨울을 이겨 낸 활엽수들이 비록 활기는 잃었으나 본질을 지켜 낸 그 기백이 가상하다. 자생할 수 없는 것들은 큰 나무에 의존하여 서로 보듬고 살아가는 것을 보며, 우리 인간 세계도 저와 같다면 모두가 행복하고 아름다울 것이라는 생각을 잠시 해 보았다.

긴장을 늦추지 않게 하는 오르막길이 이어졌다. 어디쯤이었을까?

이제껏 걸어왔던 돌길이 눈으로 쌓여서 그냥 걸을 수가 없게 되자 남편이 내게 아이젠을 신발에 채워주었다. 난생처음 신어보는 것이라서 좀 어색했으나 곧 괜찮아졌다. 이 길은 원래 돌길이고 계단도 역시 모두가 돌이어서 걷기가 힘이 든다는데, 다행스럽게도 눈이 두껍게 덮여 있어 마치 양탄자 위를 걷는 느낌이었다. 그러나 끊임없는 오르막길이어서 역시 숨이 차기는 마찬가지였다. 계절과는 상관없이 푸른 잎을 간직한 상록수들이 목화솜을 덮은 듯이, 눈을 담뿍 쓰고 서 있는 모습은 입을 다물지 못할 정도였다. 잎을 떨구어 낸 나무들은 가지가 휘도록 흰 눈을 덮어쓰고 있는 모습 또한 환성이 터질 수밖에 없는 아름다움의 극치였다. 자연의 이 신비 앞에 경이로움과 인간이 범접할 수 없는 경외감에 사로잡혀 잠시 하늘을 우러러보았다.

어릴 때 내 고향 뒷산 소나무들이 눈의 무게를 감당하지 못해 가지를 찢어 내리던 소리가 갑자기 귀에 들리는 듯하였다. 길이 점점 가팔라지니 나의 숨 쉬는 소리도 가팔라졌다. 내가 듣기에도 가여웠다. 우리가 가장 연장자로 보였는지 앞서거니 뒤서거니 하는 여성 동행인들이 우리를 보며 대단하다는 말을 거듭했다. 그러나 나는 그들의 말이 내가 나이 많음을 상기시키는 것 같아서 달갑지 않았다. 내가 비록 몸은 힘겹게 가고 있지만 눈부시게 펼쳐지는 눈 덮인 산의 절경에 넋을 잃으며, 벅차오르는 탄성을 주체하기가 어려워 시선도 숨쉬기도 멈춘 채, 신비 속을 걷고 있는 듯한 내 푸르른 감성을 아느냐며, 응수하고 싶었다. 그러나 이 또한 나이 든 사람의 자격지심이며 열등감에서 비롯된 생각이라 싶어, 눈부시게 파란 하늘을 향해 날려 버렸다. 그리곤 자연이 인간에게 주는 사계절의 선물을 생각하며 무한히 감사했다. 내가 이 순간까지 건강하게 살아 있어서 이 절경을 보고 있다는 데에 대한, 그리고 무엇보다 한라산 백록담을 향하여 가고 있다는 사실에, 감사함이 넘치고 가슴이 벅찼다. 감탄사를 아무리 쏟아 낸 들 부족하기만 한 오늘이 내겐 최상의 날이었다.

신비스럽고 아름다운 상고대

진달래 대피소에 이르자 중도 하차 의사를 밝히는 G를 보며 몹시 안타까웠다. 그러나 그녀의 뒤를 줄곧 따르고 있는 남편까지 중도 하차시킬 수는 없다 싶었다. 도시락 두 개를 내 배낭에 넘겨받고 내가 G와 행보를 같이 하기로 하였다. 그랬으나 내 마음은 절대 포기할 수가 없다는 의지가 강렬하여, 내가 힘든 것은 고사하고 행여 G가 그만 되돌아간다고 할까 봐 마음 졸였다, 어떻게 해서든 나와 함께 완주하기를 마음속 간절히 빌었다. 쉼터를 지나자 전진하는 사람들이 확연히 줄었다. 앞서가시던 신부님은 우리의 상태를 전달받고 속도를 늦추며 또 기다려 주시곤 했다. 그 섬세한 배려가 얼마나 고맙던지, 지리산 종주하던 때가 잠시 스쳤다. 그 배려가 에너지가 되어 그때처럼 주저앉을 듯이 힘에 부치지만, 나는 한라산의 희망 봉우리를 놓지 않고 인내하고 있었다. G 역시도 그러한지 겉보기로는 나보다 수월해 보였다.

정상이 가까워지자 이어지는 가파른 나무계단에 다리가 묶인 듯 떨어지질 않는데, 앞서간 정상 정복자들의 함성이 터지고 있었다. 무슨 일이 벌어지고 있기에 저다지도 우렁찬 함성일까. 빨리 가 봐야겠다는 생각에 마음이 다급하고 조급해졌으나, 내 몸은 그게 아니었다. 극한 바람이 몰아다 붓는 눈발 속에서 이미 손과 발은 시린 것을 넘어 잘려나가는 듯이 아팠다. 배낭에서 점퍼를 마저 꺼내 바람과 싸우며 간신이 입었지만, 나는 이미 냉동고에 들어 있는 것 같았다. 그러나 이런 상황에서도 평상시와 같이 안정되고 정돈된 자세로 거침이 없으나 기품을 잃지 않는 H 신부님을 보며 생각하였다. 이것이 바로 인간의 멋이라는 것을….

말로만 들었던 한라산의 상고대가 내 눈에 들어오는 순간, 기이하고도 신비스러운 아름다움에 혹독한 시련도 잠시 잊어버리고 기쁨과 희열에 찼다. 절묘하게 자연이 빚어내는 이 아름다움을 무슨 말로 표현할 수가 있으랴. 사람의 기품은 내면을 수없이 깎고 다듬어 낸 통증의 흔적이듯, 자연도 혹한과 갖은 풍상을 겪어낸 것들이 진귀한 미를 발산하고 있음을 보았다. 천신만고 끝에 한라산 정상인 백록담에 도착하였다. 불과 몇 미터 아래서의 햇살 고운 청명한 하늘은 오고 간데없이, 성난 파도와도 같은 바람의 장난으로 온통 회색빛이었다. 돌풍이 달려와 쌓인 눈을 한껏 분화구에 몰아닥치면, 분화구 안에서 소용돌이치며 눈보라를 연출해 내는 광경에 사람들은 열광하듯 함성이 울리고 있었다.

그 소용돌이가 잠시 멈추고 나면 백록담 분화구는 안개에 쌓인 듯이, 아무것도 보이지 않고 고요했다. 그리고 또 잠시 후엔 아무 일도 없었다는 듯 분화구의 밑바닥이 환이 들여다보였다. 이처럼 순간순간에 일어나는 변화무쌍한 현상이 신비스럽기만 했다. 그러나 나는 바람의 소용돌이에 못 이겨 금방 날아갈 것만 같아 중심 잡기에 바쁘고, 손발이 잘려나가는 것 같아 입도 뻥긋 못했다. 나뭇가지와 난간 목마다 바람과 눈의 합작품으로 만들어지고 있는 상고대를 보면서, 감성조차 얼어붙은 듯 아무 감흥을 느낄 수가 없었다. 다시는 못 볼 광경이라는 걸 알면서도 단 몇 초도 견딜 수가 없어 채 5분도 서 있지 못하고 하산할 수밖에 없었다.

긍정의 힘에 또 하나의 획을 긋다

비록 짧은 순간이지만 긴 세월 동안 바라고 염원해 왔던 만큼의 기대 이상으로, 내게 최고의 체험이고 최고의 느낌이며 기쁨 또한 최고였다. 배낭 속 생수병이 꽁꽁 얼었을 만큼 최고의 추위와 바람도 맞아 보았고, 흰 눈과 상고대로 장식된 한라산 최상의 절경을 만끽도 했다. 무엇 보다 간다고 다 볼 수 없다는 제주 10경의 하나로 꼽히는 녹담만설(鹿潭晩雪 · 백록담에 쌓인 눈)도 보았으니, 이 정도면 최상의 한라산 등반길이 아니겠는가? 소원 성취하고 하산하는 내 마음은 날개를 단 듯하였다. 기대 이상의 것들을 보고 느끼고, 또 감격과 감동으로 내 인생의 한 페이지에 장식된 이 날을 무한히 감사를 드렸다. 갈 때와는 달리 하산 길은 뛰다시피 내려왔지만, 끝이 없어 보이는 내리막이 지루하기 짝이 없었다. 벌써 오를 때의 고통은 언제 있었더냐? 싶게 잊어버리고, 내리막의 지루함이 피로감을 몰아다 부었다.

인간은 어떠한 처지에서 간에 고통을 겪고 나면 그 고통을 고통으로만 여기지 않는다. 오히려 자랑스럽게 여기고 미화시켜 기억하고 싶어 한다. 사실 고통의 크기만큼 뒤에 오는 기쁨도 크기 때문이며, 피와 땀으로 얻어진 귀한 정신세계는 삶의 자산이고 빛을 발하는 메아리로 남아, 두고두고 인생을 윤택하게 만들기 때문이다. 따라서 다시 도약하는 힘과 능력을 발휘할 수 있는 원동력이 되기도 한다.

누구나 꿈은 있다. 모든 씨앗은 흙을 만나야 싹이 트는 것처럼 내 마음속에 품어진 꿈의 씨앗이, 따뜻한 인정으로 인해서 틔어 냈음을 조용히 가슴에 새겨 보았다. 햇빛 고운 날에 여덟 시간의 눈 덮인 한라산 백록담의 등정이, 내 생애 긍정의 힘에 또 하나의 획을 그었다.

2016. 6.

오는 사람 가는 사람

사람이 살아가는 인생 여정이란 만나고 헤어짐의 연속이 아닌가 싶다. 우리가 세상에 오는 날이 있으면 가는 날이 있듯, 내게 오는 사람이 있으면 가는 사람도 있다. 이것이 우리네의 삶이다. 이러한 과정을 거치며 우리는 닫혔던 가슴이 열리고, 사랑을 익히며 사는 것이 아닌가 싶다. 그래서 가는 사람 잡지 말고 오는 사람 막지 말라는 옛말이 있게 된 듯 싶기도 하다.

어느 날이다. 북새통을 이루던 점심시간이 지나고 잠시 쉬고 있는 때였다. 누가 와 찾는다기에 나가보니 연세가 지긋한 한 부부가 출입구 쪽에 서 있었다. 그분들은 나를 보더니 밝게 웃으며 내게 다가와 아직도 사업을 하고 있었느냐며, 내 손을 잡고 놓지를 못하였다. 그리 낯설어 뵈진 않으나 그렇다고 얼른 생각나질 않는 사람이어서, 그저 어정쩡하게 따라 웃고만 있는 나에게 부인이 말을 하였다.

캐나다로 이주를 하고 10년 만에 돌아오고 보니, 가기 전에 자주 들러 식사하던 생각이 나서 찾아왔다며 행여 주인이 바뀐 것은 아닐까. 하고 오는 동안에도 여간 조바심이 나는 게 아니었다고 하였다. 처음 나를 보았을 때 장사할 사람 같지 않아서 얼마나 버티어 낼까 하였더니, 역시 사람은 두고 봐야 알 일이라며 그들은 호탕하게 웃었다. 음식에 대한 향수인지 사람에 대한 노파심인지 알 수는 없으나, 정감 있는 마음 씀에 끌려 마치 오랜 지기인 듯, 지난 이야기에 시간 가는 줄을 몰랐다.

강산이 두 번 변할 만큼의 세월 동안 음식 장사를 하다 보니, 수를 헤아릴 수가 없는 사람들이 오고 갔다. 그들 가운데는 초면인데도 오래전부터 알고 지내는 사람처럼 부드럽고 편안한 사람, 실수를 감싸주고 상대방 입장이 되어주는 가슴이 넓은 사람, 정중하고 예의 바르며 친절한 사람이 있는가 하면 말 한마디에도 가시가 돋치고 다른 사람에 대한 배려나 예의 같은 것은 아예 멀찍이 접어두고 사는 사람 등, 각양각색의 사람들이 오가는 가운데 인정도 오고 갔다.

때로는 오랫동안 해외 파견 근무 마치고 귀국과 동시에 달려와 아직도 있어 줘서 고맙다는 사람, 이사하여 여러 해가 지난 뒤에도 잊지 않고 찾아왔던 사람들을 생각해 보면, 인정은 긴 세월로도 갈라놓지 못하는 것 같다. 내가 지금까지 친하게 지내는 S 친구와 C 친구 두 사람도 그때 그곳에서 얻어진 보물이다. 불가의 말에 의하면 옷깃만 스쳐도 인연이라는데 만남을 거듭하며 살아간다는 것은 태어날 때 이미 계획된 인연이요, 비켜 갈 수 없는 필연이 아니겠나 하는 생각을 해 보게 된다. 두루마리 화장지를 들고 오는 장애인, 생계부지에 급급해하며 살아가는 떠돌이 상인, 가난을 호소하는 빈손뿐인 사람들, 이 모두가 애환 속의 인생 여정을 함께 가는 내 둘레의 사람들이다.

거친 삶을 이겨내느라 가쁜 숨이 턱에 닿고, 기약 없는 내일을 향해 무거운 발걸음을 방향조차 없이 내딛는 이들의 모습을 보며, 세상 속 어두움이 걷히는 날을 빌어보곤 한다. 그러나 무심히 오갔던 사람들이 어느 날 말을 트며 샘물을 푸듯, 지난 세월을 이야기할 때면, 묵었던 정이 새롭게 솟아나는 듯 남다름이 있다. 또한 남편과 데이트 시절부터 드나들었는데 이제는 학부모가 되었다 하는 사람. 품에 안고 다니던 아이가 대학생이 되고, 개구쟁이 아들이 군에 갔다고 말하는 그들의 얼굴에서 나는 세월을 읽고 인생을 익힌다. 오가는 걸음걸음에서 인정이 쌓이고 그 끈끈한 정이 마음의 다리를 놓아온 세월. 이 세월이 곧 내게 가져다준 선물이요. 벗겨 낼 수 없는 내 삶의 표정이기도 하다. 그러나 건장했던 사람이 병색 짙은 얼굴이 되어 왔을 때나, 젊음이 가시고 인생의 해거름 길에 와 있는 사람들의 모습에선, 인생 무상함을 아프도록 느낀다.

언젠가 때 지난 시간에 한 노부부가 식사하러 왔다. 위품이 있고 기골이 장대한 남편과는 대조를 이루듯, 병색이 짙은 얼굴에 기력이 쇠진하여 탈진 상태에 있는 부인의 모습은, 병이 깊었음을 한눈으로 알아볼 수가 있었다. 식사 중에 부인의 동정을 살피느라 자주 수저를 놓는 남편 얼굴엔, 근심과 긴장감이 흘렀다. 그 광경을 무심히 보아 넘길 수가 없어 사유를 물었더니, 부인이 위암 수술을 받고 항암치료 중이라 하였다. 식사를 전폐하다시피한 부인을 보다 못해, 남편이 그를 앞세워 나왔다고 하였다.

밥 수저 든 부인의 모습을 오랜만에 보았다며, 남편은 상기된 얼굴로 부인에게서 눈길을 떼지 못하였다. 그런 그의 얼굴은 부인 못지않게 그늘이 짙게 드리워져 있었다. 그런 그를 보며 나는 부부 일심동체의 단어를 떠 올렸다. 인생의 한배를 타고 수십 년을 항해하는 동안, 한마음 한몸이 되지 않고서는, 저런 어려운 고비를 헤쳐나갈 수가 있을까 하는 생각에서였다. 지금 맞는 이 풍랑 속에서 이 부부는 서로 무엇을 생각하며 살고 있을까. 외교관 남편을 따라 젊은 시절을 타국으로 떠돌다시피 하다가, 이제 늘그막에야 고국 땅에 정착하게 되었다고 한다. 그러면서 이제부터라도 사는 것 같이 살아보려 했는데, 그만 병이 들었다고 하였다. 이야기 중에 기운을 가다듬고 숨을 고르는 부인의 모습에서는, 이미 생명의 불꽃이 꺼져 가고 있음을 알 수 있었다. 그러함에도 부인은 생에 대한 집착이 전신을 사르고 있음을 느끼며 나는 안타까움을 금치 못했다. 사람은 죽음 앞에 섰을 때가 어느 때보다 생에 대한 의욕이 가장 강하다고 하는 말이 떠올랐다.

그런데 얼마 후, 남편 되는 분이 찾아와 부인이 떠난 소식을 내게 남기고 돌아갔다. 나는 그분의 모습에서 부인의 그림자로 온통 짙게 드리워 있음을 보았다. 세월이 흘렀건만 그날 그분의 뒷모습에 어리었던 쓸쓸함과 삶의 여력을 갈망하던 부인의 모습이 교차되며 뇌리에서 지워지질 않는다. 나도 가는 사람이 되는 그날이 언제일지는 알 수 없으나, 하루하루 다가오는 그날 앞에 가는 사람으로서의 모습을 생각해 본다.

사람이 오간다는 것은 살아 있음의 증표요, 사랑의 증표이기도 하다. 그 안엔 함께 나누는 인생의 고락이 있는 까닭이다. 다사다난한 인생길에 아주 먼 길을 가는 자의 발길을 누군들 막을 수가 있겠는가. 다만 바라는 것은 언젠가는 거두어 가고 말 정이지만, 이런 사람 저런 사람 모두가 정으로 만나고 정으로 헤어졌으면 한다.

2001. 1

수덕사를 찾아서

- 만해 한용운 생가. 김좌진 생가. 추사 김정희 고택

11월 25일. 예정 시간 10분을 넘긴 8시 10분.

군포시청 앞에서 문학기행 팀을 태운 버스는 충남 예산군 덕산면 사천리, 수덕사로 향하고 있다. 창밖엔 겨울을 재촉하듯 비가 내리고, 고속도로에 접어들자 차내는 도란거리던 이야기 소리도 멎었다. 차창 너머로 멀리 보이는 들녘엔 가을걷이가 끝나 을씨년스럽기만 하다. 옛 어른들 말씀에 사람의 정이란 먹는 자리에서 들고 난다더니, 간식들이 어깨너머로 부지런히 오가는 가운데 어느새 차내는 화기애애하다.

수덕사에 도착 된 시간은 11시 20분이다. 이곳은 학창 시절 수학여행 왔던 곳이라서 아련한 추억이 맴돌고 감회가 새롭다. 어린 가슴에 곱게 담은 첩첩산중 고즈넉한 그 한밤을 나는 숱한 세월을 뒤로하면서도, 빛바랜 사진첩을 꺼내보듯 간간이 떠올리곤 했었다. 방문 앞에 남학생들이 와 있다고 문틈으로 번갈아 내다보고 낄낄거리던 순수했던 친구들의 모습이며, 어둠에 묶기고 추녀 밑 풍경 소리에 잡혀 꼼짝도 할 수 없었던 그 밤이 나는 얼마나 좋았던지. 그 연초록빛 추억과 함께 긴 세월 동안 동행해 왔다. 내게 있어 이

곳 수덕사는 소녀기의 순수함이 어리어 있고 아름답고 고즈넉한 산사의 정경이 있다. 그런데 이게 웬일인가. 개발이라는 물살에 실려 모두 사라져 버린 광경에, 한 시대를 잃어버린 듯 허전함과 서운함이 가슴 가득 밀려온다. 시원스럽게 뚫린 길이며 널찍한 주차장, 여관과 상점들이 줄을 잇고 있는 모습을 보니, 현실에 맞춰 개발하고 변천해 가는 세상사를 누구를 탓하랴 싶다. 그래도 가고 없는 옛것들의 아쉬움이 좀처럼 가시지를 않는다.

덕숭산 남쪽으로 위치한 수덕사 사찰 역시, 확장 증축으로 인해 부의 상징처럼 보이나 속세와 다를 바가 없다는 생각이 들어, 정갈하고 초연한 옛 산사의 모습이 그립다. 이곳 수덕사는 백제 법왕 원년(599)에 지명 법사가 창건했다는 것 외에 확실한 내력이 없다가 고려에 이르러 충렬왕 34년(1308)에 대웅전이 건립되었고 조선조에 중종과 영조 순조에 이르며 중수한 기록이 있다. 1937년 만공선사가 다시 해체 재건을 하였다 한다.

1,400년이라는 유서 깊은 사연을 안고 있는 수덕사의 한낮은 냉기어린 빗물에 흥건히 젖고 있다. 법당에 이르는 데는 돌계단이 꽤 나 높다. 이는 아마도 법당에 다다르는 동안 마음을 경건하게 가지라 함이 아닐까 생각해 본다. 불공(佛供) 시간을 알리는 쇠 북소리를 들으며 층계를 올라가는데, 어느덧 마음이 가지런해지고 심연에서 뿜어내는 고요함과 내세를 지향하는 편안함이 있다.

국보 제49호의 이곳 대웅전은 영주 부석사의 무량수전과 함께 현존하는 최고(最古)의 목조건물 중 하나에 속한다. 정면 세간 측면 네칸으로 된 맞배지붕 주심포집이며 형태가 웅장 정중하고 수법이 견실하고 치밀하다. 외관은 각 부재가 큼직하고 굵직하여 안정감이 있다. 배흘림기둥의 투박함과 나뭇결무늬가 오랜 풍상을 겪어낸 모습답게 중후한 멋이 있어 오래도록 시선이 끌린다. 대웅전 양옆에는 승려들의 수도장인 백련 당(白蓮堂)과 청련 당(靑蓮堂)이 있고 앞에는 조인정사(祖印精舍)와 3층 탑이 있다. 대웅전 뒤뜰로 돌아서니 사찰의 고적함을 알림인 듯, 바람에 부딪는 풍경소리가 처마 끝을 맴돌고 있다.

이곳은 다른 사찰과 달리 여승이 많다. 여자의 외모에서 뺄 수 없는 소중한 머리를 삭발하고 속세를 떠나 수도하는 그 들의 모습을 보며 많은 생각에 잠기게 한다. 때때로 현실의 무게가 버거울 땐, 나도 저렇게 수도승으로 탈바꿈하고 싶었다. 그러나 삶이란 도피가 될 수 없고 각기 다른 길이 있는 법. 살고 싶다고 모두 그렇게 살아지는 것도 아니요, 아니라고 해서 다 아닌 것 또한 아니다. 각기 다른 인생길에 대하여 잠시 생각해 본다.

덕숭산에 접어드니 끝없이 이어지는 돌계단 길은, 숨이 차고 발목을 잡아매는 듯 무겁다. 땀으로 젖고 있는 나의 등골에 흩뿌리는 비바람이 상큼하게 느껴진다. 절묘한 암벽 산등성이 위로 유감없이 나타내는 푸른 소나무의 기품과 고고함, 계곡의 절벽 따라 간간이 보이는 단풍나무의 조화로움을 보며, 신이 이루신 업적에 찬양의 노래가 가슴을 타고 흐른다. 1020 계단을 따라 소림초당 향운 각 금선대와 미륵불 입상이 있고, 만공선사에 의해 세워져서 남승들이 거처한다는 정혜사가 있다. 옆에 비구니들이 거처하는 견성암이 있었는데, 이곳 견성암에는 전국의 비구니들이 몰려와 참선에 정진하는 덕승총림이 설립되어 있다고 한다. 만공의 제자로 환희 대에 기거했다는 김일엽이라는 여인의 이야기가 있다. 그녀는 불탄 강아지처럼 날

뛰던 청춘을 불살라 버리고, 영원한 청춘! 길이길이 싱싱하게 되어 시들지 않는 청춘을 증득(證得) 하는 불법을 얻으려고 불가에 들어왔다고 하니, 그녀의 맹랑한 득도의 꿈이 이루어졌을지가 궁금하다.

만공탑에 이르니 산 정상이 눈앞에 보인다. 그러나 한 시간 남은 예정된 시간 때문에 정상을 포기하고 만 공 탑 앞에서 머물다 돌아서는 발걸음이 자꾸만 멈춰지고 아쉬움이 크다. 인적 없는 수덕사에 밤은 깊은데… 유행가 가사인 "수덕사의 여승"을 흥얼거리며 수덕사를 뒤로한다.

일주문 앞 이응로 화백의 부인이 경영한다는 수덕여관에서 점심을 먹기로 했다. 음식이라면 전라도를 꼽는데 충청도 음식도 못지않게 맛이 있고 푸짐해서, 인심 좋은 충청도로 다시 한번 입증된 셈이다. 동동주가 한 잔씩 돌아가자 말마디들이 덧붙고 식사 후의 분위기가 한결 화기애애하다. 역시 술이란 인정이 무르익게 하는 묘약이 아닌가 싶다.

결성면 성공리 491번지 만해 한용운의 생가로 향하는 길은 비가 내리고 있다. 비 우산 위로 부딪치는 빗방울 소리가 오선지 위의 악보를 연상시킨다. 길 위에 흥건히 고인 물에 자박거리며, 만해 선생의 생가인 초가집 좁은 뜰에 가득 메워 섰다. 뜻밖의 방문객임에도 사진 속 만해 한용운은 흐트러짐이 없이 초연하다. 그는 고종 16년(1879)에 태어나 18세에 동학혁명에 가담하여 실패하자, 1905년 27세로 백담사에 입산하여 유 천이라는 법호를 받았다고 한다. 시인이고 소설가이며 3·1운동 민족 대표 33인 중 한 사람이었던 독립운동가 만해 한용운. 그는 시인으로 높이 평가를 받았던 만큼, 그가 자란 주변 환경 또한 시심을 키우기에 넉넉한 곳으로 보인다.

숨 가쁜 일정으로 다시 일행을 태운 버스는 홍성군 고도면 상촌리 독립운동가인 김좌진 장군의 생가를 찾았다. 안동 김씨 명문가 출신으로 15세 때 30명의 가노(家奴)를 해방할 정도로 개화 진취 사상이 뚜렷하였으며, 이천 석(二千 石) 거리의 농지를 소작인들에게 나누어 주었을 만큼 덕목이 출중하였다 한다. 애국애족의 표본이 되었던 김좌진 장군이 태어나고 자랐다던 그 자리엔, 아직도 그분의 덕망과 자애가 어리어 있는 듯 훈훈함이 있다. 김좌진 장군을 그처럼 칭송하며 가문의 영광이라 하시던 내 아버지의 자부심이 그럴 만도 하다고 생각하였다. 김좌진 장군의 생가는 장군의 품위를 지키듯 그리 호화롭지 않게 정갈한 모습이, 장군의 고결하고도 고매한 인품을 대변하고 있는 듯하다.

다시 발걸음을 재촉하여 신안면 용궁리로 향하였다. 오석산 밑자락에 넉넉히 자리 잡은 구한말(舊韓末)의 대표적인 문인이며 서화가로 당대의 대가였던 추사 김정희(1786~1856) 선생의 고택에 왔다. 고조부 김흥경(영의정)이 영조의 두터운 신임으로 화순 옹주를 며느리로 맞은 명문가답게 높다란 대문이 우리를 맞아들이고 있다. 예서와 행서가 경지에 이르러 그 출중함은 당대뿐만 아니라, 후세에 길이 남을 것이다. 추사 선생의 초상화와 많은 친필 서화를 대하니 감탄이 절로 나온다. 제주도 귀양 시절을 글 쓰는 기회로 삼았다는 선생의 높은 기개가 보이는 듯하다.

멀찍이 물러서 있는 별당은 명문 대갓집의 법도에 눌려, 푸른 달빛 벗 삼아 뜨락을 거닐었을 여인의 환상을 안고, 빗속에 정적(靜寂)만이 감돌고 있었다.

추사 선생의 고택에서 얼마 떨어지지 않은 곳에 증조모 화순 옹주의 묘가 있다. 묘 앞에는 추사가 24세 때 연경에서 가져다 심었다는 백송(白松) 한 그루가 서 있다. 상록 침엽수로서 중국의 특산 송이라고 한다. 200년의 풍상(風霜)을 견디어 낸 나무답지 않게 10M 남짓한 나지막한 키에 소나무 특유의 고상함이나, 노송에서 볼 수 있는 예술의 미를 전혀 찾아볼 수 없다. 하얀 페인트를 칠한 듯이 허옇게 보이는 나무껍질이, 큰 비늘처럼 밋밋하다. 밑 부분에 콘크리트를 발라서 메워져 있는 것이 세월에 굴복할 수밖에 없는 생명의 유한함이 새삼 아픔으로 다가온다.

귀향길은 언제나 여유가 있다. 노래와 재담으로 차내는 화기애애하다. 서서히 짙어 가는 어둠을 밀치듯 산본으로 숨 가쁘게 달리는 버스의 흔들림 속에서, 다음 달을 기약하는 작별 인사가 흘러나오고 있다.

2006. 2.

시대의 횃불

문학기행이란 단순한 관광 여행과는 다르다. 한 번도 본 적은 없지만 많은 세월 동안 마음에 간직했던 사람을 만나러 가는 설렘이 있다. 작품을 통하여 알았고 이미 한 시대를 거쳐 지나간 사람을 더듬어 생각하며 교감의 기쁨을 기대하는 만남의 현장이기 때문이리라.

우리 일행을 싣고 당진을 향해 달려가는 차창 밖에는 무르익어 가는 가을의 정경이 아름답기만 하다. 높이 치솟아 가을을 묻혀 나는 고추잠자리의 분주한 몸짓은, 가을의 정취를 고조시키며 하늘은 높고 푸르디푸르다. 길 양옆으로 흐드러지게 핀 코스모스의 가냘픈 흔들림 속에서도 누군가의 그리움이 묻어 있는 듯 목이 한층 길어만 보인다. 어디서부터 달려왔을까? 한 줄기의 바람이 황금빛으로 물들어 가는 들녘을 쓸어안고 꿈을 꾸듯 조용하다. 가을이 되니 지는 꽃이 있는가 하면 피는 꽃이 있다. 때가 되면 갈 것은 가고 올 것은 오는 자연의 분명한 법칙에 순응하는 우주 만물을 보며 인생을 관조해 보는 동안 어느덧 당진에 도착했다.

찬연한 햇살이 쏟아지는 들판을 지나고 아름다운 노송 지대를 지나 북쪽으로 산자락이 길게 늘인 외딴집 앞에 서고 보니, 1932년 이 집이 세워지고 필경사(筆耕舍)라 이름을 하여 창작에 정진했던 심훈의 자취를 더듬는 듯 모두가 숙연하다. 이곳에서 『영혼의 미소(靈魂의 微笑)』, 『황공의 최후(黃公의 最後)』, 『직녀성(織女星)』, 『상록수(常綠樹)』 등을 집필하였다 한다. 왼편으로는 '심훈 문학기념관'이 단출한 모습으로 서 있다. 한 시대를 작품을 통하여 감동적으로 전달시킨 작가이니만큼 주변을 둘러보는 마음이 작품 속에서와 같은 뭉클함이 있다. 앞뜰 대리석에 새겨진 「그날이 오면」의 시는 필자가 시대적 배경에 항거하는 영혼의 절규가 있어, 시 구절을 읽어 내리며 우리 민족사의 아픔에 가슴이 저리다. "해방이 오는 그날, 이 몸의 가죽을 벗겨 커다란 북을 만들어 둥둥 치리라"는 심훈의 외침을 듣는 듯하여 그 시대 우리 민족의 절박함을 느끼게 한다. 일제 강점기에 우리 민족의 한을 토해낸 절규였음을 알고도 남음이 있다.

작가 심훈이 직접 설계하여 지었다는 이 집은 산의 정적과 들녘의 평화로움이 조화로워 보인다. 한옥이지만 밖으로 밀어서 여는 창문과 창문 아래의 나무로 짜서 만든 화분 틀이 걸린 모습은 프랑스 가옥의 풍치를 본을 딴 것으로 보인다. 쪽마루이긴 하나 거실과 현관이 있고 화장실과 목욕탕을 내실에 두었다는 것으로 보아 그 당시엔 상당히 서구적 문화에 접해 있었음을 엿볼 수 있다. 자신의 원작 『먼동이 틀 때까지』를 영화 감독하여 개봉할 수 있었을 만큼 시대를 밝힌 멋쟁이 작가 심훈, 그는 훤칠한 키와 콧날이 오뚝한 미남의 기상과 그 부리부리한 눈매가 이곳저곳에서 번득이는 듯하다. 기골이 장대한 모습으로 딱 버티고 서서 미소를 지으며 우리를 맞아 주는 듯 잠시 환상에 잠겨 본다.

4~5년 동안 이곳에서 심훈은 집필의 전성기를 보냈다고 한다. 1936년 9월 상록수 출판 관계로 상경했다가 장질부사에 걸려 36세 젊은 나이로 세상을 떠났다고 하니 참으로 애석한 일이다. 그가 좀 더 살아 주었더라면 한국 문단을 더욱 빛내 주었을 것인데, 꽃다운 나이가 아깝고 아쉽기만 하다. 지금도 주변은 한적하고 고요가 감돌아 그 당시 이곳에서 창작 생활을 시작했던 그의 뜻을 알 만하다. 필경사(筆耕舍)라 이름하여 집필에만 몰두하였을 모습이 상상되고 그 열정이 느껴진다. 집 모퉁이를 돌아보니 그 당시 필자가 심었음 직한 상록수 한 그루가 육십 년이라는 세월을 말해 주듯 거목이 되어 버티고 서 있다.

기념관을 한 바퀴 돌아보았으나 아직 갖추어진 게 아무것도 없다. 문이 잠기고 유리창을 통해 안쪽을 들여다보았으나 유품들은 보이지 않고 먼지만 덮였을 뿐이다. 구국을 위해 대항한 독립운동가요 농촌의 계몽운동가였으며, 한 나라 한 시대를 대표했던 작가요 예술가였던 그를 우리 문화계에서는 어찌 이리도 홀대해 왔단 말인가. 독일이나 프랑스, 러시아 등의 국가들은 민족의 명예와 자존심을 걸고, 한 시대를 대변했던 대문호들의 기념관을 만들어 잘 보존하고 있다. 후세에게 작가 정신을 대물림하기에도 한몫하며 전 세계인에게 과시라도 하듯 보여주고 있다. 독일의 문호 괴테는 잠시 머물고 간 자리에도 기념관이 세워지고, 지나다가 물을 마신 우물과 책 속에 주인공의 모델이 된 여자가 살았던 집까지도 기념관을 세웠다.

이렇게 작가의 모든 행보를 찾아 기념관을 세워 고대 작가들의 위상을 전 세계에 알리고 높이며, 후세에겐 자긍심을 심어 주고 있다. 따라서 세계인들을 끌어모으는 관광 산업으로도 한몫하고 있다. 비록 세계적인 대문호는 못 되어도 우리의 언어를 갈고 닦아 아픔과 시대를 증언하며 살다간 작가의 흔적들을, 우리가 기억되도록 남겨야 할 시점에 오지 않았나 싶다. 시대를 이끄는 사람들을 후세의 무관심으로 다음 우리 후세들에게 기억되어야 할 사람들의 흔적을 여실히 드러내지 못할 것임에 씁쓸하다. 따라서 후세들이 문학에 관심이 가도록 이끌지 못하는 정책이 아쉽고 서운하다. 우리 사회 구석구석에 문학을 홀대한 아쉬움의 세월이 진한 안타까움으로 남는 것 또한 사실이다. 우리라고 해서 왜 세계적 대문호가 나올 수 없겠는가.

시대적 사명감에서 민족의 혼을 일깨우던 작품들은 어떠한 박해와 시련을 거친다 해도 우리의 역사와 겨레의 얼 속에 횃불이 되고 빛나게 해야 할 것이다. 심훈은 문맹 퇴치 및 농촌 계몽을 이끌기 위하여 상록수라는 작품을 펴내었으며, 개척자의 기질을 발휘하였다. 작가의 정신이 그 시대적 배경과 맞물려 독자의 심층에 유감없이 감동을 주고 있었음 또한 부인하지 못할 것이다. 영화로 제작된 상록수의 작품은 주인공 박동혁의 배역을 심훈의 조카인 심재영이가 맡았다 한다. 그런데 심재영 역시 자신의 삶을 책 속의 주인공에 반영한 것 같다. 그는 대지주였는데 자신이 소유한 일대의 전답을 소작인들에게 골고루 분배해 주었다 한다. 그는 아직 생존해 있고 집은 심훈의 집에서 약 2km 내외에 떨어져 있었다. 심재영의 집 역시 그 옛날 대지주다웠다. 팔십에 가까운 고령의 노부부를 찾았지만, 출타 중이라서 만나지 못하고 돌아서는 길목엔 왠지 쓸쓸함만 짙게 드리워졌다.

2006. 4.

잃고 싶지 않은 것

한 해가 마무리될 즈음이면 L 부부와 여행을 떠난다. 사전에 계획이나 준비가 있는 여행이 아니라, 어느 날 불쑥 전화하고 시간 맞춰 함께 동승하고서야 도착지를 정하며 떠나는, 이름하여 무작정 여행이다. 일상에서 벗어나 구름처럼 한가롭게 그리고 보는 만큼, 또 느끼는 만큼 이야기하며 초동의 시절로 돌아간다.

이번의 여행지는 군산이었다. 한낮이 지나 느지막이 출발하여 해와 경주라도 하듯 달렸으나, 군산에 도착했을 때는 이미 해가 바닷속으로 몸을 숨긴 뒤였다. 채만식의 『탁류』 집필 배경지인 군산 앞바다의 황톳빛 물결은, 예나 지금이나 혼탁한 세상을 말해 주듯 변함이 없다. 몇 해 전 문학 세미나에 참석하느라 와본 곳이어서인지 코끝을 스치는 비릿한 내음이 오히려 정감이 일고, 멀리 어슴푸레 보이는 어선 한 척이 한 폭의 묵화를 보는 듯 마음이 평온해진다. 바다가 보이는 곳에 식사할 집을 정하고 나니, 바다는 어느새 검은 베일에 싸이고, 포구의 불빛만이 겨울 바다의 정적을 지키고 있다.

새로운 분위기에 마주 앉은 L 부부의 모습이 사뭇 상기되어 있고, 남편 역시 얼굴에 홍조가 피어있어 흘러온 세월이 되돌아간 느낌이다. 마음에 평온과 사랑이 피어오르는 밤이다. 스스럼없이 이야기를 나누다 보니 가슴이 후련해지고 흥이 돋아, 인생은 역시 살만하다는 생각이 들곤 한다. 거듭 기울이는 한 잔 한 잔의 술이 전과 달리 달게 느껴지고, 이야기에 취하고 기분에 취하고 정에 취한다. 인간(人間)은 말뜻대로 사람과 사람 사이에서 안면을 익히고 마음을 교류하며 살아간다. 그러나 진실이 통하고 마음이 통하는 사람은 드물다. 만나는 세월만큼 정이 쌓이고 눈에 보이는 흠도 가슴으로 덮어주며, 희로애락에 나와 한마음이 되어주는 사람, 또 까닭 없이 외롭고 허전할 때 생각만 해도 가슴이 훈훈해지는 사람. 이런 사람이 누구누구라며 자신 있게 손가락을 꼽을 수 있다면, 그 사람은 성공한 인생일 것이다. 그는 삶의 오아시스요, 인생의 보배요, 인생에서 잃고 싶지 않은 인정일 테니.

군산 앞바다 선착장의 새벽바람은 매섭게 파고든다. 사람 사는 모습이 생김새만큼이나 다르고 천차만별이라지만, 또 하나의 삶을 보고 나서 가슴에 새로운 파문이 인다. 아낙네들의 억척스럽고도 민첩한 몸놀림이며, 생선 상자 포장하는 잰 손놀림에서 고즈넉이 담고 있는 그들만의 세월을 엿볼 수 있다. 하기야 하루를 사는 하루살이도 그 하루를 살기 위해선 안간힘을 쓸 터인데, 인생이라는 거대한 무대를 부여받은 우리 인간이 어찌 어영부영 살아갈 수가 있으랴 싶다. 노점상이라는 거칠고 투박한 현장일지언정 주어진 영역에서 나름대로 열심히 살아가는 그들의 모습을 보며, 나는 새삼 인생의 진가에 대해 생각해 본다.

그리고 고단한 삶의 대변자와도 같은 그들 모습에서, 내가 아닌 다른 사람이 존중시되는 순화된 삶의 모습을 본다. 장사하는 사람이라면 물건 파는 것이 목적이다. 그러나 그들에겐 목적에 앞서 인간의 기본적 자세가 우선시 되는 것 같다. 남의 상점 앞에 있는 사람 불러들이는 일이 없고, 고객이 자기 상점 앞에 있다 하여도 시선이 다른 집에 있으면 자기 물건 팔려던 마음을 접었다. 그리고 고객의 발길이 주인 없는 옆 상점에서 멈칫거리기라도 하면, 자기 일 제치고 대신 친절하게 주인 노릇을 해준다. 또 자기는 못 팔아도 옆집이 바쁘면 함께 포장해 주며, 네 것 내 것이라는 분계선마저 허문 듯하다. 치열한 생존경쟁이나 척박한 인생관에 얽힌 감정을 벗어나 인간의 진면모를 보는 듯 가슴에서 감동이 인다. 그들의 모습 속엔 그들만의 생활관과 자존심이 있는 듯하다. 그들이 어우러져 사는 그들만의 삶의 현장이, 세월이 흘러도 내 가슴속에서 지워지지 않는 진풍경으로 남았으면 한다.

무주, 진안, 장수를 무진장 산골이라고 칭한다. 그 말과 걸맞게도 산과 산이 성벽을 이루고, 하늘이 굽이진 길을 따라 쌍곡을 이루니, 이를 데 없는 무진장 산골이다. 나는 산골 태생 이어서인지, 산이 깊고 골이 깊은 곳이면 마음이 평온해지고 가슴이 열린다. 개나리, 진달래 꺾어 꽃방망이를 만들고 푸른 시냇가에 앉아 버들피리 꺾어 종달새와 합창을 하던 동심의 세계가 그리워서만도 아닐 텐데, 어머니 품속처럼 안온하여 시름이 가신다. 그리고 다른 세계가 보인다. 이것이 자연이 인간에게 주는 정서이고 혜택이 아닐까 싶다. 그런데 고도화된 산업사회에서 경제성장이라는 물살을 타고 자연은 마구잡이로 훼손되고 있다. 개발이라는 미명에 국토가 병들고 동강이가 난 산허리를 볼 때면, 육신이 잘려 나간 느낌이 들곤 한다. 인간이 자연을 버리면 자연 역시 인간을 버린다는 순리를 아는지 모르는지, 스스로 목을 조이는 실무행정이 안타깝기만 하다. 그래서 때로는 개발이니 발전이니 하는 말들이 달갑게 들리지 않고 곱게 봐지지 않는다. 이런 내 생각이 사회 통념상 맞지 않고 후진적 상념에 지나지 않는다고 하더라도, 인간을 존중하는 사회라면 자연도 그와 동일시하는 시각이 필요하다고 생각한다. 이런 생각을 하는 동안 진안의 밤은 어둠이 고요에 잠기고, 칠흑 같은 어둠은 푸른 별빛만 토해내고 있다. 경이로운 밤, 가슴에 가득 품어 언제까지고 잃고 싶지 않은 밤이다.

사람의 마음속엔 갖가지의 희로애락이 파노라마처럼 엮여 있다. 고통스럽거나 슬펐던 일들이 유독 더 크게 느껴지고, 상처와 울분과 격분이 더 고개를 들지라도 가만히 돌아보면, 하나의 보석처럼 소중하고 봄날처럼 따사로웠던 일들이 더 많다. 놓치고 싶지 않은 순간, 잃고 싶지 않은 인정과 평화로움, 감미롭고도 감동적인 일들이 하늘의 별수만큼이나 무수히 많다. 그래서 살아가는 에너지가 되고 숨결이 되어 인생의 긴 여정을 가고 있다.

2006. 5.

3

여백의 여유

생명의 빛

아름다운 삶이란 가치 기준에 따라 다를 수 있지만, 보잘것없는 사람들을 위해 일생을 바치는 삶 외에 또 있을까 싶다. 어머니의 배 속에서부터 얻어진 외형적 아름다움과는 달리, 내적인 아름다움은 끊임없이 자신을 깎아내는 아픔 없이는 발산할 수 없는 빛이기에 그지없이 고귀하다.

어느 해 나는 P와 함께 마더 테레사 수녀가 창설자인 사랑의 선교회를 찾았다. 이 작은 공동체는 한국에 서울, 인천, 광주, 부산에 각각 한군데씩이 있다 하였다. P의 설명에 의하면 이곳 부산엔 수사 세 분이 스물다섯 명의 무의탁자와 함께 살아가고 있다고 했다. 약간의 오르막에 허름한 동네 집들 사이로 사랑의 선교회라고 써서 세워 놓은 나무 팻말과 허술한 출입구가 그 내막을 말해 주는 듯하였다. 한 사람이 겨우 지날 수 있는 좁은 콘크리트 층계를 내려서면서 왠지 마음이 찹찹해졌다. 마지막 계단 바로 앞에는 이곳의 생활상을 말하듯, 낡은 철문이 열린 채 들어서는 방문객을 맞고 있었다. 안으로 다가가자 피부색이 검고 깡마른 곱슬머리의 삼십 대쯤 돼 보이는 남자가 우리를 보고 활짝 웃었다.

인도에서 파견 나온 수사라고 P가 귀띔해 주었다. 대문을 들어서자 바로 부엌이 있었다. 그 안에는 용모가 단정하고 말끔하게 생긴, 40대 중반쯤으로 보이는 남자가 앞치마 옆구리에 양손을 찔러 넣고는 P를 보자 반가워하였다. 어릴 적 우리집에 친척 어른들의 방문을 반가워하시던 부모님의 모습이 잠시 연상되었다.

좁은 복도를 들어서자 접객실로 쓰이는 작은 방이 있고 옆으로 큼지막한 방이 하나 있는데, 이곳이 공동숙소로 생각되었다. 남향 바지라서 창문을 통해 들어오는 햇살이 시린 마음들을 보듬듯 비추고 있었다. 무엇을 염원하고 있을까? 조용히 눈을 감고 묵주 알을 굴리는 한 노인의 모습이 경건해 보였다. 허공을 바라보는 초점 잃은 시선과 자신의 삶에 감각조차 없어 보이는 얼굴들, 내겐 오히려 그들이 행복해 보이는 것은 왜일까. 아마도 그들의 생계를 책임지고 있는 수사들의 희생이 너무나 크게 느껴졌기 때문인 것 같다.

높직이 쌓은 축대를 뒷벽 삼아 목조로 지어 올린 이층집이라서, 작은 나무 사다리 하나가 아래위층을 잇는 통로였다. 육중한 몸집을 가진 사람이 올라서면, 곧 부러질 것 같은 빈약한 사다리를 타고 이층에 오르자, 왼편으로 방 하나가 있었다. 조심스레 들여다보니 어두컴컴한 방에 불도 밝히지 않고 성체 앞에 무릎 꿇어 기도하는 한 청년이 있었다. 십자가 아래 홀로 앉아 자기 마음을 아뢰고 있는 그는 바깥세상과는 대비되는 모습이다. 자신의 꿈과 불타는 청춘을 다 살라내고 비우며 세상에서 버려진 이들을 위해 자신을 내어놓고자 청하는 기도였을 것임에, 그가 혼탁한 세상에 쏟아지는 한 줄기의 빛인 양 거룩해 보였다. 바깥세상엔 그 얼마나 많은 유혹이 이글거리고 있는가. 그러함에도 자신을 오롯이 누군가에게 내어주려는 의지를 키우고자 도움을 청하고 결심을 굳히는 청년의 앳된 모습이, 한 폭의 성화인 양 감동과 애잔함으로 가슴을 메웠다. 기도방 오른쪽으로 화장실 두 개가 나란히 있었다. 하나는 손님용이라고 씌어 있어서 호기심으로 양쪽을 다 들여다보았다. 손님용이라고 한 곳에는 좌변기와 흰색 화장지. 깨끗한 슬리퍼와 세면기 그리고 작은 거울이 있는데, 식구 전용에는 옛날 수세식 변기와 검은 휴지가 걸려 있고 낡은 슬리퍼가 있었다. 그들의 생활에서 시선이 닿는 곳마다 나를 비추어 보게 하였다. 가난을 해결하려는 것이 아니라 가난 자체를 사랑하며, 내가 아닌 남을 위주로 살아가는 모습을 보고 나니, 세상이 지탱하고 있는 까닭을 알 수 있을 것 같았다.

세상을 살면서 가장 어려운 것은 자기가 생각하는 것을 실천하는 것이 아닌가 생각한다. 생각이 행동으로 옮겨지지 않으면 삶이 될 수 없기 때문이다. 남을 위해 좋은 일 하며 살아야겠다는 생각이야 나 너 없이 오죽이나 많이 할까마는, 그저 생각으로 그치는 예가 다반사다. 그런데 자신의 일생을 버려진 사람들을 위해 바치는 이곳 수사들이야말로, 용기 있는 삶의 성자 생명의 빛이라는 생각이 든다. 후원회가 없어도 30명에 가까운 식구들이 끼니를 거르지 않고 살아왔다고 하니, 세상엔 그래도 선한 사람이 많아 세상을 이끌어 가고 있는 것이 아닌가 하는 생각을 하였다. 그날도 오기로 약속된 사람들이 점심때가 다 되어도 오지 않아 당황스럽게 생각하고 있던 차에, 우리가 예상치 못한 방문객이 되었다고 했다.

부엌에서 취사를 전담하고 있는 수사는 훤칠한 키에 호감 가는 미남이었다. 학벌 또한 훌륭해서 이 수사가 입회 신청했을 때, 이곳 관계자들은 한 식구가 되리라고는 아무도 믿지 않았다고 한다. 밥 짓고 빨래하는 이곳 생활을 얼마나 버텨낼 것인지 의문이어서 수도회 측에선 서원식을 연기하면서까지 지켜봤다고 한다. 그런 수사가 점심을 지어 먹이고 상을 물리고 나더니, 오늘 방문객을 위해 한 곡 부르겠다며, 손색없는 기타 솜씨와 멋진 음성으로 노래를 불렀다. 딴 세상에 와있는 것 같은 착각이 들었다. 세상 한구석 후미진 이곳 상관없는 사람들끼리 모여 주고받는 것에 부담 없는 모든 것을 초월한 삶. 이곳이 곧 천국의 삶이 아니겠나 하는 생각을 하였다.

외적(外的) 아름다움을 추구하는 마음은 인간의 본능이다. 그러나 내적(內的) 아름다움은 끊임없는 자신과의 투쟁이 빚어내는 빛이기에, 감히 흉내 낼 수 없는 거룩함 그 자체다. 보이지 않는 세상 곳곳에는 이런 숨은 보석들이 있어 지탱되고 있다. 이들이 곧 생명의 빛이 되고 희망이 될 것이기 때문이다. 침침한 기도방 한구석에서 자신을 깎고 있을 청년. 예비수사의 애티 나는 뒷모습이 나는 아직도 눈에 밟힌다.

1998. 3.

마음의 벗

지구상에는 헤아릴 수 없을 만큼 위인들이 많다. 인간으로 태어나 생을 마감하고도, 후대에 길이 존경의 대상에 든다는 것은 매우 값지고 존귀한 일이다. 따라서 그런 위인을 마음에 품고 살아가는 사람 또한 못지않게 귀한 사람이다. 왜냐면 그는 이미 지향하는 꿈이 있고 그 꿈을 익혀가는 과정에 있기 때문이다. 우리는 늘 보도 매체를 통하여 이런저런 사람들을 알게 된다. 정치 경제 예술 스포츠 등. 여러 계층의 사람들이 우리 앞에 여러 가지의 모습으로 나타나 우리의 마음속에 남는다. 그러나 이들과는 외적으로 비친 한시적 만남이기에 시간이 지나고 세월이 흐른 후면 잊히기 마련이다.

그러나 책을 통하여 감동이 컸던 저자는 일생을 두고 독자의 머리에서 떠나지 않는다. 그만큼 책이란 저자의 혼이 담긴 것이기에, 독자는 느낌을 통하여 저자와 깊은 만남을 이룬다. 따라서 독자와 저자와의 만남은 피상적이 아니라, 가슴과 가슴 혼과 혼으로 만난다. 그래서 좋은 책은 세기와 세대를 초월하고 동서고금을 초월하여 깊은 감명으로 읽히고 있는 것이 아닌가 싶다. 이런 저자들이야말로 세상의 길잡이가 되어 주고 뭇 인류의 의식과 혼을 일깨워 주는 횃불이라 하겠다. 숱한 역사의 흐름 속에서도, 묻히지 않는 양서로 길이 남는 이유일 것이다.

그러므로 일제 강점기에 영혼이 있는 집필자들을 억압하고 회유시킨 이유도 이 때문이 아니겠는가. 다시 말하면 양서 한 권은 일생을 두고 가슴속에서 빛을 발하는 값진 만남인 동시에 꿈과 희망을 주고 올바른 자아 확립과 확고한 가치관을 갖게 한다. 그래서 이런 문학이야말로 사람을 바꾸고 세상을 바꾼다. 그러나 굳이 이것이 아니어도 마음이 각박하고 무감각해진 현대인들에게, 위로와 인생의 풍요를 일깨우며 나약해지는 삶의 의지를 곧추세울 수 있도록 도움을 준다면, 이 또한 진미요 귀한 생명수가 아닌가 싶다.

나는 어릴 적부터 이제껏 아침에 일어나는 것이 큰 징벌처럼 여겨진다. 상쾌한 아침이라는 말은 내게 있어 실감할 수 없는 단어다. 눈을 뜨고 맞는 아침이 상쾌하다거나 명쾌하다는 느낌을 한 번도 느껴본 기억이 없기 때문이다. 머릿속은 깨었으나 눈은 빤짝 뜨질 못하고 신음에 가까운 기상이다. 그래서 늦잠 잘 수 있는 방학이나 공휴일은 내게 가장 느긋하고 행복한 날이었다. 내 몸 상태를 잘 이해하고 받아 주신 내 어머니의 덕이다. 오전 내내 흐느적거리다가 오후가 되어서야 정신이 맑아지고, 몸 상태도 활기를 되찾았으니 지금 생각해 봐도 안타까움이 크다. 그러나 밤이 깊어갈수록 풍부해지는 나의 감성은 밤의 적막을 즐겼다. 일명 올빼미형이다. 창살을 훤히 비추는 달밤도 그랬고, 별이 하늘에 가득 고인 밤은 더욱 그랬다. 작은 풀벌레의 울음에는 귀 기울임 속으로 퍼져오는 애잔함이. 천지가 흰 눈으로 뒤덮인 밤은 기쁨과 환희로 에워싸이곤 했다. 천둥 번개로 이불 속에 얼굴을 묻고 가슴 조이는 한이 있다 해도, 밤은 밤인 것으로 그저 좋았고, 밤에 내리는 빗소리는 소리 자체만으로도 내겐 충분하게 아름다웠다. 소쩍새의 울음이 마음을 뒤흔들어 놓는 그런 밤엔, 희미한 호롱불 밝히고 손에 책을 들면 금상첨화였다.

내 머릿속에서 책은 언제나 잊히지 않는 나의 친구였고 그리운 고향 같은 것이었다. 청초하고 푸르렀던 시절, 대문호들의 작품을 만나 읽으며 많은 감명과 꿈을 키우기도 했다. 그러나 내겐 늘 책이 궁했었다. 그런데 결혼하고 보니 남편은 읽을거리의 책들을 제법 소장하고 있었다. 그중에 가장 먼저 눈에 들어오는 것은 한국문학 전집과 세계문학 전집이었다. 그것들을 낱권으로 읽긴 했어도 전집이다 보니, 읽지 않아도 포만감에 행복하였다.

내 성격상 나들이를 즐기는 것도 아니고 임신한 몸이 된 나로선 여간 횡재가 아니었다. 아침에 남편 출근 시키고 청소 빨래 끝내고 나면 어떤 날은 남편 퇴근 시간까지 오롯이 책 속에 빠져 있었다. 무더위를 이기는 데는 독서만 한 피서지도 없었다. 창문가에 기대어 책을 읽고 있으면 솔솔 들어오는 바람이 어찌나 맛을 더하던지, 지상 낙원이 따로 없었다. 밖엔 날씨가 흐린지 맑은지 알 바가 아니었고, 시간도 알 필요 없이 배고프면 밥 한술 물에 말아 후다닥 끝내고는 삼복의 비지땀도 마다하지 않았다. 언제나 고요로 가득한 방안에 갇혀, 나는 마치 막 잠을 자고 난 누에의 왕성한 식욕처럼 독서 삼매경에 빠졌다. 그런 가운데 어느덧 봄이 가고 여름이 가서 찬바람이 가을임을 알렸을 때, 어느새 나의 몸도 만삭이 되었다.

줄줄이 아이 셋을 출산하고 키우는 동안, 유행가 가사처럼 그야말로 책은 내게 있어 님은 먼곳에였다. 아이들이 자라 학교에 가고 나서야 책이 다시 나의 유일한 친구로 돌아왔다. 내가 나이가 들고 인생의 깊은 굴곡을 겪어 내면서 좌절하지 않고 꿋꿋이 설 수 있었던 것도, 책이 내게 준 희망과 위로가 있었기 때문이다. 그러나 인고의 세월을 뒤로한 지금엔 철학이나 사상 고차원적 뜻을 담은 무게가 실린 책이기보다는, 삶이 있고 사람 냄새가 나는 그리고 마음이 맑아지고 유연해지는 그런 책이 내 마음을 끈다.

언젠가 내게 감미롭게 읽혔던 책이 있다. 그 책을 읽으면서 나는 마치 구름을 타고 하늘 위를 유유히 흐르는 느낌이었고 맨살에 실크 머플러를 두른 듯 감미로웠다. 그 후 나는 그 작가의 책을 모두 읽었다. 특별히 혼이 담기었거나 일깨우는 의식은 없었지만, 마음이 유연해지고 욕심 없는 순수함으로 돌려놓곤 하였다. 다른 저자와는 달리 유난히 감미롭게 표현된 감성적 어휘들은, 안개비 같은 촉촉함으로 가슴에 밀착되어 왔다. 보드랍고 섬세한 고운 표현들은 한번쯤 뇌까려 보고 싶을 만큼, 아름답고 행복한 느낌을 가져다주었다. 더러는 말장난으로 혹평을 받기도 하지만, 글 속에 아름다운 정서가 있고 공감할 수 있는 기쁨이 있다면 좋은 글이 아니겠는가. 난과 같은 청초한 느낌이 있고 학처럼 우아하고 어린이와 같은 순수함이 있는 글이라면, 요즘같이 탁하고 삭막하게 느껴지는 세상에 충분히 신선한 호흡으로 다가옴에 틀림이 없을 것이다. 누군가의 마음에 위안이 되고 마음의 향기를 음미하게 하는 글 한번쯤 읽히어질 만도 하다 싶었다. 한 독자의 마음자리에 나름대로 온기를 남길 수 있다면 필자의 몫은 한 게 아닐까.

사람은 좋은 친구였다가도 때로는 상처를 주는 수가 있지만, 머리로 읽고 가슴에 새겨진 책은 영원한 친구이자, 인생의 길동무 따뜻한 마음의 벗이다. 그런데 나는 늦은 감은 있으나, 나이가 들고 내 본향 집을 향해 가고 있는 이 시점에 도래하여, 진정한 마음의 벗을 가슴에 품었다. 세기를 거치며 베스트셀러 제1위의 자리를 비켜나지 않고 있다는 성경이다. 이 책은 내가 생을 마감하는 날까지 영원한 내 마음의 벗이 될 것이다. 여기엔 삶의 질서가 있고 따라야 할 진리가 있으며, 모두가 함께 누려야 할 참 평화와 영원한 생명이 있기 때문이다.

1998. 5.

누가 장애인인가

성치 않은 딸을 가진 친구가 있다. 그 친구는 열심히 하는 신앙생활로 자신의 처지를 오히려 감사하게 여긴다고 한다. 그러나 이따금 길게 내쉬는 한숨 소리가 내겐 그 친구의 신호음 소리로 들린다. 자식은 안색만 달라 보여도 가슴이 내려앉기 마련인데, 나이 20이 되도록 제 몸 하나 추스르지 못하는 자식을 보는 친구의 마음은 아무리 굳은 신앙심을 가졌다 해도 아픈 것은 아픈 것이다.

여주읍에서 문막 쪽으로 가다 보면 강천면 도전리 쪽으로 들어서는 갈림길이 있다. 그 길을 따라가다 보면 산언저리를 깎아서 지은 붉은 벽돌집이 보인다. 이곳이 천주교 재단에서 운영하는 라파엘의 집이다. 98명의 중복 장애인이 10명의 자원봉사자의 손에 의존하여 살아가고 있다. 세인들의 눈길을 피하기라도 하듯 시골의 외진 산기슭에 자리하고 있지만, 뜻 있는 사람들의 발길이 끊이질 않고 있다. 언젠가 그곳엘 심부름꾼처럼 훌쩍 다녀오고 난 뒤, 나는 늘 빚진 마음을 벗지 못하였다.

그러던 지난겨울 어느 날이다. 남편과 함께 다시 그곳엘 찾았다. 때마침 저녁 식사 시간이어서 식당 안이 소란스러웠다. 제 몸이 제 몸이 아닌 이 사람들을 보는 순간 산다는 자체가 곧 형벌이요 저주로밖에 생각되지 않았다. 이들의 일상사는 접어두고라도, 나는 이 광경 하나에서 억장이 무너진다는 말을 실감할 수가 있었다. 개개인의 상황에 맞춰 밥을 먹이는 봉사자들의 손놀림은 거의 기계적이었다. 밥 한술 입에 받아 넣는 일이 몸부림에 가까운 아이가 있고, 숙인 고개가 어디쯤 있는지조차 모르는 아이가 있다. 나는 숨이 막혔다. 우리가 흔히 주고받는 위로의 말로 나만 못한 사람을 보며 살라고 한다. 그런데 이 사람들은 누구를 보며 살아가라고 할 수가 있는가. 도저히 이들에게는 위로의 어떤 말도 할 수가 없는 이 사람들이다. 맘속으로 빌어보는 단 한 줄의 기도조차도 떠오르지 않았다. 오직 단 한마디. '하느님 이들은 어찌하면 좋겠습니까?'라고 밖에 더 할 말이 없었다.

그들의 숙소에서도 역시 기가 막힌 광경이 벌어지고 있었다. 옷 한 벌 갈아입기에 봉사자의 진땀을 빼는 아이가 있는가 하면, 알몸을 드러내고서도 봉사자의 도움을 기다리고 서 있는 청년의 기막힌 광경이 있었다. 잠시 내게 비친 이들의 생활은 빙산의 일각에 불과할 것이다. 그러나 이들의 하루하루가 전쟁을 방불케 하는 삶이 되리라는 것은 미루어 알고도 남음이 있었다. 진전없는 이 삶에 아무런 희망도, 바람도, 기쁨도 없을 것 같았다. 그러나 이것도 나의 기우에 지나지 않음을 곧 알아챌 수가 있었다. 찬찬히 그들의 얼굴을 살펴보니, 정상인인 우리에게서 찾아보기 어려운 티 없이 해맑고 평화로움이 있었다. 세태에 시달린 흔적이나 두려움에서 오는 긴장감 초조함들은, 우리 정상인들에게서나 볼 수 있는 것이었다. 이들의 정신세계는 이미 천국을 사는 것이 아닌가 싶었다. 그들에게선 세상에서 볼 수 없는 어떤 신비로움마저 느껴졌다. 아마도 이들에게 내린 신의 축복이 아니겠는가. 헬렌 켈러는 시각, 청각, 언어장애까지 삼중고(三重苦)의 벼랑 끝 삶을 살았지 않은가. 그러나 누가 감히 이 사람을 장애인이라고 말할 수 있을 것이며, 불행한 사람이라고 누가 말할 수 있었던가.

몇 해 전 세계 장애인 올림픽 대회가 열렸었다. 각 종목에 출전하는 선수마다 신체적 장애를 넘어 사력을 다하는 모습은 매우 감동적이었다. 사지가 모두 잘려 나가서 통나무 토막 같은 몸을 가지고 수영에 임하는 모습을 보고 육신의 불구는 결코 장애인이 아니라는 생각을 하였다. 육신이 성하면서도 물속에 들어가면 맥주병처럼 되어버리는 나야말로 장애인이라는 생각이 들었다.

우리나라에는 백만 명의 장애인이 있다고 한다. 그러나 이들 모두가 진정한 장애인이라는 생각을 버렸다. 건전한 사고와 정신으로 자기 할 일을 하며 인생을 개척해 나가는 사람이라면, 누가 이를 보고 장애인이라 말할 수 있겠나? 온갖 비행을 서슴없이 자행하고도 양심의 가책조차 없는 사람들. 자학하고 좌절하며 자기 몫을 해내지 못하는 사람. 그리고 멸시와 교만과 허영에 차 있는 사람. 이 사람들이야말로 허우대가 멀쩡한 장애인이다. 건강한 정신을 지닌 사람이어야 참 정상인이라 할 수가 있을 것이다.

내가 어렸을 적 고향 마을에는 한쪽 다리를 저는 청년이 있었다. 그는 동네에서 유일하게도 불구의 몸이었지만, 성한 사람 못지않게 열심히 일하는 청년이었다. 등짐 지는 일에는 힘이 좀 부쳤지만, 누구도 그를 한 사람 몫의 품꾼으로 쓰기를 마다하지 않았다. 우리집에서는 꾀부리는 건장한 사람보다 그 청년을 부르곤 하였다. 그는 말수도 적고 온순한 사람이어서 누구와 얼굴 붉히는 일도 없었고, 동네 사람들과 융화도 잘 되어 그 사람을 병신이라고 무시하거나 따돌리지도 않았다. 그런데 반면 누가 봐도 호감이 가는 외형이 잘난 사람이 있었다. 그 사람은 무학이었으나 말을 잘하고 외양이 그럴듯하여 외지를 떠돌며 난봉꾼으로 살았다. 고향에 남겨진 처자식을 이따금씩 찾아와 양식을 사주고, 가용도 풍족하게 주고 가는 능력 있는 가장이었다. 그는 노름에 능해서 백발백중 잃는 법이 없는 관계로 이중 살림에도 부족함 없이 해 나간다고 소문이 파다했다. 그때는 무심했던 두 사람을 지금 생각해 보니, 그들 중 과연 누가 장애인인가? 생각하게 된다.

사람은 남의 불행을 보고 자신의 행복을 느낀다고 하듯이 나도 그러했다. 예고 없이 당하는 사고와 예기치 않은 불치의 병으로 갑자기 세상을 뜨는 사람들을 보며 내가 아닌 것에 안도하고 다행으로 여겼다. 내 아이들이 좀 더 특별하기를 바라고 사회적으로 성공하여, 두각을 나타내며 살아가는 사람이 되기를 염원했었다. 그러나 남의 손을 빌려 살아갈 수밖에 없는 이 사람들을 보며, 내 생각 자체 모두가 부끄러웠다. 육신이 멀쩡한 나도 마음은 장애인이라는 생각에 미쳤기 때문이다. 나만의 안일을 꿈꾸며 살아온 지난날들이 내 분명 마음의 장애인이었다. 홀트 아동복지회 설립자인 해리 홀트 씨의 뒤를 이어가는 그의 딸 만리 홀트 씨는, 홀트 센터 앞에 장애 자식을 내다 버리는 일이 빈번하다고 했다. 불행 앞에서는 천륜도 예사로 끊어내는 세상이다. 어둠이 짙게 깔린 라파엘의 집을 나서며 나는 생각해 봤다. 버리는 자와 버려지는 자, 어느 쪽이 과연 장애인인가 하고. 1999. 1.

종소리

종은 모양이나 크기에 따라 제각기 소리가 다르다. 따라서 때와 장소 그리고 듣는 사람의 마음에 따라 그 의미가 달라진다. 한 해를 마감하며 듣는 제야의 종소리는 새로운 각오와 희망을 품게 하고, 새벽공기를 타고 은은하게 울리는 교회의 종소리는, 좋은 하루를 빌어보는 소박한 마음을 갖게 한다.

피정 차 안양 라자로 마을에 있는 아론의 피정집에서 묵을 때였다. 꿈결인 양 아련히 들리는 종소리에 단잠에서 깨어났다. 창밖에는 아직 어둠이 짙어 산골짜기마다 기척조차 없는 이른 새벽, 높고 낮은 선율로 울려 퍼지는 종소리가 심혼을 흔들며 폐부 속 깊이 파고들었다. 어려움 속에 처해 있는 사람에겐 용기를 주고 삶에 지친 자에겐 희망을 주는 종소리. 그러나 이런 종소리를 듣고도 무심한 사람이 있다. 이렇듯 종소리에 무심한 사람은 아마도 속 깊이 마음의 병을 앓고 있을 것이다.

단발머리 시절의 어느 늦가을이었다. 정적이 감도는 어둠 속에 대문 밖 마당을 서성이고 있었다. 살랑대는 바람결에 실려서 끊일 듯 말 듯 들려오는 종소리에 나는 귀를 쫑긋 세웠다. 가슴에 전율 되어 오는 그 은은함과 신비감에 싸여 마치 꿈을 꾸는 듯이 아련하였다. 앞날에 대한 기대에 젖어 그 종소리에 마음을 빼앗긴 나는 그 시각이 되면 종소리를 듣기 위해 그 자리에 서곤 하였다. 뒤에 알았지만 산 넘어 읍내에 있는 성당에서 들려오는 저녁 종소리였다. 지금도 마음이 외롭고 쓸쓸할 때면 그때 듣던 그 종소리를 되뇌어 듣곤 한다.

언젠가 문우들과 한 사찰을 찾았다. 학창 시절 수학여행에서 만난 산사의 정갈함을 나는 많은 세월을 뒤로하면서도 내내 잊지 못하였던 터라서 설렘을 안고 찾았다. 그러나 막상 찾고 보니 추억 속의 그곳이 아니었다. 현세적 고뇌가 깊은 산 속의 사찰이라고 해서 속세와 다를 것이 없었다. 크고 웅장하게 부(富)로 덧칠된 모습을 보면서 나는 생각하였다. 속세를 끊고 득도 수행에 들어간 사찰마저 세속의 물살을 타고 본모습을 잃어 가고 있음을 보니, 마치 그립던 친구가 사라진 고향을 찾은 듯 섭섭함을 금치 못했다.

고유한 멋과 생활 풍습이 사라져 가는 안타까움을 이곳에서 마저 접하고 있다는 것이 귀한 보물을 잃은 듯 아쉽고 서운하기도 했다. 하지만 나는 애써 이 마음을 지우려 흘러가는 운해에 시선을 던져 걷고 있을 때였다. 종소리가 천하를 밀어낼 듯이 장중하게 울렸다. 혼탁한 세상에 맑은 기운을 몰아다 주듯, 가슴에 스미는 은근함이 발길을 설로 멎게 하였다. 그리고 마음의 옷깃을 여미지 않을 수가 없었다. 종소리가 한 번씩 울릴 적마다 가슴을 치듯 감동과 회한이 엇갈리고, 참회와 용서를 다그치듯 중후한 울림이 심중을 타고 돌았다.

탕자로 불리었던 아우구스티노 성인도 교회 종소리를 들으며 개심

하였다 하듯이, 종소리는 심금을 울리며 가책과 감화를 불러일으킨다. 남편이 한때 신앙에 등을 돌렸을 때, 괴로웠던 것 중 하나가 성당에서 울리는 종소리였다고 한다. 누구의 질책이나 꾸지람보다 두렵고 속죄하는 마음이 크게 일었던 까닭이라 했다.

요즘엔 교회의 종소리가 도심의 공해가 된다고 하여 오래전 사라졌다. 아득히 멀어진 지난날, 나도 명동거리에서 들었던 성당의 삼종소리(아침, 점심, 저녁기도를 알리는 종소리)는 복잡한 도심 속을 잠시 잊게 하는 소리였다. 길을 가던 노인이 발걸음을 멈추고 굽은 허리를 낮추어 기도하던 모습이, 영화 속의 한 장면처럼 내 가슴에 새겨졌다. 내가 그 당시 크리스천은 아니었지만, 그 종소리는 내 가슴속을 깊숙이 파고들어 누군가로부터 위안을 받은 듯이 마음이 평화로웠다.

「밀레의 만종」은 시간과 공간을 초월하여 만인의 가슴에 경건함을 전한다. 젊은 부부가 하루의 일을 마치고 감사의 기도를 바치는 모습에서, 우리는 평화의 종소리를 듣는다. 단순하기 그지없는 화면이지만 밀레의 만종은 우리의 시각을 통하여, 많은 사람에게 또는 인류의 오랜 모습 속에 성스러운 것으로 비추어지고 있다.

우리의 옛 선조들은 종소리에 뜻을 실어 의사를 전달하였다 한다. 그래서 훌륭한 소리를 내는 종을 만들기 위하여 심혼을 기울였다고 한다. 성덕대왕신종(에밀레종)에 대한 전설이 바로 그것을 말해주고 있다. 종이 만들어지기는 청동기시대에서 비롯되어 동탁(銅鐸)이나 풍탁(風鐸)이 만들어졌다고 한다. 그리고 쇳소리를 내는 작은 금속 악기가 변형되어 만들어진 것이 범종이라 한다. 항아리를 엎어놓은 모양을 한, 이 범종은 음의 폭이 크면서도 안으로 모여드는 소리가 우주를 감싸 안듯 장중하다. 상원사에 있는 것이 현재 남아있는 범종 가운데 가장 오래된 것이라고 하는데, 동으로 만든 범종은 긴 여운과 뚜렷한 강약의 맥동이 일품이라고 한다. 사찰에는 갖가지의 종이 있는데, 사찰을 찾는 이들의 마음을 흔든다. 사찰 추녀 끝에서 나는 풍경소리도, 사찰의 경내를 찾는 사람의 마음을 가라앉힌다. 사람들은 말하기를 사찰에서 나는 이런 소리 들이 마음의 때를 씻겨주며, 수행자의 나태함을 깨우치게 한다고 한다.

내 일터에는 현관문이 여닫힐 때마다 종이 딸랑거리며 소리를 내고 있다. 몇 해 전 가깝게 지내는 지인이 외국 출장길에서 샀다며 내게 건네준 장식용 종이다. 장신구답게 맵시가 있고 볼수록 마음을 끌어, 수시로 눈길이 닿는 경대 위에 얹어 놓고 모양에 어울리는 종소리를 연상하곤 했다. 그러나 내 좁은 시야에서만 머무는 종의 자태가 아깝다는 마음이 들어, 사람들이 들락거리는 현관문에 걸었다. 그런데 막상 매달고 보니, 모양과는 달리 둔탁한 소리가 마치 뚝배기 깨는 소리와 흡사하다. 사람도 미모의 여인에게선 옥구슬이 구르는 듯한 아름다운 음성을 기대하는 것처럼, 나도 비록 장식용이긴 하지만 고운 맵시에 어울리는 소리를 기대했었나 보다.

어제도 오늘도 오가는 발걸음을 헤듯 이어지는 종소리. 여기엔 내게만이 들리는 인간사가 있고 세간의 소리가 있다. 그러나 내가 바라는 것은 나의 마음을 고르게 하는 종소리이다. 2000. 10.

욕심

한 날 두 사람에게 수갑이 채워졌다. 한 사람은 살인강도에 탈옥수요, 다른 한 사람은 뇌물수수죄에 지도층 인사다. 화면에 비친 두 사람은 모습으로 보나 삶의 과정으로 보나, 비교가 되지 않을 만큼 서로 다르다. 그러기에 많은 것을 생각하게 한다. 농부의 지나친 욕심은 농사를 그르치고, 부모의 과한 욕심은 자식의 앞길을 그르친다고 하지만, 지도층에 있는 사람의 탐욕은 세상을 그르쳐 비난의 소리가 높다.

다 아는 이야기이지만 러시아 동화에, 한 사내가 토지를 욕심내다가 한 평의 땅에 묻히고 말았다는 이야기가 있다. 이것은 욕심의 대표적인 이야기다. 인생이란 지나고 보면 한바탕 꿈에 불과한 것인데, 자신의 끝없는 욕망으로 인해 돌이킬 수 없는 말로를 자초한다. 욕심이 화를 부르고 쉬 부른 배 쉬 꺼진다는 옛말에 대해 의미는 알고 있으나, 욕심을 욕심으로 여기지 못하는 것이 사람의 욕심이다. 그러나 본분과 정도를 지켜 가기란 그리 쉬운 일이 아닌 것 같다. 자고 나면 듣는 갖가지의 로비 사건들로 세상이 떠들썩하게 시끄러운 것을 보면서 생각해본다. 떡을 양손에 쥐려는 과도한 욕심이 화를 자초하고 지탄받는 대상이 되어 세상의 풍조를 흐리는 그들이 안타깝기만 하다.

나도 자신을 돌이켜보면 다를 게 없다. 살집 하나면 족하다 하던 것이 점차 넓은 집을 쫓게 된다. 내 분수에는 맞지 않는 것이라고 여겼던 것들이 어느새, 당연시되고 익숙해져 있다. 이해타산으로 우정에 금을 내고 필요치 않은 것들에 매여서 마음을 써온 것들이, 어찌 다 헤아릴 수가 있으랴. 욕심으로 덧씌워져 사람됨을 잃지 않았다고 어찌 말할 수가 있으랴 싶다. 검은 머리가 희어 가는 자연의 법칙에는 안타까워하면서도, 마음이 부질없는 욕망으로 사람됨을 잃어 가는 것에는 무감각하다. 세월 따라 머리카락도 세어가는 것처럼 내 마음도 그와 걸맞아야 할 것 같다.

나는 가리는 음식이 없고 식욕이 좋아서 과식하기가 일쑤다. 이것이 식탐인 줄 알면서도 좀처럼 절제가 되질 않는다. 이제야말로 소화력도 전만 못하니, 음식 절제가 불가피한 일인데도 말이다. 위에 탈이 생기고 보니, 나의 식탐이 결국은 병을 부른 셈이다. 이렇듯 마음의 무절제도 몸에 탈을 내긴 마찬가지다.

결혼하던 이듬해의 봄이다. 남편이 모아온 집 한 채 값을 송두리째 잃고도 빚까지 떠안아 오갈 곳이 없게 되었다. 지금 돌이켜 생각해봐도, 그때의 막막함이란 어디에다 비할 데가 없었다. 이것을 하면 일 년 후면 집은 저절로 사게 된다는 말에 현혹되어 저질러진 일이었으니, 그게 바로 탐욕의 대가가 아니었나 싶다. 물론 피를 나눈 혈육이 그렇게까지 털게 하여, 송두리째 자기 욕심 채우리라고는 꿈엔들 생각조차 못 한 일이었다. 그래서 상처와 배신감을 감수하기란 턱에 닿도록 부쳤다.

더욱이 세상 물정 모르는 나에게 돌풍같이 밀어닥친 인생의 회오리는 형벌일 수밖에 없었다. 우리 두 사람 중, 누구 하나 잃은 것보다는 낫다는 생각으로 버텨냈지만, 지금도 어제의 일처럼 생생한 일들이어서, 욕심의 대가치고는 혹독하게 치렀다고 생각한다. 그 당시 나는 고단한 삶이 고개를 들 때마다 내 가슴속은 늘 불가마 속이어서, 나는 결국 건강까지 잃는 이중고를 겪어야만 했었다. 이미 잃은 것에 대한 미련을 벗어내지 못하고 연연하였던 것 역시도 욕심이고, 꼬임에 빠진 것도 욕심이었으니, 욕심이 화를 부른 것이었음을 나는 오랜 세월이 흐른 후에야 알아차렸다. 그러나 지금에 와 생각해보니 칠흑 밤같이 어둡던 질곡을 벗어 난 것도, 우리가 삶의 목표를 향해 열심히 살고자 했던 욕심 없이는 불가능했었다는 것을 새삼 알게 되었다.

욕심이라면 어디 물욕뿐이랴. 과학자나 발명가에겐 최첨단에 이르려는 욕심이 있고, 예술가에겐 경지에 이르려는 욕심이 있듯, 인간 모두에게는 자기 분야에서 제각기 키워 가는 자신에 대한 욕심이 있다. 나도 글을 쓰면서 좋은 글 한 편에 대한 욕심이. 가슴을 강렬하게 살라내곤 한다. 이처럼 열렬히 품어보는 마음이라면 이 또한 나의 욕심일 것이다. 욕심만으로 이루어지진 않겠지만 역시 욕심 없는 노력 또한 불가능하다. 각자 개개인의 발전과 꿈을 이루고자 하는 선한 욕심들이 모여, 세상은 발전하고 더불어 행복한 사회가 되는 것이 아닐까. 이에 신의 축복이 있을 것이기 때문이다.

세상 욕심도 시대적 배경에 따라 변하는 것 같다. 반상의 계급이 있던 시절에는 양반이 되는 길이라면 목숨도 아깝지 않았다 한다. 또 가난했던 시절에는 누구나 먹는 욕심이 강했다. 먹는 내기가 빈번하였던 터에 내기하다 곤욕을 치렀던 웃지 못할 이야기도 심심찮게 들었었다.

남편 친구 이야기에 의하면 사병 시절 보초를 서던 한밤중에 배가 고파서, 취사반으로 숨어들어 누룽지를 찾아내었다. 누룽지를 군복 바지 양 주머니에 욕심껏 채우고, 입에도 가득 물고 양손에 가득 움켜쥔 그가, 제자리로 돌아오던 중 순찰 중이던 주번사관과 마주쳤다. 겁에 질려 장승이 되어버린 그에게 주번사관의 주먹이 냅다 오른뺨에 날아들었다. 그러자 오른쪽 볼에 물렸던 누룽지가 튕겨 나갔다. 다시 왼쪽 뺨에 주먹이 올려 붙고 나니, 이번엔 왼쪽 볼 속의 누룽지가 튕겨 나갔다. 그런데 아픈 거는 고사하고 튕겨 나간 누룽지가 그렇게도 아깝더라 하였다. 배꼽이 빠지도록 웃었지만 눈물겨운 이야기다.

또 한 은사님의 이야기다. 왜정시대 때 일본인 교장 댁에서 밥을 먹게 되었는데, 귀한 조개젓이 상에 올려졌다. 쉽게 먹어 보지 못하는 귀한 것이어서, 한 젓가락을 욕심껏 집어 입에 넣었는데 도무지 짜기가 소금이어서, 뱉을 수도 없고 씹을 수도 없는 곤욕을 치렀다고 하였다. 욕심도 시대와 환경에 따라 다르다. 오늘날엔 권력과 재물을 얻는 일이라면 앞뒤를 가리지 않는 세상이 되다 보니, 질서가 무너져가고 도덕심이 망각 되어 가는 건 아닌지 우려가 된다.

세상에 욕심 없는 사람은 없다. 그러나 욕심도 욕심 나름이어서 어떤 욕심을 품느냐에 따라, 사람의 인품이 달라진다. 선한 사람은 선하게 살고자 하는 욕심이 있고, 성실한 사람은 자기 일에 충실히 하고자 하는 욕심이 있다. 또 의로운 사람은 자신을 올곧게 지켜 가려는 욕심과 세상을 바로 세우고자 하는 욕심이 있을 것이다. 사회

각층 어느 곳에서든 자기 분야의 목적 달성을 위해 노력하는 것도 욕심 없이는 이룰 수 없는 것인 만큼, 사회의 발전은 이렇게 올곧고 선한 사람들의 노력 하는 욕심이 가져온 결과가 아닐까. 선과 악이 공존하듯 남의 것을 탐내는 사람이 있고, 자신의 것을 내주는 사람이 있다. 이처럼 사람마다 지니는 심성은 각각 다르다. 가치 기준이 흔들리고 욕망과 탐욕에 물들어가는 세상이라 해도, 그래도 이렇게 지탱하고 발전하여 가는 것은 사람다운 사람의 선한 욕심이 있어서일 것이다.

2001. 2

갚을 수 없는 빚

요즘 경제가 IMF 때보다 더 어렵다고들 한다. 그래서인지 잇달아 들리는 가족 동반 자살의 비보가 가슴을 아프게 한다. 죽을 용기가 있으면 그 의지력으로 살라고 하였는데, 오죽하면 죽겠느냐고 이해해 보려는 입장에 서 본다. 하지만 답답하기는 매한가지다. 자살하는 무책임이 오히려 갚지 못할 더 큰 빚을 지고 간다는 것을 그들은 생각하지 못한 것이었을까?

어차피 인간의 태어남은 갚을 수 없는 빚을 지고 온 것이다. 어머니 몸에서 태어나 성장기를 거쳐서 성인에 이르기까지, 진 빚으로 말한다면 평생을 두고 갚아도 갚을 수 없는 빚이다. 그러나 우리는 이를 빚이라고 하지 않는다. 그것은 하늘이 내린 섭리이고 인간의 철칙이며 인류 사회의 현상으로 볼 뿐이다.

한때 남편의 실직으로 집안 사정이 어렵게 되었다. 주부로서 그 영향을 감내하기가 어려웠다. 아이들이 한참 자랄 때라서 내 실정에 맞춰서 생활할 수만도 없었다. 재물이란 없다가도 있을 수 있는 일이지만, 아이들의 성장은 때가 있는 것이기 때문이다. 이때를 놓치고 나면 돌이킬 수 없는 일이라서, 나는 빚을 내어서라도 식생활만큼은 신경을 쓰고 싶었다. 그래서인지 세 아이가 자신들의 신장에 대한 불만은 없는 것으로 보아, 어미로 자식에 대한 빚 한 가지는 면했다는 생각이 든다.

내가 처음 음식업에 뛰어들었을 때의 일이다. 이 방면에 문외한이었던 관계로 나는 주변 사람들에게, 마음의 빚을 많이 졌다. 내가 힘겨워할 때 열 일을 제치고 달려와 숨통을 터주던 친구 K. 매일 거의 거르지 않고 식객으로 찾아준 K 병원장. 음으로 양으로 늘 살펴주시던 H 신부님. 빈자리를 채워 주기 위해 매일 밤 가족이 함께 나와 외식을 하던 성당 교우분들. 그리고 격려와 고운 마음을 내게 아낌없이 건네주고 돌아가는 이름도 성도 알 수 없는 고객분들. 나는 이 분들의 힘을 얻어 용기 백 배 하여 일어설 수 있었다. 지금은 어디서 어떻게 살고 있는지 모르는 분들이 대부분이지만, 내 머릿속에 각인된 그때 그 얼굴 그분들이 많이 생각난다. 따라서 고마움이 가슴에서 떠나지 않는다. 나는 이렇게 이분들로부터 많은 빚을 지고도 갚지 못하고 살아가고 있다. 그리고 누구보다 내가 이 밥장사를 할 수 있도록 주선해준 남편 친구 S. 그분 역시 내게 갚을 수 없는 마음의 빚이 있다.

내겐 이종사촌 오빠가 있었다. 나이는 같으나 생일이 이르다 하여 자기를 오빠라 부르게 했다. 고등학교 여름 방학에 이모와 함께 우리집에 왔을 때가 그와의 첫 대면이었다. 그의 눈빛은 유난히도 맑고 빛이 났다. 문학 철학 시사에도 밝아 그의 이야기는 그칠 줄을 몰랐다. 첫 만남이었지만 우린 오랜 친구였던 양 가슴을 열고 많은 이야기를 나누었다. 그러나 가슴에 앓고 있었던 진로에 대해서는 피차 입을 닫았다. 꿈과 대등할 수 없는 현실의 무게에 눌렸기 때문일까. 그의 눈엔 갈등과 고뇌하는 빛이 역력(歷歷)하였다. 어릴 적에 혈혈단신으로 서울에 와 고학을 했던 만큼, 동갑인 나와는 비교가 안 되게 어른스러웠다. 자기 집으로 돌아간 그는 책을 많이 읽으라며 이모 편에 문학지를 보내주곤 하였다. 그때마다 이모는 머리에 이고 온 책을 내려놓으시며, 질녀 덕에 자라목이 되겠다는 푸념 섞인 말씀을 하시곤 하였다. 이제 와 생각하니 그 책의 무게만큼이나 이모께도 갚을 수 없는 빚의 무게가 되었다.

내가 고향 집을 떠나와 오빠 집에서 정신적 갈등과 마음을 세울 수 없는 방황으로 지내고 있을 때도. 그는 틈틈이 나를 찾아와 격려하고 위로하며 용기를 주었다. 끝내는 이모를 설득하여 나를 자기 집에서 지내도록 해 주었다. 자신도 어려운 처지였지만 나로 인한 불편을 감수하며, 자청해서 내게 배려해 주었다. 그런데 내가 거처를 옮기면서 고마운 마음을 제대로 한번 표시도 못한 채, 세월에 묻어두고 살았다. 전화가 있던 시절도 아니어서 이사했다는 소식만 전전으로 들었을 뿐, 왕래는 자연스레 끊겨 버렸다. 십 년쯤 뒤였을까. 결혼 소식을 듣고 성북동 성당으로 갔으나 새신랑이 된 그를 먼발치에서 바라보고 왔을 뿐, 역시 나 살기에 바빠 잊고 지냈다.

그런데 어느 해 겨울 그에게서 전화가 왔다. 그리고 불쑥 찾아온 그의 손엔 압력밥솥 하나가 들려 있었다. 아마도 그는 내가 그것을 지니지 못한 것으로 알았는지 내게 그것을 팔러 온 것이었다. 그러나 내겐 이미 사용하던 것이 있어서 밥 한 끼니 먹고 돌아가게 하였다. 잘살고 있어 좋다며 돌아서는 뒷모습을 보는 마음이 무거웠지만, 이내 생활에 묻혀 앞뒤 돌아볼 겨를도 없이 내 앞만 보고 살았다.

그런데 내 나이 지천명에 이르러서야 주변을 돌아보는 눈이 뜨이고 마음이 열렸다. 옛사람들이 가슴에 품어지고 그리워졌다. 그러고 보니 동갑내기 이종사촌이 내 마음속 한복판에 우뚝 서 있었다. 내가 가장 외롭고 서러웠던 시절, 내게 있어 그는 나에게 기댈 수 있는 한 그루의 나무처럼 서 있었다.

그런데 나는 그에게 무심하기 짝이 없었다. 어찌 그리도 생각이 없고 인정이 없었을까. 어찌하여 그것 하나를 받아 주지 못하고 도로 들고 가게 하였을까. 두 개가 되고 세 개가 되면 어때서? 내게 그것을 들고 오기까지는 그 얼마나 몇 날을 두고 고심에 고심을 거듭하였을 것이며, 또 내 집 문을 나서면서는 내 집 찾은 것을 얼마나 오랜 시간을 두고 후회를 하였을까. 그 당시 그의 마음을 짐작해 볼 때마다 밀려오는 자책과 회한에 잠을 잊곤 한다. 생각 같아선 단숨에 달려가 사죄하고 싶은 심정이지만, 삼십 대 중반을 갓 넘기고 세상을 떠났다는 그에게, 나는 마음을 꿇어 간절히 그리고 쉼 없이 내 마지막 날까지 명복을 빌 것이다. 은혜를 갚을 수 있도록 기회가 주어지는 것도 하늘이 주신 것이거늘, 이 모두를 거역하였으니 내 맘속엔 갚을 수 없는 빚만 가득하다.

우리는 이래저래 빚을 지고 살다가 그 빚을 갚지 못하고 가는 수가 많다. 오가는 거리에서 뜻하지 않은 일로 생면부지의 사람에게서 빚을 지고 돌아설 수도 있고, 또는 얽히고설킨 관계 안에서 우연이었던 필연이었든 서로가 빚을 지며 살아가고 있다. 그런데 빚도 빚의 나름 이어서 갚을 수 있는 빚이 있고, 갚을 수 없는 빚이 있다. 돈으로 낸 빚은 돈으로 갚으면 그만이나, 마음으로 낸 빚은 평생토록 갚아지지 않는 빚으로 남는다.

1998. 5.

지는 것이 이기는 것이다

"때린 사람은 다리를 못 펴고 자도 맞은 사람은 다리를 펴고 잔다." "지는 것이 이기는 것이다." 이는 내가 자라면서 어머니께 자주 들었던 말이다. 그러나 당시 나는 이런 말들을 귓등으로 듣곤 하였는데, 살아오는 동안 알게 모르게 마음의 길잡이가 되어 주곤 하였다. 사소한 것이라도 남의 것이면 부담스럽고, 자의든 타의든 남에게 폐가 되었다 싶으면 목에 가시처럼 걸린다. 계산 착오로 돈을 덜 받았을 때는 곧 잊게 되는데, 더 받았을 때는 그렇지를 않아 내 주머니에 넣지 않는다. 내 기억에 돈 빌려주고 이자 챙겨본 적 없고, 그렇다고 남의 돈 이자 없이 써본 적도 없다. 돌아보면 굽이굽이 어려운 고비도 많았지만, 그때마다 어머니께 들었던 말들이 내 인생의 지표가 되어 삶의 황폐함 속에서 늘 위안이 되었다.

1988년. 그해 또한 내 인생에 돌풍 같은 한 해였다. 그때 나는 천국과 지옥을 오르내렸다. 사람이 어떠한 처지에 있든 마음먹기에 따라, 태산준령이 되기도 하고 너른 평원이 되기도 한다는 것을, 나는 그때 체험으로 알게 되었다. 그때 남편은 어처구니없게도 달포 사이에 똑같은 교통사고를 두 번씩이나 당했다. 두 번째 사고당하고 퇴원했을 때는, 일주일 만에 옆 점포에서 불을 내어 45일간 검게 그을린 영업장을 바라봐야만 했다. 지금 돌이켜 보면 암울하기가 먹구름 속이었지만, 그 당시 나는 내가 직면한 현실 앞에서, 그때처럼 감사해 보았던 적이 없다. 첫째는 남편이 살아 있다는 점이고, 둘째는 사고를 접할 때마다 우리가 가해자가 아닌 피해자라는 점에서였다. 교통사고뿐 아니라 어느 사고가 되었든 사후 처리에 애를 먹던 사람들을 보아왔던 터라, 나로서는 피해자 입장이 백 번 고마웠다. 남편이 두 달 넘게 입원해 있는 동안 나는 시장으로 영업장으로 남편 병원으로, 하루하루의 일과가 고달프고 쓴내 나는 나날 속이었다. 그러나 마음만은 여유가 있고 자유로웠다. 이것이 맞은 자의 마음이라 생각하니 감사함 뿐이었다.

사고 당시를 떠올려 보면 첫 번째 사고는 택시가 중앙선을 넘어 2차선까지 침범하여 충돌한 것인 만큼, 가해자 차에선 중상과 사망자가 발생한 큰 사고였다. 그러나 남편은 크게 다친 데 없이 타박상과 무릎 관절의 손상으로, 한 달 남짓 입원하고 치료를 받아야만 했다. 그런데 문제는 두 번째 사고였다. 아직 통원 치료 중이었는데 고속도로에서 역시 중앙선을 넘어온 자동차와 정면충돌을 한 것이었다. 뒤에 남편의 이야기지만 사고를 당하는 순간 남편은 이미 자신에 대한 죽음을 받아들였다고 했다. 사고 소식을 듣는 순간 나 역시도 그랬었다. 그런데 내가 도착 바로 직전에 남편이 다시 숨을 쉬고 살아났다고 했다. 그 상황에서 나 역시 남편과 함께 죽었다가 다시 살아났다. 적어도 내겐 그때의 느낌이 그러하였다. 부부란 한 지체와 같아서 한쪽만의 고통으로 끝나는 것이 아니라 그 이상의 것이었다.

남편이 겪은 생사의 갈림길은 나와 직결되어 고통도 기쁨도 하나였다. 신문지를 쥐었다 놓은 듯이 형태조차 분명치 않은 차 안에서도 남편은 외상이 전혀 없었지만, 본인은 그때 죽었었다고 말하였다. 이는 의학 전문어로 가사 상태에 놓였었다고 한다. 의식이 돌아왔을 때는 안전띠 충격으로 가슴이 결려서, X-Ray 촬영이 어려울 정도로 움직이지를 못했다. 그렇지만 나는 남편이 살아 있다는 것만으로 감사 그 자체였다. 신께 대한 감사와 찬양의 소리가 가슴을 메우고도 남았다. 현실적으로 닥쳐올 사항들에 대해서는 남편이 숨을 쉬고 있는 한, 두려워할 것도 문제 될 일도 없었다. 도둑을 맞아도 더 중요한 것을 잃지 않은 것을 다행으로 여기는 것처럼, 그 상황에서 나의 심정은 그러했다.

그런데 물에 빠진 사람 건져놓으면 보따리 내놓으란다 하듯이, 위급한 상황을 넘기고 나니 나도 별수 없이 본색이 드러났다. 남편 목숨 하나면 더 바랄 것이 없다 하였던 마음은 간데없이, 나는 어느새 현실적 계산을 하느라 속앓이를 하고 있었다. 출고한 지 7~8개월 만에 폐차장으로 보내야 하는 자동차며, 사고를 내고도 전화 한 통 없다가 한 달이 다 되어서야, 해결사를 붙여 자기만의 만족을 채우고야 돌아가는 가해자의 소행이며. 박카스 한 상자로 계산을 끝내고 간 사람. 불을 내고도 자기 손실에 급급해할 뿐. 보상의 뜻이 없었던 사람. 매번 백 프로 당하고 대가 없이 치러낸 정신적 육체적 고통과 막대한 금전적 손실. 이러한 사안들이 내 가슴에 비수처럼 꽂히었다. 그러면서도 상대방 처분이나 바라는 수밖에 다른 방법을 쓰지 못하는 꼬락서니라니, 우리 자신이 한심하기가 짝이 없었다. 억울한 마음이 불꽃같이 일어나곤 하였으나 법정까지는 가지 말자는 것이 우리 부부의 무언 속 일치였다. 인격적 타협이 불가할 때는 법이라는 대응책이 있었지만, 우리 부부에겐 그 법이라는 것이 무용지물이었다. 이기기 위한 싸움이 우리로선 지는 것보다 더 힘이 드는 까닭이었다. 전에도 그래왔듯이 이것이 내 몫이다. 하고 그저 참고 인내하는 것만이 우리가 지금까지 택해온 유일한 방법이었다. 지고 사는 것이 편하다며 스스로 위로하고 억울한 마음을 지워내기 위해서, 세월이라는 약을 택할 수밖에 없는 누가 봐도 우린 세상의 바보였다.

그런데 세월이 까마득하게 흐른 오늘에 이르러 생각을 되돌려 봐도, 그게 옳았다는 생각은 변함이 없다. 때때로 드링크제 한 상자를 손에 쥔 택시 기사의 모습이 떠오른다. 기어들어 가는 음성으로 살려달라던 그녀. 흔쾌히 써준 합의서를 받아 들고 돌아서는 그녀의 마음이 과연 가볍기만 하였을까. 그때 만약 그녀에게 욕심으로 대해줬더라면, 지금 내가 이토록 마음 편할 수 있을까 생각해 본다. 두 번째의 가해자는 교직자이고 종교인이라는 것밖에는 얼굴도 본 일이 없고 이름 석 자 역시 기억에 없다. 그의 행실만이 기억될 뿐이다. 생각해 보면 그 당시엔 힘들게 겪어 낸 일이었지만, 두 다리 펴고 잘 수 있는 큰 축복이었음을 이제야 알 것 같다.

인간의 이기적 본능을 누르고 굳이 남에게 져주며 참고 살라 하신 내 어머니가 자랑스럽다. 비록 배움도 별다른 종교도 없는 촌부에 지나지 않은 분이셨으나, 그분은 삶이 곧 교육이고 신앙이셨다. 하늘이 두려운 줄 알아라. 악한 끝은 없어도 선한 끝은 있다며, 손해를 보더라도 착하게 살 것을 이르신 어머니. 당신께서 져주며 참고 살아온 마음의 자유로움을 자식들에게도 정신적 유산으로 남겨주고 싶어서였을까. 눈 감으면 코 베어 간다는 말은 이미 옛말이 된 지 오래고, 두 눈뜨고도 자신의 몸 하나 지키기도 어려운 이 시대에도, 저승에 계신 어머니는 아직도 내게 "지 는 것이 이기는 것"이라고 이르시는 것만 같다.

2004. 5.

이름값

겨울 산 나목에 매달린 이름표를 보고 나무 이름에 마음이 끌려, 일 년 내내 그 나무를 주시하였던 적이 있다. 그러나 이름과는 달리 볼품없는 모습에 실망하여 관심 밖으로 두게 되었다. 이처럼 사람도 이름 석 자를 알고 생면을 트고 나면, 관심이 가다가도 실망하여 결국엔 마음을 닫게 되는 사람이 있다. 나는 항간에 조석으로 세간을 떠들썩하게 하는 이름들을 대하면서, 자신의 값을 자신 스스로가 매기는 이름값에 대하여 잠시 생각해 보았다.

이름은 단순히 부르기 위한 것만 아니라, 한 인간을 대칭하는 것이기도 하여 그에 따르는 의미도 깊다. 요즈음엔 생존 경쟁의 수단이 되기도 해서, 명함을 돌리고 여기저기 자신의 이름을 새겨 넣기도 한다. 그러나 옛 성현들은 이름을 명예와 직결시켜 생명처럼 여겼다. 그렇다고 해서 공명심을 내세우기 위한 것이 아니라, 세상에 해악을 끼칠까 유념하여, 조용히 머물다 사라지는 것을 이상으로 여겼다. 내가 마음으로 가까이 모시는 한 문필가께서도, 곁에서 뵙고 있노라면 마치 옛 선비를 연상케 한다. 그분의 글에는 선비의 정신이 담겨 있다. 단아하고도 교훈적이며 가슴에 감동이 인다. 나는 이 분께서야 말로 필자로서의 이름값을 하고 있다고 생각을 하곤 한다.

내 이름은 누가 들어도 남자 이름이다. 이름을 대면 열이면 열 모두가 '남자 이름이네요.'라며 말한다. 어줍은 글을 쓴답시고 생명 부지의 사람에게서 전화가 오는 일이 종종 있다. 제가 본인이라고 말하면 뜻밖이라는 듯, 당황하는 모습이 전화상으로도 느껴진다. 나는 이런 나의 이름이 싫어서, 사춘기 때는 효원(曉元)이라는 이름을 지어서 혼자 간직하기도 하였다. 돌림자에 따라서 지은 이름이라지만, 예쁜 이름이라거나 아니면 한자(漢字)에라도 깊은 뜻이 담길 것이지, 얼굴 容에 한 수 漢을 쓰니 그렇지도 못하다. 그렇다고 해서 부르기가 쉬운 것도 아니어서 발음을 확실하게 하지 않으면, 환으로 받아 적기 일쑤다. 그래서 하에 ㄴ이라고 덧붙여서 말하거나 혀끝을 입천장에 바싹 올려붙이며 '한'이라고 발음을 해야 고쳐 적는 것을 방지할 수 있다.

나는 나이가 들어도 이름에 대한 불만이 마음속에 자리 잡고 있었다. 그런데 한 문학평론가께서 이름이 참! 좋다 하며 용한 선생 용한 사람, 어디에 갖다 붙여도 참 좋은 이름이라 하였다. 이제껏 나는 불만만 하였지, 그런 뜻을 두고 생각해 본 일이 없었는데, 듣고 보니 정말 그렇다는 생각이 들었다. 50년 만에 내 이름에 대한 긍지를 갖게 되는 순간이었다. 근래에 들어 한 지인께서는 내 이름을 풀이해 보더니, 정말 좋은 이름이라며 아무렇게나 지은 이름이 아니라 아주 마음을 담아 지은 이름이라 하였다. 오랜 세월을 두고 이름 잘못 지어 줬다고 불만만 해 왔던 아버지께 처음으로 고마운 마음을 가졌다. 내 이름을 지으신 아버지께선 내게 어떠한 이름값을 기대하셨을까.

침술을 배워 봉사실에 나가면서부터 나는 일명 용한 선생이 되고 말았다. '용한 선생님 나오셨습니까?'라는 장난기 어린 말들이 나는 그리 싫지 않게 들렸다. 웬일인지 내게 치료를 받고 단번에 나았다는 사람들이 늘어 갔다. 그래서인지 환자들이 내게 치료받으려고 새벽에 1등으로 왔다며, 치료가 시작되면 내 침상 앞으로 쏜살같이 튀어들곤 했다. 이것이 나의 이름값이 아닐까? 혼자 피식 웃곤 하였다.

어느 잡지에 자신의 이름에 관한 이야기를 싣고 있었는데. 재미있게 읽었던 생각이 난다. 정작 이름을 지은 사람은 생각지도 못했을 법한 해석을 자신들이 풀이하고 있는 모습들이 실소케 하였다. 이름으로 인한 에피소드 또한 흥미로웠다. 따라서 이름이 한 인간을 세상에 드러내는 것인 만큼, 중요하다는 것을 새삼 느끼기도 했다. 이름은 부르기가 쉽고 듣기가 좋으면 좋은 이름이라고 하였는데, 거기에 의미가 깃들고 재미가 있으면 더욱 좋은 이름이겠다는 생각이 든다. 내가 아는 신 씨 성을 가진 집에 '난다'와 '또나'라는 남매가 있었다. 첫 아이가 아들이라서 좋으니 '신난다'이고 둘째는 딸이라서 또 좋으니 '신또나'라 이름을 지었다고 했다. 이처럼 이름은 짓는 사람의 심경이나, 기분 또는 상황에 따라 지어지기도 하지만 한 시대를 반영하기도 한다.

일제시대를 거치면서 일본식으로 아들 子, 字가 붙는 이름이 많았고, '후남'이 '재남'이 '딸 그만'이 등의 이름들은 아들 선호사상이 짙던 시대를 대변한다. 의학이 발달하지 못했던 시절엔 이름을 천하게 지어야 명이 길다 하여 '개똥이'라는 이름이 흔했다. 옛 왕실에서도 '개똥이'라는 이름을 가진 임금에게는 신하들이 아는 체하지도 못했다는 이야기가 있다. 이런 것들이 이름을 짓는 사람의 심중에는 이름값을 기대하는 마음이 컸기 때문이 아니었나 싶다.

경치가 수려한 암벽 위에 누군가의 이름이 새겨진 것을 보았다. 바위에 글씨를 새겨 넣기가 그리 쉽지 않았을 텐데, 굳이 이름 석 자를 새겨야 했을 당사자의 마음이 궁금하였다. 사람은 남이 알아줄 때가 가장 생에 대한 보람을 느낀다지만, 실체를 모르는 사람의 이름이 누구에겐들 의미가 있으랴 싶다. 불문곡직하고 이는 누가 봐도 한낱 낙서에 불과하다. 옛말에 호랑이는 죽어서 가죽을 남기고, 사람은 죽어서 이름을 남긴다는 말의 몰이해가 아닐는지. 바위 위에 값없이 누워 있는 이름을 나는 연민의 눈으로 볼 수밖에 없었다.

'보스니아 헤르체고비나'에 '메주고리에'라는 산골 마을이 있다. 1982년 성모 마리아의 발현 이후, 세계 각처에서 순례 객의 발길이 끊이질 않는 곳이다. 그 마을 인근의 산(십자가 산) 정상에는 예수의 십자가상이 있는데, 이 십자가상을 바치고 있는 콘크리트 벽에는 알 수 없는 이름들이 여러 언어로 깨알처럼 적혀 있다. 진정으로 신을 믿는 이라면 거룩한 장소로 여겨야 할 그 자리에, 이름을 끼어 적고 돌아서는 그들의 마음을 생각해 보았다. 염원을 비는 마음들은 동서양을 막론하고 다를 바가 없다는 생각도 들었다. 제각기 값이 다른 그들 이름 위에 나는 신의 축복을 기원해 주었지만, 역시 신도 제값을 하며 사는 이름 위에 축복을 주시리라는 생각을 하며 돌아섰다.

이름은 사람을 담고 있다. 그래서 이름이 주는 느낌도 각기 다르다. 이름은 잊었으나 가슴에서 떠나지 않는 사람이 있고, 이름은 곁에 있어도 마음밖에 두어지는 사람이 있다. 이름은 한 인간을 명칭하는 푯말과 같아서 이름은 인간을 책임진다. 따라서 이름은 가문의 영광일 수도 있고 치욕이 될 수도 있다. 이름이 남기고 가는 유산도 각기 달라, 역사에 빛이 되기도 하고 어둠이 되기도 한다. 또 재능이나 통치력 공덕이나 자선 등은 이름 석 자가 남기고 가는 것들이다. 물론 세기를 초월하여 인류 역사에 공헌한 분들이야말로, 이름값을 하고 간 사람들일 것이다. 따라서 자신의 일생을 순리대로 부끄럼 없는 삶을 살아낸 사람 또한, 제 이름값을 다한 사람이다. 그러나 어떤 인생을 살았던 천추에 치욕이 되는 이름만은 분명 남기지 말아야 할 일이다.

2006. 1.

귀의(歸意)

이사를 할 때 정리의 대상은 주로 책이다. 죽을 때까지 소장하고 싶은 책이 있는가 하면, 짐이 되는 책이 있기 때문이다. 이사 와 십 년 넘겨 살다 보니 각종 문학지와 회원들이 보내 준 수필집이 산더미다. 더 넓은 집으로 이사를 하게 되는데도, 쾌적한 공간을 위해서라는 핑계로 책을 버리기로 작정하였다. 하기야 책 버리는 것이 처음도 아니고, 이사할 때마다 당연시해 온 일인데도, 왠지 쓰레기장을 오르내리는 마음이 지친 내 발걸음만큼이나 무겁다.

이들 중엔 감동으로 손에서 놓을 수 없었던 글도 있지만, 몇 장 넘기다 덮어둔 것들이 대부분 이어서 많은 생각이 오갔다. 독자의 눈엔 비록 와 닿지 않는 글일지 몰라도, 글 한 편을 쓰기 위해 머리가 세도록 고심하고, 적절한 단어 하나를 찾기 위해 피를 말리며, 산고의 고통과도 같은 시간을 거쳤을 작가의 실태를 잘 알기 때문이다. 마치 자식과도 같은 글을 활자화시켜 세상 밖으로 내보냈으련만, 쓰레기 더미로 변신하는 몰골이 마치 내 것인 양 마음이 잡잡하였다.

글을 쓰는 사람이라면 책 한 권 내 보는 것을 꿈으로 간직하듯, 나 또한 그에 가치를 두고 희망하였다. 그런데 남의 글을 홀대하고 쓰레기더미에 쏟아붓는 자신을 보며, 세상에 내 글을 내놓겠다는 꿈은 슬며시 접었다.

내가 일을 놓게 되면 그간 미진했던 문학의 장에서, 맘껏 기지개를 켜 보리라던 노년에 대한 꿈이 있었다. 그런데 남편이 뜬금없이 침 뜸이라는 대체의학에 노년의 꿈이라며 도전장을 내밀고 나섰다. 이리되면 서로가 각자 놀아야 하는데 피차 서로가 알 수 없는 영역에서, 공통된 대화 없이 노년을 보낸다는 것은 매우 삭막하리라는 생각이 들었다. 부부는 나이가 들수록 취미생활이나 활동을 함께 해야 한다는 것이 늘 나의 지배적인 생각이었다.

그래서 내가 갈망해온 꿈을 접고 남편과 같은 길을 가려고 결심을 하고 나니, 오히려 새로운 희망이 생겼다. 아픈 사람의 고통을 조금이라도 덜어 주며, 누군가에게 필요로 하는 노년이 될 수 있다면 내 삶의 가치는 충분하다는 생각이 들었기 때문이다. 우리 부부 또한 서로의 건강을 보살펴 주는 주치의가 될 수 있으니 이보다 더 보람 있는 삶이 있으랴 싶어, 나는 날개를 단 듯 주저 없이 침 뜸 공부에 매진하였다.

1년이라는 학습을 거쳐 봉사실로 가기까지 기쁨도 고됨도 많았다. 두 시간은 족히 걸리는 아침 만원 버스에서 시달려야 했고, 생소하기 짝이 없는 학문을 습득해야 하는 난이도에 시달려야만 했다. 그리고는 다시 내 일터로 돌아와 하루를 마무리 짓고 귀가해야 하는 고단함이 있었지만 새로운 세계에 대한 꿈이 있어 기쁘고 행복했다. 황무지를 일구어 옥토 답으로 만들겠다는 농부의 마음이 이런 것이 아닐까. 새로운 학문으로 나를 계발하여 유용한 사람이 되어 보겠다는 꿈으로 이어지는 일상이 즐거웠다. 마치 단비가 마른 땅에 생명을 불어넣듯, 내 삶이 싱그럽고 가슴 뛰도록 행복했다.

돌이켜 보면 내 인생에 있어 그날들은 빛나는 추억이고 충분히 값진 일이었다. 배우자와 함께 같은 목적과 같은 꿈을 향해 가고 있다는 것이, 얼마나 향기 가득한 길인지를 자인하며 살아가는 의미를 자신에게 인식시켰다. 두 딸이 나보다 앞서 배웠으니, 우리 가족이 함께 아프리카로 봉사를 떠나보는 것도 특별한 체험이 되겠다며 혼자만의 꿈을 꾸기도 했다.

계획대로 일을 접고 하루하루 아픈 사람들과의 만남은 내 삶의 전부인 듯 소중했다. 나의 손길을 기다리는 사람들이 있다는 것에 감사함과 내가 살아가는 삶의 활력소가 되었다. 아침 열 시부터 오후 다섯 시까지, 점심 먹는 시간 외엔 앉아 쉬지 않았다. 한 사람이라도 더 치료해서 보내야 한다는 일념으로 하다 보면 몸은 녹초가 되기도 했지만, 그래도 하루를 마치고 집으로 돌아오는 길은 기쁘고 행복했다. 나이가 들면 늙기도 서러운데 육신마저도 곳곳에 고장이 생겨서 여생을 고통으로 지내는 그들이, 안타깝기가 그지없었다.

그러나 이 또한 한번 왔다 가는 인생의 과정이고 자연의 섭리가 아니겠는가. 모두가 만성병으로 시달리는 사람이다 보니 단번에 좋아질 리야 없겠지만, 그래도 최선을 다해 치료에 임하는 것이 치료사의 본분이라고 생각하여 열성을 다하였다. 몸에 병이 오는 이유도 사람마다 다 다르겠지만, 치료에도 역시 사람에 따라 차이가 있었다. 사람이 병고에 시달리다 보면 성격이 까칠하고 예민해지기 마련인데, 그런 중에도 성품이 온화하고 긍정적이며 진중한 사람은 치료도 잘 되었다. 온갖 곳을 다니다 마지막으로 반신반의(半信半疑)하며 왔는데 이럴 수가 있느냐며 놀라워하는 것을 볼 때면, 내 마음은 날개가 달리곤 하였다. 세상을 살아가는 기쁨과 보람이 바로 이런 것이구나 싶었다. 봉사실에 가는 날이 기다려지고 나는 내 인생에 다시금 봄을 맞은 듯 나날이 새로웠다. 가슴속 깊숙이 흥겨움이 솟는가 하면, 호수 같은 청정함이 있어 의미부여 되는 나날이었다.

세월은 유수와 같다지만 글에 대한 무관심의 세월이, 강산도 변한다는 십 년의 세월을 훌쩍 넘겼다. 노년의 새로운 꿈의 마당놀이에 푹 빠져서 화살촉같이 지나쳐 가는 세월을 감지조차도 못하였다. 그런데 이젠 몰입에서 벗어날 시간이 된 걸까. 글을 쓰고 싶다는 생각이 서서히 고개를 들고, 그리움 같은 것이 안개비처럼 가슴을 적시곤 하였다. 지난 세월이 그리우면 퇴색된 사진첩을 꺼내 보듯, 문학이 그리워지니 십 년 넘겨 고이 접어 두었던, 내 작품들을 하나하나 읽어 내려갔다. 때맞춰 지인께서 글을 계속 쓰도록 해 보라 하신 말씀이, 깊숙이 잠들었던 열정을 깨우는 불쏘시개가 되었다. 따라서 지난날 함께 했던 문우들이 하나둘 생각이 나고, 지금은 고인이 되셨지만. 추천사를 써 줄 테니 나 살아 있을 때 책 한 권 내라고 재촉하시던 수필가 윤모촌 선생님이 그리웠다. 이제 다시 글을 써야겠다는 생각이 고개를 불쑥 들었다.

어머니가 내게 들려주셨던 말씀 중, "다시는 안 먹겠다고 침 뱉고 떠난 우물 다시 찾는다."라는 속담이 생각났다. 사람은 언제 어디서든 누구에게나 다시는 돌아오지 않겠다. 영영 안 보겠다. 안 하겠다. 절교에 가까운 말들은 하는 게 아니라는 생각이 든다. 내 마음 나도 모르고 한 치의 앞도 모르는 인생사를 생각한다면, 말하기 쉬운 말이라고 해서 쉽게 할 수 있는 말은 없는 것 같다. 떠날 때가 있으면 돌아올 때도 있다는 것을 배제할 수 없기 때문이다. 역시 글쓰기는 내 노년에서 떼어낼 수 없는 고향 같은 것이었다. 십 년 만에 돌아온 글밭에 나는 새하얀 보자기를 다시금 깔았다.

2015. 5

노년의 꿈

사람들은 대부분 삶이라는 굴레에 갇혀, 채 펴 보지 못한 자기만의 꿈이 있다. 그것은 자아실현에 관한 일일 수도 있고, 종교적 관점에서의 일일 수도 있다. 일상의 삶이 족쇄가 되어 채찍에 내달리는 말처럼 숨 가쁘게 달리다 멈췄을 때는, 이미 인생은 해거름에 와 있다. 인생의 석양 앞에 서고 보면 누군들 인생무상함을 절감하지 않으랴. 늦은 감은 있어도 자기만의 꿈을 향하여 새로운 일을 찾아 남은 인생을 나름대로 뜻있게 보내고자 함은, 인생 황혼기에 든 사람들의 마지막 꿈이 아닌가 싶다.

나도 예외는 아니어서 언젠가 일손을 놓게 되면 시간적 제약으로 활동이 미진했던 문학에 자리를 깔아보리란 꿈이 있었다. 그것이 내가 누릴 수 있는 노년의 행복한 일상이며, 숨 가쁘게 달려온 내 인생에 대한 보상 받을 수 있는 삶의 터전이라 생각하였다. 그러던 어느 해 봄. 남편이 먼저 노년의 인생에 획을 긋고 나섰다. 듣기에도 생소한 침 뜸. 그러나 남편의 일이라서 나는 호의적으로 바라보았다. 남편은 마치 인생의 새로운 장이 열렸다는 듯이 사뭇 상기되고 확신에 찬 모습이 마치, 세월 뒤로 묻힌 젊음을 다시 보는 듯했다. 평소의 사람답지 않게 당신 병은 내가 고친다고 호언장담하는 그를 보며 나도 덩달아 기대감이 앞섰다. '배워서 남 주자'는 뜸 사랑의 구호가 매력 있다고 자주 말하곤 하여 덩달아 나도 기뻐하였으나, 남편의 열정이 내 노년의 꿈까지 바꿔 놓을 줄은 정녕 몰랐다.

사십을 넘기며 아프다는 말을 달고 사는 나였다. 이런 환자와 사는 남편이 오죽이나 괴로웠으면. 당신 병 하나만 고쳐도 성공이라며 침뜸 공부에 그처럼 열정을 쏟아부을까 싶었다. 조급한 나머지 남편은 자신이 초보 학도라는 것마저 망각한 듯, 내게 자침을 시도하였다. 한참씩이나 교재를 뒤적여 자침할 혈 자리를 찾아 놓고서야 치료에 들어가는 돌팔이에도 못 미쳤으나, 나는 어느 고명하신 의사 선생님 못지않게 몸을 맡겼다. 그만큼 내 건강이 다급했고 또 하나는 남편에게 임상 경험을 하도록 하기 위한 나의 배려 또한 예외는 아니었다.

그런데 이게 웬일인가? 한다고 하는 한의원을 찾아다니고 기치료 지압 등을 전전하며 기대와 실망감만을 거듭 낳던 나의 짙은 어둠이 서서히 걷히어 가고, 내 몸이 서서히 살아나고 있음을 느꼈다. 남편 역시 나의 반응에 감춰진 보물을 캐낸 사람처럼 기쁨과 신기함을 감추지 못하였다. 지금 생각해 보면 내 몸은 장부가 큰 탈이 난 것이 아니라, 원래 타고 나기를 약질로 타고나서 기혈이 부족한 데서 오는 혈액순환 장애였다. 그랬던 것을 양방병원에서는 무병하다는 말뿐이고, 유명하다고 하는 한의원에서는 틀림없이 고쳐 주겠다고 호언장담만 늘어놓아, 결국 고액의 진료비만 챙겼을 뿐이었다. 내 몸은 이제야 물을 만난 물고기였다.

남편은 딸아이들에게 가르쳐 출가시키면 최고의 혼숫감이라며, 끈

질긴 설득 끝에 두 딸 아이를 침 뜸 입문에 성공은 하였으나, 직장생활에 야간의 공부는 거리상 온 가족의 협력이 필요했다. 끝내는 나까지 입문하고 나니 남편의 몸에선 휘파람 소리가 났다. 그러나 나는 노화된 머리인데다 일과의 병행과 생소한 공부라서 체력은 물론 인내심이 필요했다. 그러나 같은 뜻을 가진 동지들과 함께 익히고 터득하는 즐거움이 있어 그에 대한 보상은 충분하였다.

이름 석 자가 새겨진 치료사의 자격증을 가슴에 부착하고 봉사실에 나가던 날, 치료사의 자부심에 앞서 내가 갖추어야 할 덕목에 대해 생각하지 않을 수 없었다. 따라서 각양각색의 병을 안고 있는 환자들인데다, 병원을 전전하다가 마지막으로 반신반의하며 찾아오는 만성병을 앓는 사람들을 이 미약한 실력으로 어찌 감당할 것인가의 자문에는 두려움이 일었다. 따라서 자기 힘으로는 제자리에 눕기조차 어려운 병세 깊은 환자가 있고, 옷은 물론 전신이 땟국으로 절어 악취가 심하다 보니 구토증을 견디어 내야 하는 예상치 못한 어려움도 있었다. 이것은 예상 밖의 일이지만 갖추지 못한 내 덕목에 자책하지 않을 수가 없었다.

젊었던 시절, 간암으로 임종을 맞는 어느 노인을 지켜봤던 적이 있는데, 그때 나와 함께 갔던 분은 흥건하게 토해내는 피를 태연히 닦아내며, 가슴에 안고 편안히 가시라고 귀에 속삭여주던 그때 그분의 모습이 불현듯 떠올려지며, 그 정도 덕목은 갖추어져야 봉사자라 할 수 있다고 생각하였다. 환자에 대한 애정과 연민이 하루아침에 생길 리는 만무하였으나, 세월이 가고 해가 바뀌어 내게도 그런 보람의 날이 오기를 고대하였다. 봉사실을 이용하는 환자들은 대부분 노쇠하고 만성병에 시달리는 분들이어서, 꾸준한 치료가 필요한 사람들이었다. 허리 무릎 어깨는 기본이고 아픈 곳을 대는데, 그것을 다 기억하기조차 어려운 환자분을 만나기도 했다.

그러나 이분들이 시간을 거듭하면서 나았다고 하고, 많이 호전되었다고도 하며 좋아하는 모습을 볼 때면, 나 또한 고맙고도 행복한 마음을 감출 수가 없었다. 수년 동안 팔을 들지 못해 빨래조차 널지 못하였다던 노인이 단 한 번의 치료에, 하늘을 찌를 듯이 팔을 번쩍 번쩍 들어 올려 보이며 좋아하던 모습. 무릎 통증으로 가고 싶은 곳 한번 못 가본다고 서럽게 살았다 하던 분이. 한 번의 치료에 노인대학엘 나가 친구들의 부러움을 샀다며 행복해하는 일들은, 가슴 뛰게 하는 일들이었다. 척추에 병이 와서 할미꽃처럼 등이 굽고 통증으로 인하여 돌아눕기조차 버거워하시던 92세의 노인이, 뜸 치료 두세 달 해주고 나니 가방을 멘 채 아파트 마당을 걷는 모습을 발견하고는 내 눈을 의심하였다. 또 이유 없이 밥 못 먹고 야위어가니 자기의 죽음이 눈앞에 보인다며 찾아왔던 지인이, 활기찬 삶으로 돌아갔다며 전해 주는 소식을 접했던 일. 그리고 크게 작게 거듭 치료가 이루어지는 일들을 접하면서 하루하루의 삶이 즐겁고 싱그러웠다. 이 모두가 내 삶의 가치를 높여 주고 있었다.

이렇게 지나온 십오 년이라는 세월은 내게 있어 참으로 푸르고 활기에 찬 나날이었다. 앞으로 언제까지가 될지는 모르지만, 지금처럼 나는 이 노년의 꿈에 도취되어 계속 내 인생이 푸르름을 이어가고자 한다. 이리하면 언젠가는 내 노년의 꿈이 완성되었다고 말할 수 있을 날이 오지 않을까. 이 길로 이끌어 주신 하느님께 무한히 감사를 드린다.

2021. 3.

본성과 내력

한 지인에게서 공작선인장 한 잎을 분양받았다. 번식이 잘 된다고 하여 널찍한 화분에 심어 두었다. 흙에 꽂기만 하면 잘 자란다고 들었는데, 어찌 된 일인지 일 년이 지나고 이 년이나 되도록 잎에 새싹이 돋기는커녕, 생기가 없고 잎이 보들보들해져 살아날 기미가 보이질 않았다. 그래도 미련이 있어 뽑아내지는 못하고 썰렁한 화분을, 선인장 과에 속하는 다른 것들로 메꿨다.

그런데 화분 가장자리에서 녹색에 연갈색을 띤 젓가락같이 가늘게 올라오는 것이 있었다. 화분 안에 심기어진 것들과는 전혀 닮지 않은 것인지라, 도대체 알 수 없는 정체로 나를 궁금증으로 몰아넣었다. 날마다 들여다보며 살피고 어서 자라기를 학수고대하지만, 성장을 멈춘 듯 자라지도 변화되는 모습도 없이 정체불명으로 내 호기심만 가중되었다. 그런데 그 옆에 같은 모양으로 또 하나가 돋아나더니 처음에 돋은 것과는 달리, 붉은색이 약간 짙었다. 원기둥 모양이던 것이 보리밭 이랑같이 털이 돋아난 줄을 따라, 각이 넷으로 서며 변형되어가고 있었다. 5cm쯤 자라더니 각은 하나 없어지고 녹색으로 변하였다. 제 꼴을 갖추어 가는 건지 윗부분으로는 잎이 점점 넓어졌다. 끝부분은 각이 셋이어서 손가락 세 개를 모아 쥐면 딱 잡히었다.

선인장에 속하는 식물이라는 짐작이 가긴 하는데, 도대체 어디서 생겨난 것인지 알 수 없는 품종이었다. 그런데 이것들이 차례차례 네 줄기가 나와 자랐지만, 모양이 각기 달랐다. 어떤 것은 삼각이던 부분을 멈추고 공작선인장처럼 납작한 모습으로 바뀌기도 하였다. 묘한 것은 이렇게 여러 가닥이 나와 자라도록 맨 처음 대못 굵기로 서 있던 것은 감감소식이었다. 그러던 것이 2년이 지나고 싹이 다시 돋기 시작하여 자라는데, 멀찍이 서서 죽은 몰골을 한 모습이란 공작선인장과 똑같은 모양이었다. 끝내 한 잎도 싹을 틔우지 못하고 누렇게 말라 버린 분양 받았던 것은 뽑아내야겠다 싶어 당겨 보았다. 그런데 놀랍게도 흙 속으로 뻗어 나간 뿌리의 끝 지점에서 그처럼 궁금증을 품고 정체를 알고자 했던 그것이 돋아난 것이었다. 이를 보면서 나는 사물에 대한 본질과 인간의 본성에 대해 생각해 보았다.

겉모양은 다른 모습으로 나왔으나 원래의 공작선인장의 본질은 잃지 않는 것처럼, 사람도 내면에 내재 되어 있는 본성은 겉모습과는 관계없이 언젠가는 드러나기 마련이다. 집안에 돌연변이라고 불리는 사람도 있고 씨 없는 자식이 나왔다고도 말하지만, 그 집안 윗대에 누군가가 그런 사람이 있었을 것이라 이 선인장을 보면서 생각하였다. 이것이 바로 현대 과학이 증명하는 DNA라는 것도 실감하였다. 따라서 제각기 품성이나 본성이 바뀌지 않는다는 이치도 확고해졌다. 이는 초등학교 동창회를 가보면 제일 잘 알 수가 있다. 겉모습은 변해도 코흘리개 시절의 그 성격은 그대로 지니고 늙어 가는 것을 보게 된다. 꽃 같은 청소년 시절에서 열매를 맺는 노년기의 시기까지는 큰 변화들이 일어났지만, 결과는 역시 청소년 시절의 그 사람이다. 사람의 나이와 상태는 바뀌나 그 바뀌는 과정 동안 같은 본성으로 남아 있는 것이며, 언제나 같은 사람임을 선인장의 실체를 보며 새삼 생각하게 되었다. 물론 학식과 교양으로 다듬고 계발하여 나쁜 성향을 바꿀 수도 있고 변화시킬 수도 있다. 또 교양 있는 고품격 자로 존재가치를 높일 수도 있다. 하지만 그것은 외적으로 보일 뿐이지 본성이 바뀌는 것은 아닌 듯싶다. 겉 포장에 불과할 뿐이어서, 어떤 손익 관계 앞에 놓이면 본색이 드러난다. 명망 높은 사람이 거물급 사기꾼이 되어 수십 년 동안 교도소를 벗어나지 못하는 것이라던가. 또 교도소를 제집 드나들 듯이 하며 세상을 떠들썩하게 했던 강력범죄자가, 회개를 통하여 목회자가 되었다더니, 다시 수갑 차는 것을 보며 바뀌지 않는 것이 사람의 본성임에, 안타깝게 여겼던 적도 있다.

나 역시 예외는 아니어서 어릴 때의 성격 내지는 본성을 그대로 지니고 산다. 어릴 때를 추억해보면 가정통신란에는 '온순하고 품행이 단정하다. 성실하고 책임감이 강하다. 타의 모범이 됨' 등은 단골 메뉴처럼 적혀 나왔다. 지금 생각해 보면 창의력이 뛰어나다, 리더십이 탁월하다, 진취적이다 등, 이런 말이 적혔더라면 지금 내가 착실한 가정주부라는 이름표를 떼고, 사회에서 인정받고 좀 더 쓸모가 있고 빛나는 인생을 살고 있지 않을까? 하는 아쉬움이 있다.

성인이 되어서는 얌전하다. '천생 여자다.'라는 등의 말이 꼬리표처럼 따라다녔지만. 그런 말을 들을 때면 나는 활동성이 없고 능력 없는 사람이라는 말로 들려서 나 자신이 못나 보이고 싫다. 그래서 때로는 내 본연의 모습에서 탈피해 보려고 애를 써 보지만, 그것은 의식적이라서 순간이고 돌출된 행동에 불과할 뿐, 타고 난 태생 내 본모습은 어쩌지를 못하였다. 우리 어머니 역시 추억해 보면 동네를 휘젓는 말 많은 동네 부인네들과는 적당한 거리를 두어 말씨름 한 번 없이 지내셨다. 성품이 온화한 분들과 조용히 교류하며 처신에 신경 쓰시던 모습이 생각난다. 이런 우리 어머니의 모습이 외적으로도 드러나 보여서, 이따금 내 남편은 당신도 장모님처럼 곱게 늙어가면 좋겠다는 말을 종종 하곤 했다.

오래전 일이다. 세 딸 아이와 이야기하던 중에 고등학생이었던 막내 아이의 투정이 나왔다. 남들한테 얌전하다 소리 듣는 게 싫다는 것이다. 그래서 일부러 말도 많이 하고 떠들어 보지만 그래도 자기는 언제나 얌전한 사람의 이미지를 벗지 못한다는 것이다. 그 말을 듣고 있던 첫째도 둘째도 이구동성이었다. 내가 그런 성격의 소유자가 아니었더라면 아마도 나는 그게 얼마나 좋은 성품을 타고난 것인지 알고 그러느냐며 너스레를 떨었겠지만, 나 역시도 동병상련인지라 인위적으로는 어떻게 돌릴 수 없는 본성과 내력에 대한 불만을 토하였다.

그렇지만 한편 생각해 보면 내가 아이들의 담임을 만나고 나면 늘 기분이 좋았고, 자식 키우는 어려움을 몰랐던 것을 생각하면 조상님께 감사한 마음이 들었다. 양가의 조상님들 중에는 이런저런 분들이 계셨을 터인데, 그래도 과히 나쁘지 않은 조상님의 성품을 받아 태어났으니, 자기 자신들에게는 좀 불만스러운 점이 있어도 바른 소견과 주체성을 가지고 능력 있는 사회의 일원으로 살아가고 있으니 이 얼마나 감사해야 할 일인가. 늦게나마 깨닫고 과히 험한 본성을 물림 받지 않은 것을 감사드린다.

2018. 9.

여백의 여유

한때 법정 스님의 『무소유』라는 책이 세간에 잔잔한 감동과 심연을 열게 하였다. 본시 인간은 의식주가 삶의 원천인지라 소유의 동물이다. 그것도 벼 아흔아홉 섬 가진 사람이 한 섬 가진 사람의 것을 빼앗는다는 옛 속담이 있을 만큼, 인간은 소유욕이 어떤 동물에 비해도 강하다.

나무는 열매를 자신이 지탱할 만큼만 남기고 떨어내며, 아무리 힘센 맹수라 해도 그것들은 먹고 배부르면 한 끼니 배부른 것으로 만족하여 비축해 놓는 법이 없다 한다. 그러나 인간은 그렇지 않아 만족하고 나앉는 법이 없다. 채우면 채울수록 더 큰 그릇이 앞을 가리고, 손에 쥐면 쥘수록 더 큰 것 더 많은 것을 움켜쥐려는 것이 인간의 본성이다. 굵직굵직한 사건들이 세상을 떠들썩하게 할 적마다, 인간의 본성인 소유욕을 잘 말해 주고 있다. 그래서 무소유라는 말이 파격적으로 다가오고 공감대를 이루었으리라는 생각이 든다.

나는 주 삼일은 고정으로 출근을 한다. 그러다 보니 차려입고 나갈 옷이 마땅치가 않아 옷장과 드레스 룸을 오가며, 초를 다투는 아침 시간을 허비하기가 일쑤다. 그럴 때마다 한편으론 이건 내가 옷이 없어서가 아니라, 옷이 너무 많아서라는 반전의 생각을 하며 자책한다. 한두 벌이라면 무슨 옷을 입을까?라는 갈등은 물론 선택의 여지조차 없이, 이거 아니면 저것으로 대뜸 입고 갈 것이 분명한 일이다. 나이가 들면 살림살이는 물론이고 옷을 사 입는 것도 절제해야 한다는 생각은 확고하다. 그런데도 보면 사고 싶고 입고 싶은 욕구만은 여전하여 아이 쇼핑마저도 금하려 한다. 본시 물건을 쟁여 놓고 사는 성격도 아니려니와, 필요 이상의 것을 탐하지 않으려는 원칙을 고수함에도 순간순간 소유욕을 잘라 내기란 쉽지 않다.

우리집에 와본 지인들이 하는 말이 있다. 참 실질적으로 사시네요. 좀 더 배려하여 말하는 사람은, 있을 것만 딱 두고 사시니 집 안 분위기가 참 정갈합니다. 나는 이런 말이 무슨 뜻인지를 잘 알지만 개의치 않는다. 오히려 나는 그런 말이 달갑다. 내 성격상 많은 물건이나 장식을 좋아하지 않을뿐더러, 생활하는 데에 없어도 된다고 생각되면 가차 없이 덜어내기 때문이다. 소장하고 있는 것 중에 생활필수품이 아니어도 아끼고 버리지 못하는 것이 있다면, 딸아이들이 여행에서 구해 온 소품들인 성물이다. 옷이나 살림살이는 일 년이 지나도록 꺼내 쓰는 일이 없으면, 없어도 되는 물건이라고 한다. 그만큼 많이 쌓아 놓고 살 필요가 없다는 말일 것임에 나는 적극적으로 공감한다. 내가 필요치 않은 물건이 다른 집에 가면 요긴하게 쓰일 수도 있다 싶어, 이따금 온 집 안을 돌며 이 물건이 지금 내게 꼭 필요한지를 확인하곤 한다. 그것이 때로는 화근이 되어 남편과 다툼이 일 때도 있고 필요할 때가 생기기도 하지만, 그래도 나는 여전히 더 덜어낼 것을 찾곤 하는데 여전히 뭐가 너무 많다고 느껴진다.

한때 시숙으로 인해 빚을 지게 되었던 나는, 그 빚을 갚기 위해 금붙이라고는 모두 팔아 빚 청산을 한 후, 금은 내 머릿속에서 이미 잊힌 물건이었다. 그런데 오래전 일이지만 IMF 때 금 모으기 운동에 온 국민이 참여하는 대열을 연일 보도를 통해 보면서, 그때 나는 저렇게 많은 사람이 금을 소유하고 있었다는 것에 깜짝 놀랐다. 의식주 이외엔 금이나 보석에 관심이 없었기 때문이다. 지금도 그 생각은 변함이 없어 집을 비우고 다녀도 자유롭기가 이를 데 없다. 그러나 살다 보면 이곳저곳 마음이 가는 곳이 많다. 마음과는 달리 못 본 척 못 들은 척 덮고 넘어갈 수밖에 없을 때, 여유롭지 못함의 불편함이 이런 것이구나! 하고 생각한다. 내게도 좀 더 물질의 여유가 주어졌더라면 하는 마음을 가져 보지만, 이도 내 몫이 아닌 부질없는 탐욕이라 여겨져 얼른 마음을 접는다.

내가 어릴 적의 아버지는 잦은 배앓이로 고생하시었는데, 그때마다 아버지는 우리에게 밥 한 수저 더 먹고 싶다 할 때 수저를 놓으라고 하셨다. 그러면 탈이 없다고 하셨다. 아마도 소화기에 여백을 두라는 뜻이었을 것이다. 절제하지 못한 자신을 자책하신 말씀이 아니었나 싶기도 하다. 그런데 그 말씀이 지금에야 새롭게 느껴진다. 우리네 인생살이에도 매사에 조금씩 덜어내며 여백을 두고 살아간다면, 삶이 좀 더 자유롭고 탈이 없는 세상이 되지 않을까 생각해 본다.

재물이나 권력은 가지면 가질수록 누리면 누릴수록 헤어나지 못하는 것은 인간의 속성이다. 이것이 극에 달하면 자신이 인간이기를 포기한 것조차도 모르고 살다 가는 사람들을 종종 보곤 한다. 극에 달한 소유욕이 결국엔 철저하게 비참하리만큼, 무소유를 불러올 수도 있다는 것을 대가를 치르고 난 후에나 알게 되었다면, 인생 공부에 값비싼 수업료를 치른 셈이다. 따라서 자신의 삶 안에서 부족하고 채워지지 않은 부분들에 오히려 여백의 여유로 받아들이고 인생을 살고 있다면, 영원한 마음의 평화가 여백을 채우는 복음의 길일 것이다.

사람은 누구나 태어날 때 이미 신으로부터 세상을 소유할 수 있는 대단한 특권을 받았다. 발로 걷고 눈으로 보며 가슴으로 느낄 수 있는 사람이라면 모두가, 소유할 수 있는 능력이 충분하다. 눈만 돌리면 온 세상 사물이 다 내 것이 되고, 내 발로 밟는 순간순간 모든 땅이 내 것이 되질 않는가. 어디를 가고 무엇을 보던 자신이 갖춘 역량만큼 가슴으로 느끼며 지닌 감성을 통하여 욕심껏 누리고 소유할 수 있다. 이 얼마나 우리 인간에게 한량없이 부여된 소유인가. 물질적 소유도 풍요롭지만, 정신적 소유가 주는 여백의 여유가 풍요를 이끌고 더욱 값진 인생을 누릴 수 있는 에너지가 된다. 이 에너지는 여백의 여유를 즐길 줄 아는 진정한 소유를 아는 자만의 것이다.

2015. 4.

4

만남

딸

옛말에 딸이 셋이면 도둑도 들지 않는다고 하였다. 아들 가진 부모는 칼자루를 잡고 딸 가진 부모는 칼날을 쥔 형상이라고도 하였다. 그래서 고이 길러 시집을 보내고서도 친정 부모의 마음은 까닭 없이 죄인이고, 편할 날 없이 마음이 늘 아리다 하였다. 그래서 딸은 애물이라고 했는지 모른다.

아들 하나를 더 바라던 우리집에 내가 다섯째 딸로 태어나던 날은 초상집 같았다고 한다. 환영받지 못한 것이야, 둘째로 치고라도 오빠와 남동생 조카에게 가려 늘 섭섭한 감정으로 자라왔다. 어머니는 내가 아들로 태어나지 못한 것에 대하여 섭섭함은 컸지만, 어느 자식보다 나에 대한 자애가 가득하였다. 부모가 막내에 대한 애착심은 늦게 낳은 만큼 볼 날이 짧아서라는데 나의 어머니도 그래서였을까? 자주 엉덩이를 두들겨 주시고 칭찬을 아끼지 않으시며 어디를 가든 나를 앞세웠다. 성적표가 나오는 날이면 아버지께선 남동생과 조카 통지표는 닳도록 들여다보시지만 내 성적표는 슬쩍 한번 보고는 칭찬 대신 입맛을 쩝쩝 다시었다. 아들이 잘해야지 딸년이 잘하면 무슨 소용 있냐며 먼 산을 바라보시곤 하였다. 그때마다 나는 내 죄인 양 풀이 죽어 있곤 하였다. 그러나 어머니는 내게 다가와 애석한 표정으로 말없이 머리를 쓸어 주시곤 하였다. 나는 철이 들면서 생각하였다. 장차 내가 결혼을 하면 딸만 낳아서 어느 집 아들보다 더 잘 키울 것이라고, 마음을 다져 먹곤 하였다.

그런데 팔자인지, 소원을 이룬 건지 내겐 딸 셋이 태어났다. 첫째도 환영이요. 둘째도 환영이었다. 친정에서 시댁에서 아들이 있어야 한다고 은근히 내 비취곤 하였으나 나는 막내를 가졌을 때도 내심 딸이길 바랐다. 그런 어느 날 퇴근한 남편이 만면에 웃음을 가득 담고는 뭔가를 연상하는 듯 웃음기 어린 눈을 잔잔히 내리뜨고는 넥타이를 풀고 있었다.

나는 남편에게 무슨 좋은 일이 있었기에 그러느냐고 물었다. 남편의 대답은 지금 돌아오는 길에 옆 골목 마당에서 어느 아빠와 꼬마 아들 부자가 야구를 하고 있는데, 그 모습이 얼마나 부럽던지 한참을 보고 있었노라고 하였다. 나는 이 말을 듣는 순간 가슴에서 뭔가 쿵! 내려앉는 것 같았다. 그리곤 한참을 마음이 산란하여 말을 잇지 못하였다. 두 딸을 낳은 후 한 번도 아들에 대한 말을 해온 적이 없던 사람인데, 오히려 딸이라서 더 좋다고 하였던 사람이 한 말이라서 부럽다는 말의 강도를 알 것 같았다. 그러나 우리가 바란다고 해서 아들이 되고 딸이 되는 것은 아니지만, 나는 갈등이 왔다. 그러나 그도 순간이고 나는 여전히 딸을 고수하였다.

막내를 출산하던 날. 딸이라고 퉁명스럽게 내뱉던 간호사의 음성(이제야 그 간호사가 왜 그랬는지를 알 것 같다)이 뇌리에 스칠 때, 순간 남편 얼굴이 떠올려졌다. 그러나 그도 잠시고, 나는 세상 모두의 아버지들이 아들을 보는 마음처럼, 아니 우리 아버지가 아들을 바라보았던 마음처럼 나는 딸 셋을 바라보며 언제나 흡족하고 자랑스러웠다. 밖에 나가면 남자아이보다 여자아이들이 눈에 들어오고 더 관심이 갈 뿐만 아니라 사랑스러웠다.

내 나이 또래 부인들이 모이면 혼기를 앞둔 자녀들 이야기로 시간 가는 줄을 모른다. 아들자식 잘 키우면 남의 딸 좋은 일 시키는 것이 되고, 딸자식 잘 키우면 아들 하나 더 얻는 것이라 한다. 그래서 아들은 결혼시키면 처가 근처에 살림 내고, 딸은 가까이에 두고서 살고 싶다 한다. 사위는 백년손님이요, 처가와 화장실은 멀수록 좋다는 말들은 이제 옛말이 되고 처가와 화장실은 가까울수록 좋다는 말이 되었다. 이렇게 딸과 아들에 대한 인지도가 옛날과는 사뭇 달라진 세상이다.

Y 선배는 아들 형제를 남부럽지 않게 키워서 결혼시켰는데, 딸 셋을 둔 H 부인의 자식 이야기 앞에서는 할 말이 없어 속이 끓는다고 한다. 이쯤 되고 보면 아들딸의 고정 관념도 세상이 바뀐 만큼이나 달라졌다. 그러나 우리 선조들의 골이 깊게 자리한 남아 선호 사상으로 인해 지금도 어디엔가에서는 세상을 경악하게 하는 일들이 일어나고 있다. 언젠가 일간지에 딸만 낳았다 하여 아내와 어린 두 딸을 살해한 가장이 보도되었다. 아들만이 가정을 꾸리고 부모를 봉양하는 시대도 아닌데 아들이 무엇이기에 이런 지경에 이르게 했는지, 얼른 대답이 나오지 않는다.

옛말에 자식이 태 잇는 것은 사주팔자 소관이라 하였다. 그러함에도 불구하고 아들을 얻기 위해서는 돌부처도 돌아앉는다는 첩실을 들였다. 그 시대를 살아 낸 여인네 들은 일생을 운명이라는 단어만을 가슴에 품고 살아 냈을 것이다. 그러나 지금은 과학이라는 문명이 모태서부터 아들딸을 구별할 수 있게 되고 보니, 아들을 원하는 집에선 딸이면 아예 세상 밖으로 나올 수 없게 하는 무서운 선택권이 주어졌다. 차라리 첩실을 들여 아들을 고집했던 옛 부모들이 오히려 인간답다는 생각이 든다. 산아 제한을 정책으로 쓰던 시대에서 비롯된 말이긴 하나, 아들딸 구별 말라는 시대가 되었다. 그러나 구호와 인식은 달라서 초등생 교실에는 여아가 부족하여, 남자끼리 짝이 된 아이들은 불만이 크다 한다. 성비가 깨지고 있는 소리로 들려 심각하고 참으로 안타까운 일이다.

자식이 장성하여 성혼시켜 가정을 꾸려 준 부모 세대에서는 이구동성으로 딸이 더 좋다고 하는데 남아 선호가 지속되어 가고 있는 까닭은 왜일까? 세상이 바뀌고 있음을 말과 머리로는 인식하면서도, 딸은 출가시키면 남이라는 구세대의 틀을 깨지 못해서일까. 굳이 따지고 보면 아들을 선호하는 마음도 욕심일 터이니 사람에게 욕심을 빼고 나면 무엇이 있겠나 싶다. 불과 얼마 후면 아들 낳아서 좋다고 하던 말들은 점차 사라질지도 모를 일이다.

남녀평등 시대를 넘어 여성 상위 시대를 운운하는 지금, 생각해 보면 어떻게 되리라는 추측이 가고도 남는다. 출중하지 못하면 홀아비 신세를 면치 못하는 아들 뒤치다꺼리에 평생 손을 놓지 못할 것을 생각해 보라. 자다가도 벌떡 일어나질 일이다. 보쌈하여 과부 업어 오던 시대도 아니니, 별 방도 없이 먼 후진국에 가서 여자를 데려와야 할 불가피한 일이 벌어질 것이다. 시대와 풍습은 여자가 만들어 간다고 했는데 사라져 가는 우리 전통은 또 어찌 될 것인지.

여행 때 들은 이야기지만 필리핀의 경우는 영국이 통치할 때, 영원한 식민지로 만들기 위해 남성들은 문맹인으로 만들고, 여성들은 공부를 시켜서 일을 시켰다고 한다. 그런 탓에 남성보다 여성의 지위가 높다 보니, 소위 지성인이라는 여성들은 왜소하고 못생긴 자국 남성보다는 2세를 위해 서양 남성을 선호한다고 한다. 남자가 특출하지 않으면 본국의 여성과는 혼인하기가 어렵다는 말이다.

우리라고 해서 그런 현상이 오지 않으리라는 법도 없다. 아들 선호사상의 틀을 못 벗는다면 지참금이 없어서 장가 못 간다는 말도 먼 나라의 이야기만은 아닐 것이며, 수요가 부족한 여자를 둘러싸고 파생되는 도덕성과 성범죄로 인한 혼란이 없다는 보장도 없다. 여자가 많으면 불륜이 성행하고, 남자가 많으면 전쟁이 일어났다고 했다. 이렇듯 성비의 조화는 신의 영역이지, 인간의 영역은 아님을 시사한다.

시대의 변천에 따라 딸의 선호도가 급물살을 타듯 바뀔 조짐을 21세기의 문턱에선 세상의 아버지들은 아직도 감지하지 못하고 아들만을 고집할 것인지 묻고 싶다.

1999. 2.

날지 못하는 새

안양교도소 앞을 지날 때면 높이 솟은 콘크리트 담벼락에 내 마음이 잠시 멈춰지곤 한다. 교도소라면 TV 화면에서나 보아왔는데 여닫는 문소리조차도 가슴이 섬뜩하곤 했었다. 그런데 이제 나는 이곳의 사람들을 연민의 정으로 바라보게 되었다.

영화 「데드 맨 워킹」을 보았다. 수녀가 한 사형수의 참회를 위해 교도소 문이 닳도록 드나들며 마음을 쏟지만, 사형수의 마음은 마지막 형장으로 가는 순간까지도 냉담하기만 하다. 그는 죽음을 목전에 두고서야 수녀의 설득을 받아들이며 참회로써 죽음을 맞게 된다. 나는 이 영화를 통해 한 영혼을 구하기 위해 최선을 다하는 수녀의 숭고한 사랑을 보았고, 죄수들에 대한 편협된 생각에서 벗어나는 계기가 되었다.

목요일이면 안양교도소 교정 미사에 가기 위해, 아침 일찍부터 서두른다. 교도소 정문에 들어서면 두 차례의 검문을 거친 다음, 안내원을 따라 경계가 삼엄한 철대문을 들어서게 된다. 매번 거듭되는 발걸음이지만 무겁고 긴장된 마음을 접을 수가 없다. 보이는 건 높다란 콘크리트 벽이요, 철창뿐인 이곳은 사계절이 바뀌어도 언제나 회색빛만이 감돌 뿐이다. 그런데도 왠지 나는 이곳에서 마음을 뗄 수가 없다. 죄는 미워하되 사람은 미워하지 말라는 말을 이제야 알 것 같아서이다. 통로와 통로를 잇는 곳마다 철문과 안전요원이 서 있다.

이 교도소가 생긴 지 25년. 교도소 안엔 살벌한 감시의 눈초리를 대변하는 교도관의 구두 소리가 반향을 일으키며 으스스한 기분이 감돌 뿐이다. 미로 속 같은 콘크리트 통로를 지나다 보면 벙긋이 열려있는 철창 너머로 감방과 재소자들을 보게 된다. 죄의 비정함을 한눈에 보는 듯하다. 한 가정의 가장이며 사랑하는 아들이건만 죄수라는 덧붙은 이름 아래 살아내야 할 그들의 생활이다. 이들을 생각하는 어머니의 가슴은 이미 잿더미가 되었을 것이지만, 아빠를 기다리는 어린것들을 생각하면 남의 일이 아닌 듯 가슴을 저미는 아픔이 있다. 이들이 여기에 오기까지 절실하게 갈구해온 것이 무엇이었는지는 모르지만, 지금쯤은 그 모든 것들이 부질없음을 깨달았으면 싶다. 겉모습으로는 나무랄 데 없는 사람들을 보며, 열 길 물속은 알아도 한 길 사람의 속은 모른다는 말이 떠오른다. 한 세상 살면서 이곳에 오지 않고 생을 마감한다는 것이 얼마나 복된 삶인가를 요즘 들어 자주 생각하게 된다.

추위가 뼛속까지 후벼 파는 듯이 매서운 혹한인데도 매주 미사 전이면 고해성사를 보기 위해 고해소 앞에 줄지어 있는 재소자들을 보게 된다. 그들의 참모습은 과연 무얼까 생각해 보았다. 참회하는 마음은 신이 주신 인간 본연으로 돌아가는 아름다운 마음이 아닌가. 그들의 생활에 대한 약속이고 미래에 대한 희망을 보는 듯 가슴에 뿌듯함이 인다.

매월 한 차례씩 재소자들과 나눔의 자리를 가지다 보니. 세상의 어둠을 불러들이는 죄수들이라 해서 무조건 외면하고 다른 별종으로 내몰 수만은 없다는 생각이 든다. 불우한 환경 탓에 또는 절박한 가난에 떠밀려 저질러진 범죄에 대한 대가를 치르고 있음을 보며, 이들 본인은 물론 사회도 바뀌기를 바라는 마음 또한 크다. 그들의 말에 의하면 교도소를 한번 거쳐 나면 범죄자라는 낙인이 찍혀 세상에서는 발붙일 곳이 없다고 한다.

그러다 보면 범죄를 다시 저지르게 되는데, 그렇게 되면 죄짓는 것도 이골이 나서 더 큰 범행도 태연하게 저지른다고 한다. 따라서 자연스레 죄의 강도를 높여 강력범으로 커 간다고 한다. 그들 중에는 이삼십 대를 비롯하여 인생 황혼기에 접어든 사람도 있다. 그 들의 이야기를 듣다 보면 운명이라고 해야 할지? 달리 무어라 규명할 말이 나오지를 않는다. 자기 의지와는 무관하게 환경에 떠밀려서, 순간의 감정을 다스리지 못해서 죄수가 되고 나니, 사회에 발붙일 곳을 잃어 몇 차례씩 단골처럼 드나들게 된다고 말하는 이 사람들이 어둠 속인 듯 참담하다. 이 사회가 매듭을 풀어야 할 숙제임에는 틀림이 없는 듯싶다.

IMF 이후 이곳 교도소에는 경제사범들이 줄을 잇고 있다 한다. 우리가 일상에서 흔히 말하던 복이라는 의미를 다시금 생각하게 한다. 최고의 복이란 넘치지도 모자라지도 않는 것이라는 말을 늘 심증에 담고 있던 터라서, 그들 처지가 민감하게 받아들이는지도 모르겠다. 사람은 재물이 차고 넘치면 탐욕에 빠지고, 반면 사흘 굶어 도둑질 안 하는 사람 없다는 말로 보아, 역시 지나친 부(富)와 빈(貧)은 축복이 될 수 없다는 말로 들리기 때문이다. 그러나 있고 없고 만을 탓하고 돌릴 수는 없는 일이다. 바른 자와 그른 자의 차이는, 스스로 마음을 다스림에 있는 것이 아닌가 한다. 이것은 옛 성인들이 말해 주고 있다. 자신의 욕망을 채우기 위해 또는 가진 것이 없다 하여, 생활이 절박한 상황을 면키 위해 남의 것을 훔치고 빼앗는다면, 세상에 철창신세를 면할 자가 몇이나 되겠는가? 궁핍하면 궁핍한 대로 모자라면 모자라는 가운데 의로운 마음으로 힘껏 노력하다 보면, 하늘은 스스로 돕는 자를 돕는다는 말처럼 다 살아가게 되는 것을, 이들은 왜 창살에 갇힌 새와도 같이 되어 세상과 격리되어 살아가고 있는 것일까. 그들이 안타깝기만 하다.

나도 한때는 궁한 나머지 죽더라도 돈벼락이나 맞아 보았으면 하였다. 그뿐이 아니다. 나를 곤경에 빠뜨린 사람을 나는 수없이 마음에 칼을 품었다. 그랬던 내가 이들과 다를 바가 없다는 생각을 지금 하고 있다. 차이가 있다면 이 사람들은 생각을 행동에 옮긴 결과로 철창신세를 면치 못했고, 나는 생각만 쌓다가 육신의 병을 면치 못했던 것뿐이다. 마지막 심판대에 서는 날에는 이들과 내가 무엇이 다르랴 싶다.

형기를 마친 한 출소자가 살아갈 길이 막막 하자, 교도소로 다시 돌아가기 위해 물건을 훔쳤다고 하는 가슴 저린 이야기를 들었다. 사람이 목숨을 부지하는 방법이 천차만별이라지만, 인생을 교도소에 맡기는 사람을 어찌 생각해야 하는가? 이런 사람이 어찌 이 한 사람에 그치랴. 출소할 날을 앞두고 그토록 마음이 들떠 있었던 한 재소자 청년이 출소를 하여 한 달 가까이 지나도록 일자리를 찾지 못했다며, 교도소 철문 앞에 와 서성이고 있는 것을 보았다. 철창문을 활짝 열어 세상 밖으로 떠밀었지만, 세상 속 삶의 무게가 가로지른 철문의 무게보다 더 버거웠을까. 차라리 철창 속 삶에 안주하고 싶었을까. 세상 속 냉대에 시리고 아린 가슴을 콘크리트 담벼락에 묻고 싶어서였을까. 자유의 날개를 펼 수 없는 날지 못하는 인간새가 되어 철창 넘어 그곳을 그리고 있다.

죄의 값을 대대로 치른다 해도 못다 치를 위인들은 손님처럼 머물고 갔을 뿐인데, 삶에 지친 자들만이 철창을 넘나들고 있는 이곳이다. 삼천사백여 명의 사연들을 외면한 채 철창은 오늘도 그들의 발걸음을 가로막고 서 있다.

1999. 3.

유구무언(有口無言)

외국 나들이가 이웃집을 드나들 듯이 쉽게 오가는 시대가 되었다. 내가 알고 지내는 분이 중국의 어느 지역엘 여행하고 돌아와 한 이야기다, 음식점 문전마다 '한국인 출입 금지'라고 쓴 표어가 간판처럼 나붙어 있는 것을 보고 놀란 나머지, 자기 눈을 의심하였다고 했다. 자신은 다행히도 동행한 사람의 유창한 중국어 덕분에 밥은 굶지 않았지만, 그에 대한 이유를 듣고 부끄러움을 금치 못했다 하였다.

그곳으로 파견된 한국 근로자들이 식당에 가면 식사만 하고 나오면 그만인데, 종업원들에게 갖은 거드름과 추악한 행동을 서슴없이 하는 탓에 업주들이 한국인은 받지 않도록 동맹을 하였다고 했다. 그 말을 들으며 산업 경제의 부흥으로 좀 살만하다 하여, 제 나라만 못한 나라 사람을 무시하고, 안하무인이 된 그들이 개탄스러웠다. 무시를 당하고 있는 사람은 바로 자신들이라는 사실을, 바로 당사자들은 모르고 있다는 게 안타까웠다.

모처럼 가족이 함께 지내게 된 휴일이라서, 바람이나 쏘일 겸 교외로 나갔을 때의 일이다. 주변 경관이 수려한 외진 산길을 지나다 보니, 그림처럼 아름다운 음식점이 있고, 그 집 앞마당에는 몇 대의 승용차가 서 있는 것으로 보아, 나처럼 분위기에 발목이 잡힌 사람들이 와있나 보다고 생각하였다. 문을 밀치고 들어서자 십여 명의 남녀가 자기 집 안방이나 되는 것처럼, 자세를 흐트러뜨리고 앉아 떠들어대는 모습을 보니 문고리를 놓고 뒷걸음질 쳐 나오고 싶었다. 그러나 반색하며 맞는 직원들의 친절을 뿌리치지 못하여 구석진 자리를 찾아 앉았다. 그러나 그들은 다른 사람은 안중에도 없다는 듯이 여전히 소란스럽고 언행이 문란했다. 신경이 쓰여 빨리 이 자리를 모면해야겠다는 생각뿐이었다. 어찌할 바를 모르는 식당 주인에게 애꿎게도 음식만 재촉하여 서둘러 식사를 마치고 나왔다. 오붓하고 즐거운 가족 나들이에 오물을 뒤집어쓴 것 같은 불쾌감을 떨쳐내려 애를 썼다.

십 년 넘는 긴 세월 동안 밥장사를 하다 보니, 나는 천차만별의 인성들을 접하곤 한다. 단순히 밥 한 그릇 먹고 가는 짧은 시간이지만 나이나 학식에는 상관없이 자신들의 습성이나 됨됨이를 여실히 드러낸다. 말 속에서 그 사람의 교양이 나타나듯 먹고 난 식탁에서는 그의 품격이 보인다. 옛말에 사윗감을 고를 때는 당사자와 함께 밥 한 끼니를 먹어보라고 한 말뜻을 알 것도 같다. 겉으로 풍기는 젊고 세련된 지성미가 포장지에 지나지 않을 때, 나는 애써 씁쓸함을 지우곤 했다.

내가 운영하는 식당에서 한 노인이 늦은 점심을 들고 있을 때였다. 젊은 두 여성이 아이 넷을 앞세우고 들어섰다. 뜀박질로 들어선 아이들은 고삐 풀린 망아지 같아서, 식당 안은 갑자기 돌풍이 몰아닥친 듯 정신을 차릴 수가 없었다. 나는 식사하는 손님이 의식되어 어찌할 바를 몰랐다. 아이 엄마들이 제지해 주기를 기다렸으나, 그녀들은 아이들을 놀이터에 데리고 나온 사람의 태도였다. 생각 같아선 내가 나서 야단을 쳐 자리에 앉히고 싶었으나, 고객이라는 미명 때문에 좌불안석이던 차였다. 식사하던 노인이 혼잣말로 밥이 어디로 들어가는지 모르겠다고 하였다.

그러자 옆자리에 앉았던 아이 엄마가 듣고는 나는 이 기분으로 밥을 먹을 수가 없으니, 밥값은 저 아저씨한테 받으라며 나온 음식을 물리고 나가 버렸다. 노인은 뒤통수를 얻어맞은 듯, 그들이 나간 문 쪽만 멍하니 바라보다가 나를 보고는 난감해하던 모습이 오래전의 일이지만 잊히지가 않는다. 불호령이라도 내리고 싶은 마음을 참고, 바라보는 것으로 대신한 노인의 마음을 왜 모르랴. 유구무언이라는 말을 이런 때 쓰는 것일까. 나 역시도 그분께 송구하여 숙인 고개로 대신함을 그 노인은 알는지. 세월 뒤로도 좀처럼 잊히지 않는 모습 중 하나다.

어린 시절, 방안 가득히 둘러앉은 밥상머리에서 귀가 따갑게 들었던 부모님의 훈계가 반생을 넘어선 지금에도 머릿속에 생생하다. 우리 부모님은 자식들을 남들로부터 지탄받지 않게 하시려고 애쓰신 분이라는 걸 알 것 같다. 때때로 나는 그때가 그립다. 그래서 잃은 것은 소중하고 지난 시절은 아름답다 했는가. 색 바랜 사진첩을 뒤적이듯 그때를 회상해 본다. 음식상 앞에서는 옷자락을 펄럭여도 아니되고, 어른보다 먼저 수저를 들어서도 먼저 놓아서도 안 된다. 식사 중에는 말소리는 물론 입소리를 내서도 아니되며, 맛있는 음식에 젓가락이 자주 가도 안 된다. 밥 한 톨 흘려서도 안 되고 남겨서도 안 되며 그리고 식사가 끝나면 밥그릇에 물을 둘러 마시라 하셨다.

어른이 계신 식사 자리에서 자리를 뜰 때는 뒷모습을 보여서도 아니 되고, 같이 일어서면 뒤에 서서 어른이 앞서 나가시도록 하라는 등의 말씀을 귀에 딱지가 앉도록 들었다.

세월이 흐른 만큼 세상 모두가 발전하고 바뀌었듯이, 사람의 정서와 문화 또한 그 못지않게 바뀌었다. 그러나 인간의 기본예절만큼은 바뀌지 않기를 바라는 마음이다. 자식에 대한 훈육이 간섭이고 아이의 기를 죽이는 것이라며 아이가 무엇을 하여도 눈감아 주고 입 다물어 주며, 자기 맘대로 하도록 내버려 두는 것을 자녀 교육의 올바른 방법으로 알고 있는, 오늘날 젊은 부모들의 의식이 의문이고 염려가 된다. 이 세상 동식물을 비롯한 우주 만물은 기본 질서가 있다.

따라서 만물의 영장인 우리 인간에게는 기본 예의라는 게 있다, 이를 무시한 교육이 무엇을 기대할 수 있는 것인지. 인생은 성적순이 아니라는 말이 있듯이 지식이나 물질문명의 풍요로움만이 살맛나는 세상을 만들어 가는 것은 아니라고 본다. 가난하고 배운 것이 적었지만 사람의 덕과 질서를 잘 지키던 옛 어른들처럼, 오늘을 사는 우리도 세상을 향기로 채울 수 있는 교육이 이루어지길 소망해 본다.

사람들은 저마다 입을 가지고 말을 한다. 하지만 입을 가졌다 하여 어찌 말을 다할 수 있으며, 옳은 말이라 하여 다할 수가 있겠는가. 그렇지만 말을 해야 할 때는 해야 하거늘, 말문을 닫아걸고 바라볼 수밖에 없는 것이 요즘 세상의 실정이다. 유구무언(有口無言) 나는 이 글자 앞에서 다시 한번 침묵에 잠긴다.

1999. 4.

공상(空想)

영화 「저주받은 도시」는 악의 신이 인간을 멸망시키기 위하여 열 명의 여자에게 아이를 낳게 한다. 그 아이들이 자라면서 부모와 적이 되어 싸우는데, 손가락 하나 까딱하지 않고 눈빛 하나로 목적을 달성시키는 공상(空想) 영화이다. 나는 이 영화를 보면서, 이 세상 사람 모두가 이와 같은 방법으로 산다면 세상은 어떻게 될까 심히 걱정되는 영화였다

얼마 전, 한 재소자가 이야기 중에 출소 날짜가 가까워지니 이런저런 생각으로 마음이 복잡하다며 심중을 실토하였다. 자신의 나이가 사십 길에 들어선 지금, 지난날을 돌아보면 나쁜 짓 하고 감방에 드나들었던 것밖에는 생각나는 것이 없다고 하였다. 그런 과거에 대해 후회하며 남은 인생만은 누군가에게 도움을 주며 살고 싶다고 하였다. 하지만 그러기 위해서는 경제력이 있어야 하므로 그 돈을 벌기 위한 궁리를 하느라 밤잠을 설친다고 하였다. 나는 그 말을 들으며 이 사람이 아직도 뜬구름 잡는 공상에 벗어나지 못하고 있다는 생각이 들어 안타깝기만 하였다. 내게도 공상하느라 밤잠을 이루지 못하던 때가 생각나서였다.

오빠 집에서 지낼 때다. 그 집은 멀리 한강이 보이고 강 허리를 가로지르는 철교가 보였다. 해 질 녘이면 그 한강교를 바라보며, 달리는 기차에 마음을 싣고 고향으로 달려가곤 하였다. 그러나 진로가 불확실하기만 했던 내겐, 고향 집은 언제나 잿빛 그리움이었다. 내 의사와는 상관없이 운명이라 규정지어진 사실 앞에서 나는 망연자실하였다. 내가 놓여 있는 이 처지에서 헤어날 방법이란 아무것도 없었다. 오직 생각 속에서 가장 화려하고 멋진 나를 그리기 시작했다. 동화 속 같은 인생을 그리느라 겨울의 긴긴밤이 짧기만 하였다. 현실이라는 남루한 옷을 벗어 던지고 화려한 무대의 주인공이 되어 보는 공상 속의 시간이야말로 가장 즐겁고 행복하며 내 마음에 꼭 드는 흡족한 인생이었다.

음식업에 문외한이던 내가 이것에 손을 댄 지도 꽤 되었다. 지난날이 회상될 때면 무식이 용감하다는 말만 머릿속에 되뇌어질 뿐이다. 음식 장사가 회생이 가장 빠르다고 주워들은 것이 이 분야에 대한 전부였다. 거기에 대한 안목이나 지식이 전무였음에도 불구하고 겁없이 뛰어든 나였다. 그러니 누구를 탓하고 물러나 앉을 수도 없었다. 내가 선택한 것에 대한 책임감 하나로 고된 세월을 견뎌야만 했다. 이제야 와 생각해 보면 마치 태산준령을 넘어온 기분이다. 드디어 이젠 모든 시스템이 무리 없이 돌아가고 안정된 경지에 올라섰다.

그런데 이게 웬일인가. 그간 의무와 책임감으로 똘똘 뭉쳐 달려온 세월이 염증처럼 느껴지고, 맞지 않는 남의 옷을 빌려 입고 등 떠밀려서 어릿광대 놀음을 하고 난 듯한 허탈감이라고나 할까. 이젠 내게 맞춤복 같은 삶의 옷을 입고 싶다는 생각이 고개를 들기 시작하는 것이었다. 잘 먹고 간다며 고맙다는 인사까지 남기고 돌아가는 고객들을 대하는 기쁨도 잠시일 뿐, 한판 휩쓸고 지나는 태풍 같은 나날 속의 일터에서, 나는 서서히 뒷걸음질 치며 다른 세계를 꿈꾸기 시작했다.

초창기로 기억을 돌려 보면 고객들이 염려해 주고 안쓰러워할 정도로 나는 모두 어설프기만 하였다. 아무리 봐도 이런 장사할 사람이 아닌데 어떻게 음식업에 뛰어들었느냐며, 10년이면 길이 보일 테니 참고 견디라 한 고객의 격려를 나는 가슴에 품고 달려왔다. 이젠 그 말을 다른 누군가에게 해줄 수 있는 경지에 이른 내가, 이 자리를 벗어날 궁리를 나는 지금 하고 있다. 이런 나를 나는 잘 안다. 자신을 돌이켜 보면 경영주로는 영점짜리를 면치 못하였다. 장사는 하되 장사꾼은 되지 않겠다는 생각으로 일관했고, 주변의 경영주한테 그렇게 해도 먹고 사느냐는 비아냥도 들었다. 그러나 내 경영 방식이나 철학은 그들과 달라 귓등으로 들었다. 어떤 연유에서든 나는 고객들로부터 찬사를 받는 행복한 경영주가 되었고, 관심 있게 보고 가는 사람이면 누구나 탐내는 영업장으로 만들었다.

그러함에도 지금 나는 이 일이 아닌 다른 일을 하고 싶어 또다시 공상 속을 맴돌며 또 다른 길을 갈망하고 있는 나의 진면모가 뭘까? 생각해 본다. 애당초 내겐 이 일이 정서로 보나, 체력으로 보나, 감당하기 어려운 일이었다. 지금도 처음 찾은 고객이라면 이 사업 시작한 지 몇 개월 되느냐며 묻기가 일쑤다. 이런 일로 보아 정녕 경영자의 자질이 안되는 자신을 스스로 알아차리게 되며 생각이 생각을 낳고 드디어 공상 속의 날을 잇는 내가 되었다.

사람은 생각함으로써 존재한다고 했다. 그렇듯이 누구나 일생을 통해 끊임없이 생각하고 지우기를 거듭한다. 미국의 한 심리학자 마크 웹 스타인은, 생각은 있어도 생각하는 사람은 없다고 말하였다. 심오한 뜻이 담긴 말이다. 그러나 사람은 생각이나 표현을 자유자재로 할 수 있는 동물이기에 누구나 자기 현실에 맞춰서 필요한 생각을 하며 살아가고 있다. 따라서 공상 역시도 그런 것이 아닌가 싶다. 자신이 놓인 현실에서 탈피하고자 하는 몸부림이랄까. 고단한 삶의 갈림길에서 옥죄어오는 숨통을 열어주는 숨결과도 같은 것이랄까. 굽이굽이 넘어야 하는 고단한 인생살이 앞에서 뇌리에 뻗는 공상은 비록 실현 불가능한 헛꿈에 지나지 않으나, 나그네가 소낙비를 피해 가는 처마 끝과도 같아, 아무도 막지 못하는 자기만의 것이리라.

2001. 3.

공짜

속담에 공것은 쓴 것도 달고, 공술에 술 배운다고 하였다. 이렇듯이 세상엔 공것 마다할 사람은 없는 듯싶다. 공짜로 주는 것이 있으면 길을 가다가도 멈추고 자신에게 필요성을 따지기보다 일단은 받고 보는 것이 공짜다. 그러나 공짜도 공짜 나름이다. 받아서 부담 없이 기분 좋은 것이 있고, 체증처럼 편치 않은 공짜가 있다. 그렇지만 분명 공짜인데도 공짜라는 의식조차 못 하는 것이 진정 공짜가 아닐까.

요즘 들어서 나는 경관이 아름다운 곳을 보거나 유독 별이 빛나는 밤하늘을 보고 있으면, 인생은 공짜라는 생각이 든다. 세상에 태어날 때 값을 치르고 오지 않았으니 공짜요, 생존의 첫째 조건이라고 하는 우주에 가득 찬 공기 또한 평생을 두고 무상으로 마시는 무한대한 공짜다. 천체만물 우주공간 온갖 자연의 아름다움 또한, 평생을 두고 즐기며 살아간다. 모두가 거저 받는 것이다. 그런데도 우리는 무료입장권 한 장에는 공짜라는 인식을 뚜렷이 하면서도, 거대한 생존권을 부여받은 것에는 공짜라는 의식조차 없다. 그것은 누구나가 누리는 인간의 기존 생존권에 대한 권리감에서인지,

아니면 작은 것에 민감하고 집착하는 본성 때문인지 모를 일이다.

내가 자랄 때 어머니한테 자주 들은 말이 있다. '공짜라면 양잿물도 마신단다.'라는 말씀 뒤에는 '그러나 공짜보다 더 무서운 것은 없다.'라는 말씀을 반드시 하셨다. 어린 시절, 끼니때 들른 방물장수가 공밥 먹고 가는 것이 미안하다고 내 손에 머리핀을 슬며시 지어주고 갈 때나, 엿장수가 떨이라며 엿 한 조각을 더 떼어줄 때면 그것을 받아든 나는 마음에 팔랑개비를 단 것처럼 기뻤다. 그 어린 마음엔 공짜라는 의식도 없이 그저 손에 쥐어졌다는 것이 그렇게도 좋았던 게 아니었나 싶다. 반면엔 공짜를 제대로 즐길 줄 아는 시절이 아니었나? 하는 생각이 들기도 한다.

그러나 나이가 들어 객지에서 우연히 만난, 학교 적 담임 선생님으로부터 얻어먹은 밥 한 끼니는 지금도 생각하면 얼굴이 달아오른다. 내가 대접하겠다며 식당으로 들어가는데 선생님의 일행이 한 줄은 서서 들어가는 것을 보니, 뒤로 뺄 수도 없고 하여 엉거주춤 먹고 났으나 주머니만 만지작거리다 창피함을 무릅쓰고 돌아섰다. 카드 하나면 모든 것을 해결할 수 있는 지금 같은 시절이라면 문제가 아니었겠지만, 결국 얻어먹게 될 수밖에 없었던 그때의 일은, 생각하면 지금도 쥐구멍이라도 찾고 싶은 심정이다. 밥 한 그릇의 공짜가 33년이라는 세월로도 그 창피함과 부담을 씻지 못하고 있다. 그 옛날 어머니가 자주 하시던 말씀을 되살려보며 어머니의 깊은 뜻을 헤아려 보곤 한다. 자신에게 적합하지 않은 공짜가 얼마나 편치 않은 것인가를.

얼마 전이다. 딸아이가 전철 정액권 한 장을 내게 주며 멀리 갈 때 쓰면 재미있다고 하였다. 왜냐고 물으니 아무튼 타보면 안다고 한다. 출구에서 찍히는 숫자를 보니 5라는 숫자가 나왔다. 5가 나오면 50원인데 이 액수로 내가 가는 곳까지 갈 수 있을까? 하는 의구심이 들어 불안하였다. 종착역에서 체크 아웃 되는 순간, 행여 통과가 안 되어 창피를 당하면 어쩌나? 하고 마음을 졸였는데 무사히 통과되었다. 몇 푼만 남아도 기계의 시스템상 통과가 되는 모양이다. 단돈 50원으로 2시간 이상이나 승차한 요금 1,800원을 대신하였다고 생각하니, 나는 마치 대단한 횡재라도 한 듯하였다. 요즘 50원으로 살 수 있는 것이라고는 공중전화 한 통화를 걸 수 있는 것 외엔 아무것도 없다. 그런데 1,800원이나 되는 요금을 50원으로 대체 되었다는 것이 신통하기도 하여, 누군가에게 자랑하고 싶었다.

언젠가 백화점엘 갔다가 줄을 잇고 있는 사람들을 보았다. 알고 보니 한정된 인원에게 선착순으로 물건을 싼값에 준다고 하여, 새벽부터 나와 시간 되기를 기다리고 있다 하였다. 우물가에서 숭늉 찾는다는 속담이 있을 정도로, 한국인의 급한 성격은 세상이 다 알고 있는데, 이런 일에는 몇 시간이라도 기다리고 있는 느긋함이란, 다른 어디서도 볼 수 없는 모습들이었다. 유난히도 이런 정보에 밝은 사람의 말을 들어보면, 나는 마치 손해만 보고 사는 사람 같은 기분이 들곤 한다. 그래서 나도 인근 백화점에서 사은행사가 있다는 정보를 듣고 갔었다. 알고 보니 사은품을 주는 것은, 각기 품목별로 한도 내의 액정 가를 맞춰야만 주는 것이었다. 내가 받고 싶은 사은품에 대한 액정 가를 맞추느라 자연히 물건을 이것저것 사게 되었다. 그런데 그 물건이 아직도 창고에서 공짜를 탐하는 나의 속성을 대변하고 있어, 소탐대실(小貪大失)이라는 말이 곧 나를 두고 하는 말임을 생각하곤 하였다.

과천에는 일명 굴다리 시장이라고 불리는 장터가 있다. 도로 밑으로 뚫린 길이다 보니, 땅굴 같기도 하고 위로 보면 다리 같기도 하여 붙인 이름이다. 처음에는 몇몇 원주민들이 소작한 푸성귀를 내다 파는 곳이었는데, 차츰 노점상들이 모여들어 이 일대가 장터로 자리 잡은 지가 오래다. 백화점이나 슈퍼마켓 물건처럼 시각적으로 끄는 맛은 없어도, 약삭빠르게 숫자에 값이 매겨지는 전자저울 대신, 얼굴이 검게 그을린 상인들의 후한 인심이 무게로 실린다.

밭에서 갓 뜯어온 채소를 무더기로 지어 놓고, 한 무더기를 살 때마다 한 줌씩을 더 봉지 안에 넣어 준다. 돈으로 따져 보면 별거 아니지만, 한 줌씩을 더 얹어 받는 마음이야말로 액수로도 계산되지 않는 정이 있고 기쁨이 있다. 그 재미에 붙여 보이는 것마다 한 무더기씩을 다 사고 보면, 다 먹기 전에 부식돼서 버리게 되는 것조차도 잊고, 나의 양손엔 비닐봉지 끈이 가득 쥐어진다. 이래도 내가 손해 보고 사는 것이 속 편하다고 말할 수 있는가. 오히려 큰 것에는 무디면서도 소소한 것에 연연해하는 마음이란 공것을 탐하는 습성에서가 아닐는지. 과천에서 살다 이사 간 뒤에도 이곳에 다시 찾는 사람들을 보면, 백화점 고급 물건 찾는 마음 따로 콩나물 사는 마음 따로라는 말의 의미를 다시 생각하게 하였다.

우리네 인생살이에는 관계 안에서 크고 작은 공짜가 있다. 밥 한 끼니 주고받는 일, 소소한 물품 하나에서부터 거액에 이르는 것까지 상관 되는 상태에 따라 많은 차이가 있다. 그러나 공짜도 공짜 나름이어서 작으면 정이 쌓이고 지나치면 병이 쌓인다. 보통 병이 아니라 마음으로 스며들어 인생을 망치는 병이다.

2001. 4

앉는 자리

모임이나 초대받은 자리에도, 그 모임의 성격에 따라 내가 앉을 자리가 있다. 어쩌다 생각 없이 앉다 보면, 민망함을 면키 어렵다. 엉겁결에 앉았다 하더라도 아니다 싶으면 적절한 자리를 찾아 앉으면 다행이나, 그렇지 못했을 경우 앉은 자리가 가시방석이다.

얼마 전의 일이다. 모임에 서둘러 가고 보니 약속된 시간보다 이른 시각에 도착하였다. 마련된 자리에는 원로 문필가 몇 분께서 와 계셨다. 인사만 여쭙고 물러나 앉기도 머쓱한 감이 들어, 곁에서 어르신들의 담소에 귀 기울였다. 어느새 회원들로 자리가 차고, 내가 앉은 자리에 앉아야 할 법한 선배 어르신께서 오셨다. 나는 황망히 빈자리를 찾아 앉긴 하였으나, 그 자리에서 미리 뜨지 못한 것이 내심 민망하였다. 세상을 살며 앉는 자리를 찾아 앉는 것도 빼놓을 놓을 수 없는 덕복 중 하나다.

교사 정년 단축 제도가 매스컴을 통해 보도되고 있을 때, 더 머물겠다는 소리가 높았다. 하지만 본인의 잣대와 세상이 재는 잣대가 다르니 문제다. 사람은 역시 죽는 순간까지 이

기적인 본성을 버리지 못한다더니, 이 본성 앞에는 교육자라도 어쩌지 못하는가 보다. 그렇지만 신은 인간에게 이성과 양심이라는 본성도 함께 주셨다. 이성으로 자신을 다스리고 양심으로 남을 생각하라는 것이 아니겠는가. 이래서 인간사엔 그나마도 이런저런 웃음이 있고 정의가 맥을 잇고 있는 것이 아닌가 싶다. 내게 가려서 남을 보지 못하고 객관성을 잃어서는 안 되겠다는 생각을 새삼 하게 된다. 멀찍이서 남을 보는 눈으로 나를 보고 남이 나를 보는 눈으로 나를 볼 수 있다면, 자리에 연연해하지는 않을 것이라는 생각도 해 본다. 하지만 이것이 어렵다.

나는 내가 운영하는 음식점에서 내 정년은 내 마음에 있다고 생각하였다. 그런데 어느 음식업소에 들렀을 때 백발이 성성한 노파가 계산대를 지키는 모습을 보고 생각을 바꾸었다. 내가 앉은 자리에 욕심이 덧씌워져 보인다면 그 자리는 내 자리가 아니어서, 세상도 이를 알아보고 달가워하지 않는다는 소리가 내 가슴을 울렸기 때문이다.

부부 일치 운동을 함께해 오던 부부가 퇴임식을 했다. 떠나보내는 마음도 그렇거니와 몇십 년 동안 여정을 함께해 온 세월인데, 나이를 의식하여 자리에서 떠나는 마당에 허전함이 오죽 크랴 싶었다. 인간에게는 네 가지의 욕구가 있다고 한다. 이것이 모두 충족될 때 행복감을 느낀다고 한다. 이 네 가지의 욕구란 누군가로부터 사랑받고 싶은 욕구와 가치를 인정받고 싶은 욕구이다. 또 어디에 소속되고 싶은 욕구와 스스로 무엇인가를 이루고 싶은 욕구. 이 네 가지의 욕구가 채워지면 인간은 행복감을 느낀다고 하는 기본적인 본능이다. 자리에서 물러난 분은 이런 행복론에 대해 누구보다 잘 알고 체험하며 부부 일치 운동을 전개해 오던 분이어서, 자리 물림하는 것이 더 어려울 것이라는 생각이 들었다. 잠시 머물다가 내리는 전동 찻간에서도 선뜻 자리를 내주기가 쉽지 않은 것이거늘, 오랜 세월 동안 머물렀고 또 욕심껏 머물 수 있는 자리에서 물러나기란 쉽지 않은 일이다. 나는 선배 부부의 자리 물림이 그래서 더 돋보였다.

나 역시도 몇 해 전 이십 년 동안 몸담았던 자리에서 물러났다. 활동을 시작할 때 남편과 합의를 본 나이가 되었기 때문이다. 정년이 정해지지 않았던 시절, 우리 부부는 이미 물러날 시점을 정하였었다. 그러나 그때까지 간다는 것도 욕심이라 생각되어 앞당기었다, 일찍이 이 부분에 있어 남편과 생각이 일치되어 다행스러운 일이었다. 그동안 나는 줌으로써 받는다는 말처럼 이 안에서 봉사라는 말이 무색할 정도로 참으로 많은 것을 받았다. 부부가 함께하는 활동이라서 자유로웠고 풍요로웠다. 인간에게 필요하다는 욕구 충족으로 행복하다는 생각을 많이 하며 살았다.

세월이 흐를수록 매료를 느끼고 보람을 느꼈다. 빠르게 지나가는 한 해 한 해를 할 수만 있다면 밀쳐 내고 싶었다. 자신들이 경비를 부담하고 만만치 않은 시간을 내어놓아야 하는 봉사이니만큼, 정년이 필요 없다며 자리를 보존하려는 사람들의 마음을 알 것도 같았다. 사랑이 있고 여정을 함께 하길 소망하는 동반자들을 뒤로하고 자리를 뜬다는 것은, 생각만 하여도 몹시 아쉽고 안타까운 일이었다. 무엇보다 함께 머무르고 함께 일하며 사랑 안에 더 머물러 있고 싶었다. 아무리 봉사라 하지만 정년은 있어야 한다고 했던 내 생각을 슬며시 접어버리고 싶기도 하였다. 아직 선배 부부님이 자리를 더 지켜 주셔야 한다는 후배들의 만류가 솔깃하게 들리고, 내게도 더 머물고 싶다는 생각이 짙어 왔다.

이것이 사람의 욕심이었다. 그러나 어느 자리에서든 남는 사람이나 떠나는 사람이 피차 아쉽다고 생각될 때가, 적절한 시기이고 이 또한 품격이며 덕목 중 하나라는 생각을 곧추세우며 자리를 떴다.

시드니 오페라 하우스의 이천칠백 개의 객석은 관중으로 꽉 메워져 있었다. 오케스트라가 일제히 장내를 울릴 때, 그 웅장한 소리가 천지를 뒤흔드는 듯싶더니, 끊일 듯 말 듯 이어지는 음률 속에서 내 가슴은 감동의 물결이 일렁이었다. 악기가 제각기 자기 자리를 찾아 들고 날 때마다, 음폭과 음량이 달라지고 그 선율을 따라 환상 속으로 빠져들곤 하였다. 한 악장이 끝날 때마다 우레 같은 박수 소리를 들으며, 인간사도 이와 다르지 않다 생각하였다. 악기가 번갈아 들고 날 때 더욱 아름다운 하모니를 이루는 것처럼, 세상을 사는 우리도 어느 자리가 되든지 간에 주어진 자리에서 소임과 역할을 충실히 했다 싶으면, 시기적절하게 자리를 떠나야 함이 순리이며, 이것이 배려이고 인생을 사는 예의가 아닐까. 하는 생각을 해 보았다. 물은 흘러야 맑고 나무는 새순이 아름답듯이 사람의 자리도 교체가 이루어질 때, 더 좋은 변화와 발전이 있다는 것을 음악이 말해 주고 있었다.

사람은 누구나 자기 자리가 있다. 앉든지 서든지 일상의 자리가 있고 일생을 가꾸어 가는 자리도 있다. 그러나 해가 뜨고 지는 것처럼 자연의 순리대로 따를 때, 앉는 자리도 사람도 아름답다.

1999. 12.

이런 맛 저런 맛

일생을 살아가는 동안, 잃어서는 안 될 것 중 하나가 맛이 아닌가 싶다. 맛이라면 입을 통해 느끼는 음식 맛이 있고, 오관을 통한 정서적인 맛이 있다. 음식을 통한 맛은 입을 즐겁게 하는 동시에 육신을 지켜주고, 건전한 정서를 통해 느끼는 맛은 영을 즐겁게 하는 가운데 인생이 바뀐다.

평소 감기에 강하다고 자랑처럼 말해 왔던 내가, 감기로 인해 병원 출입을 하였다. 온 집안 식구가 감기에 걸려도 나만은 비켜서 갔고, 설혹 걸렸다 해도 그럭저럭 2~3일이면 정상을 되찾곤 하였는데 이번엔 링거 주사까지 맞았다. 이 나이까지 없어서 못 먹고 안 줘서 못 먹는다는 말로, 식성을 대변했을 만큼 못 먹는 것도 없고 맛없는 것도 없었다. 이런 내가 밥맛이 없다는 것을 처음 경험하였다.

봄이 되면 입맛이 없다며 색다른 음식을 찾곤 하시던 어머니가 생각나고, 입이 달 때 많이 먹으라며 당신 몫을 자식들 앞으로 밀어내시던, 어머니의 창백한 얼굴이 눈앞에 어린다. 지금은 저세상에서 어떤 모습으로 계실까. 불현듯 어머니가 그립다. 뭐니 뭐니 해도 먹는 즐거움이 제일이라느니,

식성을 잘 타고난 것도 복 중의 하나라고 하던 말들이, 이제야 공감하게도 된다. 입맛은 건강과도 직결되어서 맛을 잃으면 기력뿐 아니라, 결국엔 삶의 맛도 잃게 된다는 사실 또한 실감했다. 본래의 내 입맛이 돌아오지 않으면 어쩌나 하는 생각을 하니, 체중 증가를 억제하여 음식 절제에 마음을 써 왔던 것들이 부질없는 짓이었다. 사람은 먹어야 살고 먹기 위해서는 맛을 잃어선 안 되는 일이지만, 그렇다고 먹는 맛으로만 살아갈 수는 없다. 운동 일 각종 취미 생활 등, 이런저런 일에 맛들이며 살아가는 것이 인생이 아닌가 싶다.

잠자기 전 운동이 좋다 하여 아파트 주변을 걷기 시작한 것도 1년이 지났다. 하루 일을 마치고 나서 걷기를 시작할 때면, 아파트 창마다 불빛이 하나씩, 둘씩 꺼져 간다. 수장처럼 우뚝 선 수리산은 검은 베일 속에 잠이 든 듯 고요한데, 늦은 귀가를 알리듯 자동차 소리만 간간이 적막을 깬다. 남편과 주고받는 이야기로 밤이 깊은 줄도 모르고 걷다가 하늘을 보면, 조각달이 어느새 산머리를 넘고 있다. 눈 내리는 밤이면 순결한 맛이 있어 좋고 바람 부는 날이면 상큼한 맛이 있어 좋다. 두서너 정거장 거리에도 차를 타는 것이 습관이 되어 있는 내가, 아파트 둘레를 돌고 도는 데는 발걸음이 가볍기만 하다. 두세 바퀴를 돌면 등에 땀이 촉촉하고 열두어 바퀴면 1시간이 걸린다. 밤의 정경에 맛이 들고 걷는 데에 맛이 들어, 나는 오늘 이 밤이 즐겁고 내일이 다시 기다려진다.

가사를 할 때가 제일 즐겁다고 말할 만큼 살림을 잘하는 친구가 있다. 그는 하찮은 풀 한 포기라도 화분에 심고 가꾼다. 그런 정성과 세심함을 나는 부러워하면서도 따라 하지 못한다. 나이가 들어도 살림 맛을 잃지 않는 그 친구를 보며 내게도 한때 살림 맛에 빠져 있었던 시절이 생각난다.

결혼 당시, 내게는 살림이라는 말조차 생소하였다. 그래서 모든 것이 어설펐지만 나는 주부로 임무에만은 충실을 기하였다. 날마다 빨랫줄에는 백옥 같은 빨래가 널리고, 쓸고 닦은 집 안과 밖으로 내 마음에 정갈한 느낌을 더 하였다. 자고 새면 틀에 박힌 일상이었으나 살림 맛에 하루하루가 푸르고 싱그러웠다. 사랑하는 사람을 위해서라면 못 할 일이 없고 귀찮은 일도 없었다. 매일 와이셔츠와 손수건 양복을 다림질해 놓고 구두를 닦아 댓돌 위에 올려놓는 것으로 하루의 숙제를 끝내고 나면, 미소를 머금은 남편의 퇴근길을 떠올리며 장바구니 들고 시장으로 향하였다. 반짝이는 양은 냄비 위로 내 얼굴을 비춰보며, 과년한 딸자식들에게 살림 맛을 운운하시던 어머니의 속마음이 이런 것이려니 생각하였다.

한때, 공예에 맛을 들여 흠뻑 빠졌던 적이 있다. 그 시절엔 화분을 화분걸이에 올려 창가에, 아니면 거실 구석 쪽에 매달아 놓는 것이 유행하였다. 남편이 어느 잡지에서 보고 알려 주어서 그것을 배우러 다녔는데, 내가 수업하러 가는 날이면 세 살 다섯 살이던 딸아이들이, 내가 돌아올 때까지 꼬박 발코니에 매달려 목을 빼고 기다리기 때문에 나는 늘 초조하고 바쁜 걸음이었다. 3개월 수강을 마치고 한 땀 한 땀 엮어서 작품을 완성하는 맛에 세월을 잊었었다. 그런데 여러 해가 흘러 과천으로 이사 간 아파트에서 안면을 트고 살던 분의 집에 놀러간 일이 있었다. 그 부인은 바가지 공예를 하느라 열중이었다. 바가지라면 시골 초가지붕에서 농촌의 운치를 한껏 드러내고 있던 것이다. 늦은 가을에 박을 따서 속을 빼내고 가마솥에 푹 삶아서 껍질을 벗겨 말린 것으로, 물바가지나 곡식을 푸고 담는

데에 요긴하게 쓰이던 것이었다. 투박하고 볼품없는 것으로 여겼던 그 바가지가, 참으로 아름답고 멋진 예술품이 된다는 것에 매료되어 나는 그 부인에게 가르쳐 주기를 요청하고 응답을 받았다. 남대문 시장에 가서 작품성을 돋우어 낼 만한 바가지를 골라서 가지고 온 즉시, 그분의 도움을 받아 작업을 시작했다. 거기에 그림을 그린 다음 파내고 인두로 지지고 하는 과정에서 나오는 하나하나의 선을 따라 작품성이 돋우어지는 것을 보며, 그 기쁨과 뿌듯함이란 세상만사를 잊을 만큼 나는 그것에 심취하였다.

다른 것엔 돌아볼 여념이 없었다. 아이들은 밥 먹여 학교 보내면 그만이고 남편이 퇴근해 와도 쳐다볼 틈도 없이 조금만 조금만 하며 손끝을 멈추질 못하였다. 그러기를 예외 없이 반복하던 어느 날이다. 남편은 완성을 앞둔 공예품을 내 손에서 낚아채어 박살을 내었다. 그도 성이 풀리지 않았는지 벽에 걸린 몇 점을 더 걷어다 박살을 내었다. 그 순간 내 가슴속에 가득 찼던 희열과 기쁨 즐거움 모두 산산조각이 나고 말았다. 남아 있는 나머지 작품들마저 내 손으로 모두 걷어 내버리고 나만이 즐길 수 있었던 향기와 안락함과 즐거웠던 낙원의 맛에서 전격 퇴거하였다.

사람은 식성이나 취미 또는 생활방식이 제각기 다르다. 즐기며 맛들이는 것 또한 각기 다르다. 그리고 음식에 식성이 있듯, 사람도 자신만의 정서가 있고 또 정도가 있다. 따라서 어떤 정서에 맛들이고 어떻게 즐기느냐에는 품성에 따라 모두 다르다. 그러나 자리에 맛을 들이고 돈에 맛들인 사람은 후에 평가가 따르기 마련이다.

2000. 6

꿈을 꿀 수 없는 사람들

성당 사무실에서 내게로 온 편지가 있다고 연락이 왔다. 성당 주소로 보낸 것이라면 누가 보낸 것인지 이미 아는 터라서, 그에 대한 이런저런 생각으로 마음이 찹찹하였다. TV 화면이나 신문상에 오르내리는 범죄자들을 볼 때마다, 그들은 우리 사회에 암적 존재라는 생각을 떨쳐내지 못하던 나였다. 한 가정이 파괴되고 귀한 생명이 잃어가는 비극의 현장이 곧 그들이 빚어낸 일이라고 생각한 까닭이다. 신은 쓸모없는 인간을 창조하지 않는다고 하였는데, 교도소를 제집 드나들 듯이 하는 그들만은 얼른 이해도 동정도 가지 않았다. 그런데 한 편의 영화가 가슴으로 그들을 품게 하였다.

어느 해 11월 그날은 낮게 내려앉은 잿빛 하늘이 콘크리트 담벼락과 조화를 이루듯, 을씨년스럽기만 하였다. 교정사목 미사에 참례하기 위하여 대기 중이던 교우들과 함께, 교도관의 안내로 철문을 들어섰다. 미로 속 같은 복도를 지나면서 방향이 바뀔 때마다, 철문이 여닫히는 소리가 가슴을 짓눌렀다. 죄의 대가가 바로 이런 것이구나. 하는 생각에 마음이 찹찹해졌다. 우리가 내딛는 발자국 소리만이 교도소 안에 반향을 울릴 뿐 누구도 말이 없었다. 철창 사이로 얼핏 보이는 재소자들의 숙소가 그들의 존재가치를 말해 주는 듯하였다. 그런데도 이곳을 단골손님으로 드나드는 이 사람들은 대체 어떤 사람들이란 말인가. 답답한 일이었다.

강당에 들어서자 푸른 제복을 입은 재소자들의 시선이 일제히 우리게 쏠렸다. 감정이라곤 없는 듯이 무표정한 얼굴에서 강당 안의 한기만큼이나 냉기가 흘렀다. 몸도 마음도 얼어붙은 듯이 보이는 모습에서 나는 갑자기 연민의 정을 걷을 수가 없었다. 세상과는 담 하나를 두고 있을 뿐인데, 억겁의 세월보다도 더 길고 닿을 수 없는 다른 세계에 사는 이들은 과연 무슨 생각과 무슨 꿈을 가지고 살고 있을까? 이들에겐 생존경쟁이라는 단어 대신 세월과의 전쟁이라는 말이 옳을 듯하였다. 각기 다른 외형만큼이나 죄명도 다르겠지만, 겉모습으로 보아선 나무랄 데 없이 건장한 사람들이다. 이들을 보면서 나는 육신의 불구는 스스로가 불편할 뿐이지만, 마음의 불구는 남을 해치는구나. 하는 생각을 하였다.

미사가 진행되는 동안에 나는 언제 이들에 대해 선입견이 있었더냐? 싶게 마음으로나마 보듬고 있었다. 태어날 때부터 악한 사람은 없다고 하였는데, 그동안 나는 이들을 범죄자라는 것 하나로 죄악시해 왔다. 원인 없는 결과가 없듯이 이유 없는 범죄가 있을까마는, 이 지경에 이르기까지는 깊은 상처와 사연이 있을 터인데, 이들을 나는 일방적으로만 보아 왔고 그래서 방관자로 일관해 왔다. 내게도 오갈 곳 없이 전 재산을 앗아간 사람을 향해 증오심과 분노로 들끓었던 때가 있어, 하루에도 수없이 마음에 칼을 품었다. 과연 저들과 내가 다를 것이 뭐란 말인가? 미사가 끝나고 집으로 돌아오는 내내 나의 머릿속에선 그의 형상들을 떨쳐 낼 수가 없었다.

정기적으로 재소자를 방문하는 그룹에 소속이 되어 만남이 있는 첫날이었다. 재소자들과 탁자 하나를 사이에 두고 앉으니, 활기를 잃은 얼굴들이 측은지심이 든다. 20대에서 50대까지의 나이 차이가 있지만, 제복 속에 어둠의 세월을 고즈넉이 묻어 둔 듯, 그들의 표정은 담담하기만 하였다. 말문이 닫힌 듯 묻는 말에도 고개를 숙일 뿐이었다. 하기야 꿈마저도 꿀 수 없는 억장의 세월을 어찌 다 풀어 놓을 수가 있겠는가?

만남을 거듭하는 동안 언제부터인가 내겐 기다림의 날이 되었다. 그들과 주고받는 말마디 한마디가 내 맘속에 불을 지피듯 그들에 대해 연민이 생겼다. 우울해 보이던 그들이 조금씩 마음의 빗장을 내리고 조심스레 속내를 열어 보였다. 이야기를 들으면 사람에겐 자란 환경이 운명을 극과 극으로 바꿔 놓을 수 있다는 것을 실감케 하였다. 얼마 남지 않은 출소 날을 손꼽아 오던 재소자가 있었다. 그는 하늘의 별이라도 딸 듯이 바깥세상에 대한 기대에 부풀어 이미 사회인이 된 듯하였다. 복음(성경) 말씀을 나누는 시간이면 그는 언제나 할 말이 많았고, 남의 말에도 앞질러 이야기를 해 주는 대변인이기도 하였다. 그러나 막상 출소 날이 코앞에 닥치자 그의 말속엔 불안한 기색이 역력하였다. 그는 이미 사회가 자신을 반기지 않는다는 것도 갈 곳이 없다는 것도 익히 알기에, 철창 밖의 자유인이 되는 것이 오히려 두려움이 되는 것 같았다.

수감 생활로 검던 머리가 백발이 되어 버린 노인이 있었다. 그는 묻는 말 이외엔 말이 없었다. 그런데 어느 날 내게 고해성사를 보듯 더듬거리며 자신의 과거를 털어놓았다. 무슨 팔자소관으로 휘두른

주먹이 두 차례나 사람을 죽게 하여, 무기수로서 삼십 년이 넘도록 죄의 값을 치르고 있다 하였다. 그의 얼굴에는 회한의 빛이 감돌았다. 아무런 꿈도 기대도 없어 보이는 그 노인은, 그저 세월이란 배에 띄워져 있을 뿐이라는 느낌이 들었다. 그의 말을 들으며 나는 이런 생각이 들었다. 사람들은 운명이니, 팔자소관이니. 하는 말로 자기변명을 하고 있지만 그렇다면 어디까지가 운명이고 어디까지가 자신의 죄일까? 나는 그에게 단호히 말해 주었다. 팔자나 정해진 운명은 없다. 설사 있다 하여도 자기가 서 있는 위치에서 자기의 목표를 향해 끊임없이 노력하고 최선을 다하여 살아가는 것이, 인생이고 사람으로 태어난 본분을 다하는 것이라고 말해 주었다.

재소자의 옷 색깔이 베이지색이라면 그는 모범수다. 말하지 않아도 모범적으로 수감 생활을 하고 있다는 표시다. 20대의 모범수 한 청년은 언제 봐도 고개만 꾸뻑할 뿐이다. 말수가 적고 눈조차 마주치지 못하는 청년이었다. 그런 그가 말문을 열었다. 일주일 후면 출소하는데 부모는 미국에 이민 갔기 때문에 자신은 갈 곳이 없다 하였다. 출소가 오히려 걱정이라며 얼굴빛이 어두웠다. 이곳 이들에겐 죄목도 사연도 가지가지의 사람들이 모인 이곳, 파란만장하고 앞이 보이지 않는 그들에게 꿈을 갖는다는 것조차 사치일 것 같은 생각이 들었다. 사람의 손이 닿지 않는 곳엔 잡초가 무성하다. 이 사회도 다를 바가 없어 사회가 이들을 외면하면 그들의 되풀이되는 불행이 이 사회에 어둠으로 가는 연결고리가 되고 있음을 우리는 알고 있지를 않나?

2003. 2.

묵내뢰(黙內雷)

인생살이 길어야 8~90년. 그 세월을 살아내자면 내외적으로 겪는 우여곡절이 있다. 때로는 파도처럼 때로는 돌풍처럼 닥치는 고난을 넘어야 한다. 하늘이 내려앉는 듯, 땅이 꺼지는 듯 절박감 속에서, 신호음 소리조차 낼 수 없는 지경에 이를 때도 있다. 남들한테 내색하지도 못하고 속으로 누르고 삭혀 보지만, 그 상처의 아픔은 좀체 가시지 않는다. 그것을 견뎌내기까지는 자신과 싸움만이 있을 뿐이다.

친구 중에 혼자된 친구가 있다. 남편과의 생이별에 고뇌와 아픔이 따랐을 터인데, 그런 내색 없이 잘 어울렸다. 주변에선 그 친구를 속 좋은 사람이라 하고 속을 알 수 없는 사람이라고도 하였다. 그러나 내 생각은 달랐다. 아픈 것도 웬만해야 아프다 소리가 나오고 슬픈 것도 웬만한 슬픔이라야 드러낼 수 있다. 워낙 감당하기가 어려운 일은 말조차 꺼내기 어렵다. 그 자체가 상처를 다시 헤집는 격이어서 오히려 고통을 가중시키기 때문이다. 그 친구도 그래서 침묵으로 일관해 왔던 게 아닌가 싶다. 아마도 속내는 천만 번의 말보다도 더한 몸부림이 있었을 것이다.

나는 잘 알지 못하는 사람들과의 대면에서 듣는 첫 마디가 있다. 고생이라곤 모르고 살아온 사람 같다는 말이다. 그러나 내가 결혼하여 가정을 이루고부터 주기적으로 파산을 겪어 왔던 나로선, 그 말이 어디 가당키나 한 말인가 하고 우선 속으로 부정부터 한다. 그러면서도 한편으론 내게 거친 기운이 없다는 말로 들려 여간 달갑게 들리는 게 아니다. 돌아보면 굽이굽이 막막하게만 느껴졌던 역경의 날들이 파노라마처럼 떠오른다.

신혼의 단꿈과 내 집 마련의 기쁨을 채 누려보기도 전에 인생의 회오리를 맞았다. 남남 간에나 있을 법한 일이 형제로 인해 겪게 되니, 수습이라는 말조차도 꺼내 보지 못하고 눈앞에 닥친 일을 고스란히 떠안을 수밖에 없었다. 하루아침에 살 집이 없어지고 빚까지 떠안은 현실이 칠흑같이 어두웠다. 남편은 말없이 속을 끓이다가 몸져누워버리고, 내 나이 겨우 스물일곱인 나는 어린 것을 품에 안고 장마에 봇물 터지듯 눈에서 눈물만 쏟아내었다. 오직 노력과 성실 하나로 모아온 피 같은 전 재산이 파도가 휩쓸어간 모래성과도 같은 현실 앞에, 남편은 망연자실할 뿐이었다.

이런 남편에게 내가 해 줄 수 있는 것이라고는 아무것도 없었다. 우리 둘 중에 누구 하나 죽은 것에 비교하자는 말, 이것이 내가 그에게 해 줄 수 있는 전부였다. 날이 갈수록 태산같이 느껴지는 현실이 나를 옥죄어 오고 출구 없는 터널에 갇힌 듯이 캄캄한 절망감이, 푸르렀던 나의 인생에 수 없는 빗금을 그었다. 그토록 속이 들끓었건만 친정 형제와 부모님께도 내 마음속을 풀어놓을 수가 없었다. 그것은 그분들마저 이 아픔을 건네받게 하고 싶지 않았고, 또 하나는 잘사는 모습을 보여 드리고 싶었는데, 아픈 상처를 드러내 보이는 것 역시 내 자존심이 허락하지 않았다. 이런 속내를 모르고 지인들은 나에 대한 행복을 운운하였고, 어머니는 막내딸이 소리 없이 잘 산다며 좋아하셨다고 했다.

풍랑을 헤치고 난 후, 물론 빚이지만 우리는 남편 회사의 도움으로 내 집을 마련하였다. 둘째까지 태어나고 우리는 평화로운 일상으로 돌아갔다. 나날이 평온과 따사로움이었다. 그런 가운데 주위의 몇 집과 시작된 이민의 계획이 또 한차례의 돌풍이 될 줄이야. 이민 신청 후, 3개월이면 출국한다던 것이 3년이 지나고도 원점에서 머물렀다. 내 인생에 또 하나의 깊은 옹이가 박혔다. 주위에선 일찍이 단념하라 하였으나 우린 그럴 수가 없었다. 허리띠 졸라매고 장만한 집을 재차 날리고, 이민 준비로 남편 직장마저 내던진 세월이 얼마인데, 하며 남편과 나는 이미 마음이 이 땅에서 떠나 있었다. 죽더라도 나가서 죽자며 마음속에 말도 안 되는 오기만 가득 채웠다. 이른바 이민 병이었다. 다시 제3국행을 시도하며 이민 서류가 이 나라 저 나라를 떠도는 동안, 개정된 이민법이 우리의 오기마저도 거두어 가버렸다. 모두 다 체념하고 나니 한바탕 악몽으로 끝이 났다.

그러나 오기와 집착으로 얻어 낸 호된 대가가 우리 앞을 턱 버티고 있었다. 그 막막함이란 어디에다 비할 곳도 호소할 곳도 없었다. 그리고 그 악몽의 결과는 5년 전에 겪었던 완전한 무의 상태로 되돌아가야 했다. 나는 다시 한번 삶의 벼랑 끝에 서서, 내 마음을 비우고 다스리는 몸부림에 밤잠을 잃었다. 시가를 비롯하여 누구에게도 나의 참담함을 열어 보이기 싫어 발길을 끊었다. 스스로 늪에서 헤어나고자 끝없는 몸부림을 쳤다. 이것은 우리의 운명이다. 관계된 누구도 원망하지 말고 감정의 노예가 되지 말자. 정신을 차리고 현실을 받아들이자. 다짐에 다짐을 거듭하였다.

그래도 두 아이와 우리네 식구가 건강하고 남편은 회사로 복귀되었으니, 이 얼마나 다행스러운 일인가. 우리는 아직 젊다. 세상 것을 다 잃고도 감사하였다던 성경 속의 욥이나, 누더기를 걸치고도 당당하였다던 디오게네스가 있었다 하지 않는가. 잃은 것에 연연하지 않으려 하루에도 몇 번씩 마음을 추스르곤 하였다. 그러나 직면한 현실은 꿈도 이론도 아니었다. 노력은 언제나 미달이었고 한계점이 있었다. 내 속 좁은 마음이 때때로 감정을 충동질하여 스스로 절망의 늪으로 밀어 넣곤 하였다. "우리가 왜? 누구 때문에? 미안하다는 말 한마디 그런 얼굴빛 한 번이라도 우리게 보여 주었더라면 우리가 이 일을 시작했을까? 또다시 원망의 화살이 시숙에게로 돌려지고 내 마음은 칠흑같은 어둠의 터널이었다.

묵내뢰(默內雷)라는 말을 생각해 본다. 겉으로는 침묵을 지키고 있지만, 속은 우레와 같다는 뜻이다. 이에 비슷한 우화이지만 늘 웃음을 잃지 않고 사는 사람이 있었다. 누가 그에게 말하였다. "선생님! 선생님은 참으로 행복하십니다. 그러니 무슨 걱정이 있으시겠습니까?"라고 하였다. 그는 대답하기를 "물 위에 떠다니는 오리는 물 아래의 두 발을 얼마나 열심히 움직이는지를 모르는 것처럼, 내 안에서도 마찬가지랍니다."라고 하였다 한다.

옛 어른들이 살아온 사안을 들어보면, 밥을 굶고 서도 이를 쑤시고, 소낙비에도 뛰지 않았다. 그분들은 그만큼 자존심을 지녔다. 급류에 물살을 타듯 거센 감정도 자중하여 품위를 지켰다. 어려울수록 안으로 닫고 사는 것을 덕목처럼 여긴 묵내뢰. 이 글자 앞에 다시금 마음을 멈춰본다.

2003. 9.

홀로서기

오래전에 보았던 영화 「마션」이 생각났다. 화성에 간 로켓이 부분 폭발로 인해 홀로 떨어져 남게 된 한 남자가, 동료들이 자기를 구하러 올 것을 믿고 그때까지 자신의 생존을 위하여 그동안 익혔던 과학적 생물학적 지식을 총동원한다. 지상에 자신의 생존을 알리고 감자 농사로 생명을 유지하며 구조될 때까지를 엮어낸 영화다. 자생할 수 없는 조건에서도 불가능을 가능으로 바꾸며 살 수 있다는 인간의 생존 능력을 이야기하고 싶었을까. 그야말로 공상에 지나지 않는 일이다. 그러나 현대 과학은 실현 불가능한 공상이 이제 실제 가능한 세상으로 되어 가고 있다.

영화를 관람하고 돌아오는 내내 할 줄 아는 것이라곤 아무것도 없는 나약한 나와 대비되어, 자신이 무한히도 초라하게만 느껴졌었던 것도 잊히질 않는다. 나는 생존의 여건이 더없이 편리한데도, 혼자 살아간다는 것이 두렵고 겁부터 나기 때문이다. 사람에겐 타고난 의지력과 자라 온 환경이 인생의 판도를 바꿔 놓는다고도 한다. 그러나 어떤 사람과 함께 사느냐에 따라 성향이 바뀌는 것 같기도 하다.

온화한 가정에서 자란 사람이 거친 사람 없고, 과보호 속에 자란 사람이 자립심이 약하기 쉽다. 이렇듯이 환경의 지배를 면키 어려운 게 인간이며, 편한 것에 익숙해지는 것 또한 인간의 습성에서 나오는 것이 아닌가 싶다. 따라서 어떤 사람을 만나 사느냐가 한 사람의 꼴이 바뀔 수도 있다는 생각이 나를 보면서 들기도 한다.

어느 날이다. 긴 통화를 끝낸 남편이 제주도에 내려가 있어야겠다고 하였다. 이유인즉슨 봉사실은 이미 개소해 놓은 상태에서 봉사할 사람이 없으니, 자체 운영이 될 때까지 봉사자를 양성해야 한다는 취지에 서라 했다. 그 말을 듣는 순간 나는 가슴이 덜컹 내려앉았다. 새벽 미사를 나 혼자 다녀야 한다는 것이 큰 부담으로 오고 내 치료는 어찌하며, 밥도 혼자 먹고 잠도 혼자 자야 한다는 것이 두려움으로 엄습해 왔다. 수업 차 2박 3일 집 비우는 것도 내겐 부담이었는데, 그 여러 날을 혼자 지내는 것이 두려움으로 왔다. 나도 모르게 눈물을 훔치고 있는 내게 남편은 요즘 유행어에 노년에 든 부인들은 집에서 세끼니 챙겨 먹는 삼식이 남편보다, 하루 한 끼니 먹는 일식이 남편을 좋아한다는데, 주말 남편이면 당신은 환호하며 좋아해야 할 일이 아니냐며 놀렸다. 삼 식 이도 좋고 사식이도 좋으니 당신은 내 옆에 있어만 주면 된다는 내 말에 남편의 얼굴엔 희색이 만연하였다.

젊은 시절엔 누구나 다 그랬겠지만 나 또한 그 시절은 남편과 함께 있는 것을 제일로 좋아했다. 남편이 퇴근해 오면 나는 언제나 하던 일을 멈추고 그냥 같이 있었다. 그러기를 남편이 원한 것도 아니고 누구 말을 들어서도 아닌데, 남편이 집에 있으면 일하기가 싫어 그냥 남편 옆에 같이 있었다. 그러기 위해서 나는 남편이 퇴근하기

전에 모든 일을 부지런히 하여 끝내 놓곤 했었다. 힘이 닿는 한 나는 가사에 완벽 하고자 하였으나 이불의 무게를 감당하지 못해 이불 빨래나 힘에 부치는 제반의 것들은 언제나 남편이 자청하고 나섰다. 그런 가운데 자연스레 남편의 점령지가 넓어져 갔다. 드디어는 내가 하는 모든 것들이 불안하여 자신이 해야만 마음이 편한 사람이 되었다. 병뚜껑 포장지 뜯는 것들까지 남편이 전담하였다. 밥하다 양념통을 못 열어서 잠자는 머리맡에 내밀어도 자기 몫으로 여겼고, 고장 난 가재도구는 말만 하면 해결되었다. 스마트폰이 없던 시절엔 내가 가야 할 곳이 있다 하면, 약도를 그려주는 것은 물론이고, 본인도 잘 모르는 곳이면 미리 사전 답사하고 와, 내가 겪을 불편을 본인이 대신 감수하였다.

나이가 들어갈수록 남편은 점점 내가 유아적으로 보이는지, 내가 하는 것은 두고 보지 못하였다. 우리 가족들 생선 가시 고르는 일은 모두 남편의 몫이었다. 화초에 물 주는 것도 자기가 아니면 안 되는 자기만의 몫이다. 나들이나 긴 여행에 챙겨야 할 전반적인 것들 역시 남편의 몫이었다. 한때는 나와 상의 없이 과다한 물품 매입 때문에 다툼이 일곤 했어도, 나는 남편의 세심한 도움에 안주하여 살아왔다. 이런 것들이 긴 세월을 살아오는 동안 길이 들여져, 나 혼자선 옷 한 가지 신발 한 켤레 사는 것은 물론, 시장 보는 것까지도 남편을 대등 시키지 않으면 안 되는 사람이 되었다. 내게 도와줄 것을 살피고 만사에 해결사가 되어 준 사람이다 보니, 나는 거기에 익숙해져서 남편이 내 옆에 있지 않으면 나 자신이 바람 앞에 등불처럼 느껴진다.

이런 나인 반면에 남편은 반찬 만드는 일 빼고는 척척박사 이어서, 당신은 홀로서기를 끝낸 게 아니냐고 물었다. 그랬더니 일로서의 홀로서기보다 정신적인 홀로서기가 더 문제가 되지 않겠느냐며, 남편은 내게 반문한다. 그 말을 듣고 생각해 보니, 내가 아프면 자기가 지레 죽을 듯이 먼저 앓아누워 버리는 남편이었다. 당신이 가고 나면 나는 얼마 못 산다고 입버릇처럼 하던 말들을 그냥 흘려듣고 웃어넘길 말이 아니었다. 홀로서기란 남녀가 따로 없이 누구나 다 준비와 연습이 필요하지 않을까 하는 생각이 든다.

딸아이들이 장성하여 제각기 제 갈 길로 가고 나니 식구라야 남편과 나 단둘이 되었다. 아직은 남편이 있고 나도 하는 일이 있으니, 절절한 외로움을 앓아 본 적은 없으나. 집에 있는 날은 딸아이들에게 전화라도 걸어 무슨 말이라도 건네고 싶어진다. 수화기를 들었다가는 다시 내려놓고, 애꿎게 전화기만 만지작거리곤 한다. 어서 자라서 학교 마치고, 내게서 독립해 나가기를 바랐던 것이 엊그제만 같은데, 이젠 아이들이 비운 자리를 연연해하며, 쓸쓸하고 공허한 앞날을 두려워하고 있다. 늙으면 아이가 된다더니, 이젠 나와 아이들이 자리가 뒤바뀌었다.

이런 내 마음을 알아차렸는지, 남편은 오늘도 딸아이들에게서 빨리 독립해 나오기를 재촉한다. 전화하는 것을 절제하고 해주고 싶은 것이 있어도 참으라 한다. 그것이 서로에 대한 홀로서기의 연습이라 한다. 특히 나 같은 사람은 나이를 먹으면 홀로서기가 관건임을 나도 안다. 내 소망대로 된다면야 별문제가 되겠는가만, 떠나고 남는 것은 우리 소관이 아니어서 내겐 준비가 누구보다 절실하다. 요즘 들어 빈자리의 황량함을 눈빛으로 쏟아 내시던 내 어머니에 대해 동경과 회상의 날이 잦은 것으로 보아, 나도 때에 도래한 것 같다. 우리 어머니가 아버지 앞에서 떠나가시길 염원하셨던 것처럼, 그리고 그 염원이 이루어진 것처럼, 내게도 그 염원이 염원으로 그치지 않기를 빌어 본다.

사람은 일생을 단계적 홀로서기를 한다. 유아기의 홀로서기는 주변의 도움이 보태지지만, 노년의 홀로서기는 나 자신과 싸움이 필요하다. 그 과정이 비로소 인생이 마지막 통과해야 할 과제가 아닌가 싶다.

2017. 10.

마음의 모닥불

사람의 몸과 정신은 직결되어 있어 한 곳이 약해지면 덩달아 다른 한 곳도 약해진다고 한다. 나도 언제부턴가 매사에 의욕이 없고 그저 자리에 눕기만을 자청하였다. 미사 중에 성가를 부르기는커녕 입도 뻥긋 못하고 집에 오는 날이 대부분이다. 말하는 것조차도 힘이 버거워 입을 다물게 되고, 그러다 보니 목소리도 작아 내가 하는 말에 남편은 되묻기를 반복하곤 한다. 하긴 원기 부족으로 젊어서도 이런 일이 이따금 있는 일이긴 했다.

어머니의 노산에 젖 한번 배불리 먹어 보지 못해서인지, 어려서부터 신체가 허약하여 어머니의 애잔한 시선이 내게 늘 머물곤 하였었다. 다행히도 먹성만은 누구 못지않아 밥의 힘으로 이 나이까지 버텨 왔던 게 아닌가 싶다. 앓아누워도 밥 한 끼니 거르는 일 없이, 먹을 것 앞에는 벌떡 일어나는 나를 그 누구에게도 꾀병으로 오해를 받을 일이었다. 그런데 그도 한계가 온 것 같다. 언제나 체력이 미미한 관계로 움직이는 것을 싫어하다 보니, 이젠 입에 달던 그 음식들이 맛을 모르고 삼키게 된다. 생각은 하면서도 이런저런 핑계를 대며 오랫동안 운동과는 담을 쌓고 살아왔는데, 건강 검진 결과를 판독하는 의사가 이젠 위험 수위에 도달했으니 운동을 하라 한다. 건강 문제는 나 자신만의 문제로 끝나는 것이 아니라 가족에게 미칠 영향이 심각한 일이기에, 이렇게 맥 놓고 지낼 수만은 없다는 생각이 폐부 속 깊이 솟구쳤다.

주 삼 일 출근 날을 운동하는 날로 정했다. 그래서 걷기 편한 차림에 운동화를 신고, 죽전역까지 왕복 10Km 넘는 개천 길을 따라 두 달 넘겨 걸어 다녔다. 처음엔 기력이 더 떨어져 지치고 꾀도 나서 버스에 올라타고 싶은 유혹을 참기 어려워 버스값을 기부하기로 의미를 뒀다. 이렇게 마음을 굳히고 나니 비가 오면 오는 대로 눈이 오면 오는 대로 행복감에 묻혀 걷고 또 걸었다.

나 혼자가 아니고 출근하는 사람, 운동하는 사람들이 있어서 함께하는 게 좋았고, 또 그들의 활기찬 모습이 내게 전해져서 한층 즐겁고 상쾌했다. 구름 한 조각으로도 자신의 거대한 위력을 가리 우는 태양의 겸손과 세상이 멸망한다 해도 궤도를 벗어나지 않는 자연의 법칙이 있듯이, 혼탁한 세상 속에서도 진리를 좇고 꿈과 희망을 심는 이들이 있음에, 이 아침이 빛나고 있음을 알 것 같았다.

탄천 길엔 흐르는 물소리도, 잔잔한 음악 소리인 양 달콤하게 들리고, 빛 고운 아침 햇살이 시끄러운 찻길을 피해 살포시 내려와, 냇물에 업히어 흐른다. 삶의 둥지를 미처 옮기지 못한 물오리 몇 쌍이 한가로이 노니는 모습에서 내 마음에 사랑의 느낌을 지핀다. 이곳저곳 곱게 물든 단풍과 푸른 하늘을 유유히 흐르는 구름 한 점에도 의미 부여가 되고, 세상이 참 아름답다는 생각이 든다. 기쁨과 희망이 가슴속 깊은 곳에서 솟구쳐 오른다. 이처럼 인간을 위해 모든 만물이 존재케 하고, 이를 누리고 즐기며 살도록 또한 누구에게나 똑같이 주어졌다. 내게도 역시 주어진 이 아침을 나는 무한히 감사하며 열심히 걷고 또 걷는다. 등골에 흘러내리는 땀방울만큼이나, 내 가슴속에선 모닥불처럼 그 무엇이 타고 있다.

지난날 내 생계의 터전에서 고락을 함께했던 식구들을 만나기로 약속된 날이다. 일 년에 한두 번씩 만나 밥 먹고 이런저런 이야기를 나누고 헤어지지만, 나는 이들과 십 년 넘겨 지속되는 만남이 모닥불처럼 가슴을 지피고 있다. 아직도 일손을 놓지 않고 살아가는 사람들이라, 이들의 시간을 벌어 주기 위해선, 늘 내가 과천으로 가야만 한다. 이곳 수지에서 과천까지는 대중교통을 이용하면 꽤 나 불편하고 시간이 걸리지만, 하루 소풍 길이라 생각하고 집을 나선다. 얼굴을 마주하고 앉으면, 푸르렀던 그들에게도 이젠 비켜 갈 수 없는 세월의 흔적이 역력하다.

십수 년간 나와 고락을 함께해 왔던 사람들이니, 무사 안녕을 바라지만 때로는 비보를, 때로는 안타까운 소식을 가슴에 안고 돌아설 때가 있다. 그러나 고통이 있고 나면 기쁨이 있기 마련인지라, 아들 며느리 손주 사진들을 돌리며 기쁨을 함빡 쏟아내고 헤어지는 날엔 내 가슴도 훈훈해진다. 상하 관계로 지내며 내게 섭섭함도 얼마나 많았을까마는, 오랜 세월 뒤로도 함께 가는 길을 택해 준 그들의 마음이 고맙기만 하다. 밥은 늘 내가 사고 싶은데 그마저도 안 된다며 싸움 싸움이다.

생각하면 내겐 참으로 고마운 사람들이다. 그 당시에도 물론 고마운 사람들임에는 틀림이 없었지만, 그래도 내 마음속의 그들은 일한 대가를 치르고 고용하는 사람들이라는 생각이 지배적이었다. 나이란 괜히 먹는 것은 아닌 듯싶다. 세월이 가고 나이가 들수록 지난날들의 부족하고 미성숙했던 나의 처신이, 부끄럽고 안타깝기가 그지없다. 그러나 한 가지 위안이 되는 것은 저무는 내 인생에 이 들과 만남이 하나의 모닥불이 되어, 가슴을 훈훈하게 덥혀 주고 있다는 것이다.

비가 주적주적 내리는 어느 날 나는 탄천 길로 내려섰다. 몇 해 전까지만 해도 나는 비 오는 날을 무척이나 좋아했다. 비가 내리면 반가운 친구인 양 우산 들고 무작정 거리를 걷곤 했다. 우산 속에 있는 나를 세상 속 것들과 견주며, 나의 존재 가치를 재인식하곤 했다. 그런데 요즘엔 웬일인지 잉크 빛 하늘이 내 마음을 더욱 사로잡는다. 그렇지만 사람 냄새를 그리며 추억의 마음이 열리게 하는 것은, 그래도 비 오는 날 만한 게 없다. 오늘은 바람이 일어 갈대의 춤사위가 한결 기쁨을 곁들여준다. 그리고 조용히 존재의 흔적을 지우며 냇물에 흡수되어 흐르는 작은 빗방울의 존재가 보이고, 묵묵히 대지를 적시며 생명력을 불어넣고 있는 비의 대가성 없는 헌신이 보인다. 세상도 이처럼 보이지 않는 누군가의 사랑과 헌신이 있기에, 메마른 세상을 온기로 덥히며, 생명력을 불어넣는 모닥불이 있음을 생각하게 한다.

내겐 비가 오면 생각나는 한 소녀가 있다. 지금은 그 소녀도 노년의 시기를 보내고 있을 터이지만, 내 기억 속엔 영원한 소녀다. 양친부모를 일찍 여의고 숙부 집에서 살고 있다는 말을 그 당시 전전으로 들어 알고 있었다. 얌전하고 공부도 잘하는 모범생이었다. 그 아이는 비가 오는 날이면 언제나 맨몸으로 비를 맞았다. 우리집과는 방향이 달랐지만 나는 그 아이 집까지 네려다주곤 하였는데, 그때마다 그 아이는 방긋이 웃어 보이곤 했다. 볼에 옴폭 파이는 보조개와 귀여운 그 미소의 소녀는 지금은 어디서 어떻게 살고 있을까. 왠지 어린 내 가슴을 젖게 했던 그 소녀. 비가 오는 날이면 내 마음에 꺼지지 않는 모닥불이 되었다.

2015. 11.

늙은이의 염치

나이가 들면 젊은이로부터 대접받고 싶은 욕구가 생기기 마련인가 보다. 내게도 슬슬 그런 마음이 들 때가 있다. 내 앞에 비는 자리를 들이밀고 앉아 전화로 수다 떠는 젊은 청년이 곱지 않게 보이고, 빈자리를 보고 바삐 가고 있는데 어디서 쏜살같이 달려와, 차지해 버리는 아가씨가 얄미웠던 감정을 쏟아내는 걸 보면, 영락없이 나도 늙은이임에는 틀림이 없다. 그뿐만 아니라 내 앞자리가 아닌 옆 옆자리인데도 빈자리를 보면 분위기를 살피며 슬그머니 그 자리로 가 앉게 된다. 이것이 늙은이의 염치라는 걸 알면서도 말이다. 그렇지만 출근 버스나 전동차 안에서 무릎이 꺾이도록 서서 졸고 있는 젊은 여성이 있으면 자리를 내어 주고 나서, 곤히 자는 그녀의 모습을 흐뭇하게 바라보는 염치는 아직 살아 있다.

어느 날 아침 버스 안에서의 일이다. 내 뒤에서 어느 남자 노인의 격앙된 음성이 들렸다. 왜인가 하고 귀 기울여 들어보니, 자기 앞에 앉아 있는 젊은 여성을 겨냥하여 쏟아내는 말이었다. 요약해보면 요즘 젊은것들은 어른에 대한 예의가 없어 나이 먹고 다리 수술한 자신에게 자리 양보를 하지 않는다며 야단을 치는 것이었다. 난데없이 야단을 맞고 난 그 젊은 여성은, 제가 알아 뵙지 못해 죄송하다며 자리를 내어 주었다. 그런데도 내어 준 자리에 앉아서 계속 같은 말을 곱씹고 있는 것이었다.

나는 내심 노인의 말마디가 거슬렸다. 자기 자식 가족들에게서마저도 대접받기 어려운 세상에, 밖에 나와서까지 누가 나를 세심하게 챙겨주기를 바란다면 그것은 욕심이고 무리다. 나이 들고 병든 것은 각자 자신 일이다. 누가 살피고 알아서 대접해 주길 바라며 무슨 권리라도 되는 것처럼 휘두르듯 유세를 떨 일이 아니질 않나 싶었다. 도와주고 배려해주면 고마운 일이고, 아니라 해도 그건 그들의 처세에 맡길 뿐 요구하고 압박할 문제가 아닌 것 같다는 생각이 들었다. 이런 일은 전동차 안에서도 빈번한 일인데 이것은 가정과 학교에서의 인성 교육이 우선시되어야 할 문제일뿐더러, 밖에 나와 남의 집 자식만 나무랄 것이 아니다. 자신들은 그 시절 과연 지금 본인이 하는 말처럼 행동해 왔는가. 지금도 본인은 남의 자식을 잣대질하듯이 내 자식 내 손자들에게 교육하고 있는가. 자신을 돌아보고 먼저 자성이 있어야 할 것 같았다.

나도 이젠 노인석에 앉아도 눈총받을 나이는 지났다 싶어, 앉기를 주저하지 않는다. 어느 날이다. 맨 앞에 줄을 섰으니 당연히 빈자리는 내 자리라 생각하였다. 그런데 맨 뒤에 서야 할 한 남자가 길게 늘어선 줄을 헤치며 맨 앞으로 밀고 들어왔다. 그것도 눈에 거슬렸는데, 전동차가 도착하자 쏜살같이 뛰어들더니 비어 있는 노약자석 한자리는 자기가 앉고 또 한자리는 양손으로 짚고는, "여보" 하고 외치며 꼴찌로 들어오는 자기 부인을 옆에 앉히는 것이었다. 몸이 성치 않거나 연로한 분이라면 이해하겠는데 그렇지도 않은 건강한 사람이라서 용납이 안 되었다. 공중도덕의 가장 기본을 무시하고 차지한 자리라면, 최소한 한자리는 내놓아야 할 일이지 않은가. 얌체짓을 하여서라도 자기 아내를 앉혀 가고 싶었다면 가상한 일이나, 자기만은 당연히 서서 가는 것이 조금은 염치가 있는 사람의 행실이라 할 수 있는 것 아닐까 싶었다. 상식 밖의 행동에 어이가 없었던 나는 그 전동차에서 나와 다음 차를 기다리면서도 그 광경이 좀처럼 뇌리에서 떠나질 않았다.

누가 봐도 노인인데 노약자석이 비었는데도 굳이 일반석에 앉아가는 연세 높은 노인들이 허다하다. 그리되면 앉아서 갈 수 있는 젊은이들의 자리를 빼앗은 꼴이 되어, 내가 노약자석으로 옮겨 앉았다. 피로하여 눈 감고 가고 있는데 내 발을 툭툭 치는 사람이 있어 깜짝 놀라 눈을 떠보니, 한 남자 노인이 나를 쏘아보고 있었다. 내가 앉아가야 하겠으니 일어나라는 신호다. 일반석에 앉으면 젊은이들의 눈치가 보이고 경로석에 앉으면 더 어르신이 눈총을 주니, 나야말로 갈 곳 없는 낀 세대임이 어찌 틀림없다.

출발 지점이지만 퇴근 시간이 되면 좌석에 앉아 오기란 용이하지가 않다. 버스가 왔으나 좌석을 차지할 수가 없어 버스 한 대를 그냥 보냈다. 기다린 덕에 자리에 앉게 되어 한숨 돌리던 차였다. 한 노파가 여럿 짐 봇짐을 버스에 올려 싣더니 내 옆으로 와 하는 말이, 자기가 앉아야겠으니 자리에서 일어나라는 것이었다. 순간 나는 뭐 이런 사람이 있나 싶고 짜증스러웠다. 내게 양보를 요구할 만큼 나이 격차가 있는 것도 아니고, 나도 온종일 근무하고 지친 몸으로 귀가하는 길이어서 좌석을 확보하기 위해 앞차를 보내고 차지한 자리인 만큼, 정말 내주기가 싫었다. 주위를 둘러보니 어떤 젊은이도 일어날 기색은커녕 관심조차 없고, 내 앞에 저승사자처럼 버티고 서서 노려보고 있으니, 나는 마음이 불편하여 어쩔 수 없이 자리를 내어 줄 수밖에 없었다. 내가 스스로 자리를 양보하는 것과 강요를 당하고 양보했을 때의 기분이 사뭇 달랐다. 그때 나는 젊은이들의 마음을 생각하게 되었다. 일터에서 학교에서 각자의 일에 얼마나 지치고 피로에 쌓인 사람들인가. 늙으나 젊으나 힘든 건 매한가진데 걸핏하면 젊다는 것이 죄이기라도 한 양, 윽박지르는 노인들의 언어폭력이 날아들 때 그들은 기분이 어떨까? 생각되었다. 손주뻘 되는 아이들이지만 이들에게도 인격이 있는데, 대중 앞에서 모욕적인 언사를 서슴없이 하는 나이 든 어른들이야말로, 나잇값 못하는 자신을 부끄러워해야 할 일이었다. 그러함에도 불구하고 양보와 대접받기만을 바란다면, 그야말로 염치없는 늙은이가 아니겠는가.

아침 출근 시간은 초를 다툰다. 나 역시 집에서 시간의 여유를 가지고 나서면 느긋하고 차분한 발걸음이 될 텐데, 젊은이들의 젊음이 마치 아직도 내 것 인양 나이를 잊은 채 뛰기가 일쑤였다. 그런데 여유로운 마음으로 퇴근을 하면서 가만히 살펴보니, 나이 든 사람들이 더 급하게 뛰며 끼어들기가 일쑤였다. 오히려 질서 정연한 젊은이들을 앞지르며 성급하게 다니는 모습이 눈에 거슬렸다. 저렇게 펄펄 날아다니는 노인들에게 자리 양보를 하고 싶겠나 싶었다. 나이 먹었네 하고 자리 양보를 강요하고 바라며 나이 갑질이니 해 댈 것이 아니라, 늙은이의 염치없고 무례함을 자각해야 할 것이었다. 늙으면 늙는 만큼 입과 행동을 절제하는 것이 염치 있는 진정한 어르신이 아닐는지. 나도 살아가면서 자신에게 자성을 거듭 촉구할 것을 다짐해 본다.

2018. 2.

영정 사진

사람이 세상에 태어나고 죽는 것은 절대자에 의해 정해진 법칙이며 그에 따른 순리이다. 제아무리 뛰어난 지혜와 용맹을 겸비했다 한들, 이 죽음을 피해간 자는 지구상 아무도 없다. 이젠 나도 올해로 나이 칠십이라는 숫자를 앞세우고 보니, 하루의 무사함이 기적이라고 할 만큼 험준한 세상에서 참으로 긴 세월을 잘도 견디어 왔다는 생각이 든다. 보이지는 않으나 누군가로부터 보호가 있었기에 가능했다는 굳은 믿음에서 감사함이 더욱 크다. 노년을 맞으면 우선 주변 정리를 해야 한다는 말이 이젠 남의 얘기가 아니라, 바로 내 얘기라는 생각이 덮쳐온다. 물론 오래전부터 죽음과 사후에 대하여 자주 생각을 해왔지만, 나이 칠십이라는 숫자가 너무나 엄청나도록 크게 느껴지기에 올 한 해의 바뀜이 내 마음가짐의 속도를 높여 놓았다.

얼마 전 막내와 이야기 중에 이젠 우리 사진첩을 다 정리해야겠다고 했다. 그러나 딸아이의 말인즉슨 그러지 말라 하였다. 자기들한테도 정리가 필요하며, 엄마 아빠를 추억하고 또 간직하는 것도 있어야 하지 않겠냐는 것이었다. 주위에서 주워들은 말들이 모두의 자식들을 대변하고 있지는 않다는 생각이 들었다. 그래도 그 여러 권의 사진첩을 고스란히 둔다는 것은 짐이 될 것 같아, 언제 날을 잡아 간단히 정리해야겠다고 생각하였다.

어느 날이다. 대화 중에 남편이 영정 사진을 찍어 두자고 하였다. 그런데 내 생각은 달라 아니라고 하였다. 다 늙어 볼품없는 얼굴보다 너무 젊은 시절도 말고, 중년을 넘긴 나이의 활짝 웃는 사진을 찾아보자 하였다. 그리고 또 누가 아는가. 그토록 한날한시에 가기를 소망하는 우리에게 그 소원을 들어주실지 모르니까, 우리 부부가 함께 웃고 찍은 사진도 한 장 찾아 놔야겠다고 했다. 어찌 보면 내 욕심일는지 모르지만 그래도 마지막 가는 길에 환한 웃음으로, 내 영전을 찾아주는 사람들을 맞이하고 싶은 생각에서였다.

동생이 세상을 뜨던 날이었다. 영정 사진을 만들려고 책상을 뒤지다 보니 최근의 것으로 보이는 초췌한 모습의 사진이 있었다. 동생이 살아생전에 내게 뜻은 밝히지 않았지만, 영정 사진으로 생각하고 찍어 놓은 것으로 짐작되었다. 그러나 나는 죽은 동생의 영전에 노쇠하고 병고에 찌든 사진 대신, 40대쯤에 찍었던 것으로 보이는 사진을 놓았다. 방문한 문상객들이 저렇게 잘난 동생이었었느냐며 찬사들을 쏟아내니, 내 마음이 조금은 밝아지는 것 같았다.

그 날밤 나와 함께 동생의 빈소를 지키겠다는 남편을 만류하여 집으로 보내고, 나는 동생의 영정 사진과 마주하고 앉아 성당 영안실에서 단둘만의 마지막 밤을 보냈다. 종이 한 장 차이도 안 되는 생과 사. 언제일지도 모르는 이 날을 향하여 처절하도록 고독하고 외로운 싸움을 견디어 낸 영정 사진 속의 동생을 바라보고 있노라니, 겹겹이 쌓인 지난날들의 상흔이 머릿속을 휘감았다. 얼굴을 보면 보는 대로 안 보면 안보는 대로 가슴을 무겁게 짓누르던 사람, 그 억겁의 파도를 넘어 급기야 생의 종지부를 찍었다. 63년을 살고 세상을 하직한 오늘까지의 동생의 생애가, 주마등처럼 떠올라 사월의 밤이 짧기만 하였다. 부모님이 가시고 나서 22년의 세월을 같이 해 왔지만, 그간 내가 동생을 돌보았다 한들 마음을 헤아린다고 해 봤던들 빙산의 일각일 뿐, 상처로 가득한 그 마음을 어찌 다 알랴.

어린 시절엔 공부도 잘하여 우등생으로 꼽히던 사람이었는데, 청룡의 꿈을 실어 서울로 유학시킨 것이, 결국엔 소중한 인생을 먹 구름장 속으로 밀어 넣은 꼴이 되어 버렸다. 초등학교 5학년부터 불행의 씨가 자란 이 사실에 과연 누구를 탓하랴. 꿈과 희망으로 가득해야 할 학창 시절이, 슬프고 아프고 고통스러운 시절이었다고 말하는 동생의 얼굴에선 늘 그늘이 지어 있었다. 그리운 추억도 보고 싶은 사람도 없다며, 마음의 문을 닫아걸고 철저하게 자신을 고립시켜 온 동생이었다.

동생의 영정 사진 앞에 하염없이 앉아 있으나, 생애에 상처뿐이었던 그에게 내 무슨 말을 할 수가 있었겠는가? 이 세상에서의 불행을 모두 잊고 이제는 하늘나라에서 행복하기만을 간절히 빌 뿐이었다. “인간의 가장 큰 영광은 쓰러지지 않는 것이 아니라 쓰러질 때마다 다시 일어나는 것이다.”라는 공자의 말을 동생은 가슴속에서만 일렁이다가 생을 마친 것일까. 푸른 꿈이 청정히 살아 있는 듯 남자답고 잘생긴 영정 사진 속 동생이, 오늘따라 뇌리를 가득 메운다.

오는 순서는 있어도 가는 순서는 없다는 말처럼, 형제 중 제일 막내인 동생이 앞서 떠 난지 벌써 이주기를 맞고 있다. 살아 있는 동안 상처만 가득했던 영혼에, 지금은 꽃길만 걷기를 염원하며 빌기를 거듭할 뿐이다. 비록 재로 돌아간 육신이지만 부모님 품에 안겨 외로움을 덜어내라며, 합장한 부모님 묘소 옆에 유골함을 묻어 주었다. 부모가 돌아가시면 땅에 묻고 자식이 죽으면 가슴에 묻는다고 했는데, 이도 저도 아닌 동생이 난 왜 이리도 가슴에서 내려지지 않는지. 살아서나 죽어서나 역시 나의 밤잠을 자주 빼앗는 사람이다. 아파트 이웃 아주머니가 천사라고 불러 주었을 만큼 천성이 착하였으니, 좋은 데서 안식을 누리리라는 기대와 믿음으로 안도의 숨을 고르면서도 역시 가슴에서 벗겨내질 못하고 있다.

세상에 태어나 남긴 것도 거둔 것도 없는 사람, 내 가슴을 가장 많이 아프게 한 사람이고 가장 많이 나를 울린 사람이었으니, 아마도 내겐 동생이 세상에서 가장 내려놓을 수 없는 사람이었을 것이다. 정상적이지 못한 사람과의 동행이긴 했어도 이 또한 다 지나가는 것인 것을 나는 왜 그리도 죽을 만큼 버거워했을까. 간병인도 도우미도 마다하는 동생이 그렇게도 원망스럽더니만 이제는 얼굴 보며 이야기할 수 있었던 그때가 그립다. 희망이 없는 고통은 차라리 하루바삐 하느님 품으로 가는 것이 본인을 위한 길이라며, 그렇게 바랐고 기도했었다. 이런 마음은 나 자신은 물론 내 자식이라도 마찬가지였을 것이지만, 이제 와 생각하니 내 권한 밖 일이었음에 고스란히 마음의 짐으로 남는다. 후회는 어리석은 자의 몫이라 했는데, 이 굴레를 벗지 못했던 자신에 대해 애석함이 크다. 오늘따라 유독(幽獨) 영정 사진 속 동생의 얼굴이 자꾸만 시야를 가린다.

2016. 1. 4.

만남

사람은 태어남과 동시에 부모와의 첫 만남으로 시작하여, 우연이든 필연이든 만남의 연속이다. 따라서 부모와 자식과 형제와의 만남은 세상에 존재하는 한, 떼어 낼 수 없는 고리로 엮인다. 이들은 내 의지 내 뜻과는 무관하게 만난 사람들이지만 일생을 두고 끊어 낼 수 없는 천륜이고 필연이다. 두 발로 걷게 되면서부터 모든 사물 모든 이와의 만남이 시작되고, 그 만남 안에서 인생은 싹이 트고 익어 간다.

어느 날 내 꿈속에서의 일이었다. 깊은 산속 첩첩산중에 내가 홀로 서 있었다. 그런데 이미 해는 져서 땅거미는 져가는데 어딘가를 가야 한다는 초조함에 사로잡혀 있었다. 인적조차 없는 철저하게 혼자뿐인 그 상황에서, 어딘가로 가야 한다는 외로움과 고독감이란 이루 형언할 수가 없었다. 따라서 막막함이란 극심하기 짝이 없었다. 나는 이 꿈을 깨고 나서 현실이 아닌, 꿈이었다는 것이 얼마나 다행스럽고 기뻤는지 모른다. 때때로 그 꿈이 떠올려질 때면 살면서 알았던 몰랐던 사람을 만나고 볼 수 있다는 것이, 얼마나 삶이 풍요롭고 행복한 것인지를 일깨우곤 한다.

좋은 만남 나쁜 만남을 가르고, 깊고 얕은 만남에 대해 의미를 두기보다 그저 바람처럼 스쳐 가는 사람과 사람의 만남, 나는 이제 이런 만남조차도 소중하게 느껴진다. 옷깃만 스치어도 인연이라는 말이 달게 느껴지고, 사람과 사람과의 무리 속에 내가 그와 함께 공존하고 있다는 그 자체만으로도 인간은 충분하게 행복하다는 생각이 든다. 그래서 인간은 사회적인 동물이라고 했을 것이다. 한 재소자가 감방 생활에서 가장 극한 형벌이 독방 생활이라고 했던 그의 말에 대하여 다시금 생각하게 된다. 그 안에서 싸우고 할퀴고 갖가지 험한 일들이 일어난다고 하여도, 합숙이 좋다는 말을 나는 이 꿈을 꾼 후에야 이해가 되었다.

나는 자랄 적에 새침데기라는 말을 들었다. 말수가 적고 숫기가 없고 낯가림을 하는 까닭에 여간해서 말을 먼저 거는 일이 없었다. 또 필요한 말 외엔 잘 안 하다 보니 더더욱 그렇게 보였을 것이다. 또 결혼하여 아이를 셋씩이나 낳고 나이가 들면서도 내 성격은 여전하여서 어디서나 있는 듯 없는 듯 조용했고, 소란스러운 것을 달가워하지 않아 혼자 있기를 좋아했다. 이런 나를 내 주변 사람들은 내게서는 얌전함과 새침함을 떼어 낼 수 없다고 말하였다.

나이가 들어 환경도 외형도 판이하게 바뀌었는데도 내 성격만은 그대로여서 그 꼬리표는 길게 따라다녔다. 내가 먼저 상대방에게 다가가는 법도 없었으려니와, 마음을 나눠도 될 사람이라는 신뢰가 가기 전까지는 내 속을 드러내지도 또 상대방을 알려고도 하지 않았다. 그래서 친구가 되기까지는 오랜 세월이 걸렸다. 그러나 한번 마음을 주고 나눈 사람과는 우정을 지킨다. 때로는 서운하거나 설사 배신감을 느꼈다 해도, 나는 그를 가슴에서 내려놓지를 못하고 때때로 추억하며 가슴을 덥히곤 한다. 그런데 무수히 흐른 세월은 내게 많은 변화를 주었다. 우선 수다가 늘고 푼수 끼가 생겼다. 끼어들지 않아도 되는 자리에 말을 끼어드는가 하면, 생면부지의 사람에게 말을 붙이며 군말이 많아진 나 자신에 나도 놀란다. 입 다물었으면 좋았을 것을 후회하는 일들도 잦다. 이런 나를 보며 그래 나도 늙었구나! 그래서 늙을수록 입은 닫고 지갑은 열라 하는 말이 생겼구나. 하며 자제를 결심한다. 황혼이라는 나이를 의식하면 마음이 바빠져서 만나고 싶은 사람들이 내 마음속에선 줄을 잇곤 한다.

지난날 그때 그 사람들은 지금 어찌 지낼까. 서로 간에 다소 서운한 감정이 있었다거나, 몰이해로 인한 마찰로 얼굴 붉혔던 사람들도 지금은 세월의 흔적들을 어떻게 담아내며 살아가고 있을까? 내 머릿속에선 지난날 나와 만나고 스쳤던 사람들을 떠 올리며, 생각으로 마음으로 만나곤 한다. 모임에 나가고 보면 만난 횟수가 많았던 사람들과는 만난 날 수만큼 말들도 많다. 마치 철없는 어린아이들이 재잘대는 모습이 연상된다. 모두가 말하기 바쁜 사람들이니 다음에 만나면 나만이라도 뒤로 빠져 줘야겠다는 생각도 해 본다.

나는 내게 운명적으로 지어진 만남에 대해, 참으로 많은 원망과 한탄을 하였던 적이 있다. 남남 간이라면 모른 채 눈 감아 버리면 그만이지만, 혈연으로 맺어진 관계란 의술을 빌려 잘라 내버릴 수도 없어서, 내 가슴은 피멍의 얼룩이 가실 날이 없었다. 캄캄한 터널을 지나는 나날들 속에 가슴을 짓누르는 버거움을 어이하랴 싶었다. 그러나 어두운 밤을 통과한 아침 해는 광채를 더하듯, 내게도 짓누르는 어둠의 덮개를 밀쳐 내고 나면, 묵은 가지에 햇순처럼 삶이 싱그럽고 탄력이 붙었다. 절대자이신 분께서 그때그때 내 안의 어둠을 사르는 빛이 되어 주셨기에 평안과 감사가 내 안에 자리할 수 있었다고 생각한다. 세상 어디서도 받을 수 없었던 위로와 사랑을 받았고, 기쁨과 감사와 희망이라는 단어를 가슴에 고이 묻으며, 영원한 세상 새로운 만남을 꿈꾸고 있다. 따라서 이 꿈은 내가 살아 있는 한 멈출 수 없는 진행형이다. 세간에 떠도는 말이 있다. 나이가 들면 만나서 기분 나쁜 모임엔 가지 말라고 한다. 그에 나도 공감한다. 하지만 사람들이 그렇게 자기 맘에 딱 맞고 좋은 사람들만 모일 수는 없다. 분위기와 성향이 비슷하여 어울리게 되지만 그렇다 해서 항상 마음에 쏙 들고 잘 맞을 수만은 없는 일이다. 너 나 없이 개성과 속성이라는 게 있으니 때로는 거슬리는 것도 있기 마련이다. 그러나 그 뾰루지쯤이야 우정의 덮개로 덮어 버리면 그만이다. 나라고 예외가 될 수는 없는 일이 아닌가. 다만 누구에게도 말할 수 없는 속마음을 털어놓고도 말이 샐까 염려하지 않을 친구가 있다면, 이는 늘 그막에 더 없는 큰 복일 게다. 삶의 목표와 방향이 같은 사람들과 친구가 되어, 얼마 남지 않은 인생 여정에서 함께 할 수 있다면 이런 만남이야말로, 여간 소중한 것이 아닐 것이다.

인간은 일생을 사는 동안 헤아릴 수 없이 많은 만남이 있다. 그러나 이런 만남 중에는 인생을 풍요롭고 행복하게 하는 만남이 있는가 하면, 어떤 만남은 씻을 수 없는 상처와 얼룩으로 평생을 안고 가는 경우가 있다. 어떤 만남이냐에 따라 길게는 인생이, 짧게는 하루가 행불행이 따르기도 한다. 그러나 만나서는 안 될 사람이었다고 두고두고 후회하며 원망이 가는 사람이라 할지라도, 우리 인간은 이런저런 만남의 연속이 있기에, 그 안에 인생사가 이어지고 삶의 여정이 있는 것이 아닌가 싶다.

2020. 6.

준비는 삶이다

우리가 살아가는 여정 속에서 준비란 삶의 원천이고 빼놓을 수 없는 과제인 것 같다. 사람이 먹고 자고 외출하고 학교 가고 직장을 가고 일상생활에서 크나 작으나 이루어지고 있는 것들이, 준비 없이는 생활도 일의 완성도 없다는 생각이 든다. 우주에 존재하는 모든 물체가 준비 작업을 거쳐 존재함은 물론 이려니와, 따라서 인간이 삶을 영위해 가는 데엔 준비란 기본이며 신이 주신 삶의 과제라 말할 수 있을 것 같다. 그래서 자기 인생의 기준점을 정하고 준비하는 사람에게나, 하루 일을 준비하는 사람에게나 준비란 삶에 대한 존엄성을 지닌다. 준비는 과정에 따라 삶의 형태에 따라 달라서 결실 역시 다르다.

우리 딸아이들은 어려서부터 규칙적이고 준비성이 철저했다. 말귀를 알아듣던 3, 4세 때부터 모든 면에서 한 번 주의로 두 번의 말이 필요가 없었다. TV를 보다가도 일찍 자고 일찍 일어나는 어린이가 됩시다. 라고 멘토가 나오면, 어김없이 보던 TV를 끄고는 몸을 씻고 잠잘 준비에 들어가는가 하면, 아침 6시면 자동 기상이었다. 학교에 가서도 '숙제해라 과제물 챙겨서 학교 갈 준비해라.'라는 말 역시 할 필요가 없었다. 자기들 물건도 철저하게 잘 챙겨서 학용품은 물론 우산이나 소지품을 잃어버리거나, 남의 물건과 바꿔 오는 일 없이 무엇하나 신경이 쓰여 지켜볼 일이 없었다. 지금까지도 늘 계획하고 준비하는 딸아이들의 삶을 보면서 이것이 각자의 삶에 긍지와 견고한 인생을 살아가게 하는 밑바탕이 되고 있음을 나름대로 생각해 본다. 사람은 본디 타고난 본성이 기본적 바탕이 되고 준비라는 것이 견고한 지렛대가 되어 인생이라는 수레가 굴러가는 것이 아닌가 싶다. 어떤 인생관을 가지고 어떠한 목표를 향하여 어떻게 준비하느냐에 따라 인생길은 사뭇 달라진다는 지극히 당연한 생각이 오늘따라 뇌리를 덮는다.

나는 남편의 출장이나 여행 준비를 해준 일이 거의 없었다. 그것은 내가 해주기 싫어서가 아니라, 남편이 워낙 철저하여 모든 일을 자기가 해야만 직성이 풀리는 성격의 소유자임을 알고 나서부터, 나는 뒤로 멀찍이 있었기 때문이다. 그러나 50년이라는 긴 세월이었기에 거기에 길이 들어서 나로선 남편이 한없이 편한 사람으로만 여기고 살아왔다. 늘그막에도 역시 자신의 임무에 충실한 남편을 보며 나는 마음속으로 높이 평가한다. 그러나 이십 년이 다 되도록 매번 강의 자료를 보강하여 재준비하는 모습을 볼 때면, 저렇게까지 해야 하나 하는 생각이 들기도 하여 다른 사람들도 다 그러느냐며 꼬집는 말을 하기도 했다. 그렇다고 내 생각이 전적으로 옳아서 한 말은 아니었다. 스승은 자신보다 더 나은 제자를 배출해 내야 하는 것이 가르치는 자의 소임이라며, 한결같이 철저한 준비로 수업에 임하는 남편을 보며 그 진의에 내심 감탄하였다.

그러나 힘들겠다는 안쓰러움의 표현을 그렇게 물색없이 하고 말았다. 매사에 성실한 준비가 스스로 자산이 되고 목표 달성의 기초임을, 다 알고는 있으나 실행하기는 그리 쉬운 일은 아닌 것 같다. 나 역시도 그렇지를 못하였던지라 돌아보면 스스로 그리 만족스럽지는 않다. 하루하루를 준비하는 사람은 하루가 알차고 인생이 견고하다는 진리를 외면한 탓이다. 그러나 미미할지라도 숨 쉬고 있는 한, 내 계발에 대한 또 다른 준비의 끈은 계속 이어 갈 것이다.

나이가 나이인 만큼 나는 해를 거듭하면서 지금껏 살아온 지난날을 되짚는 날들이 잦았다. 그러나 세상이 말하는 노후의 준비는 멀리 있었고, 그저 하루하루의 현실 속에서 충실히 살아왔다는 것 외엔, 후회도 남겨진 것도 또 앞으로 건져질 것 역시 없다는 결론이 내려졌다. 그렇지만 노년에 들어 나의 하루하루는 여유롭고 행복했었다는 마음속 대답은 들을 수가 있었다. 그러나 이쯤에 이르렀으면 내 일생의 중대사 준비는 지금부터라는 생각이 들었다. 이 시간 이후의 삶의 준비가 급해졌다. 내게 주어졌던 그 긴 세월이 물이 흐르듯 막힘없이 살아온 세월은 아니어서, 넘어지고 깨져서 아플 만큼 아파본 나로서 이제는 무엇을 버리고 무엇을 간직하며 살아가야 하는지는 감지가 된다. 그래서 물 맑고 경치 좋은 곳에 가서 별을 노래하며 살자고 그 옛날 젊은 시절에 사두었던 땅떼기에 살뜰히 품어 왔던 꿈은 이미 버렸다. 나들이에도 준비가 필요하고 닥쳐올 장마에도 준비가 필요한데 하물며, 세상과 이별의 준비가 무엇보다 내게 절실하게 다가왔기 때문이다.

내 여생이 어떻게 하면 주변에 폐가 되지 않고 세상 것에 마음 쓰지 않으며 홀가분하게 살다 갈 수 있을까. 어떻게 하면 주변 정리를 깔끔하게 하느냐. 이것이 나의 관건이 되었다. 알몸으로 왔다 알몸으로 가는 인생인데 너무 많은 것들이 나를 둘러싸고 있다는 생각이 들었다. 되도록 흔적을 줄이고 홀연히 떠나고 싶은 지배적인 생각이 파고들었다. 우선 이왕지사 흙으로 돌아갈 몸 마지막 누군가에게는 도움이 된다기에, 남편과 함께 시신 기증과 혹시 대비하여 조직기증도 함께 신청해놓았다. 그리고 한 줌 흙이 되는 인간 불변의 진리를 따르려 자연사를 하기로 하고, 연명치료 의향서도 작성하여 제출해 놓았다. 따라서 살던 집도 버겁다 싶어 산바람과 벗하고 살자며, 옆 동네에 작은 집으로 옮겨 온 지도 두 해를 넘겼다.

나누고 버리고 줄여서 왔건만 이곳 역시 살며 보니, 집 안에 놓인 물건이 너무나 많다는 생각이 들어, 볼 때마다 또 마음이 가볍지를 않았다. 다시 생각한 것이 집을 더 줄이는 것이었다. 그리하면 내 소유품은 자연히 따라서 줄어드는 것일 테니, 우선 집을 최소화하기로 남편과 합의를 봤다. 그래서 공기 좋고 주변이 여유로워 보이는 곳 자그마한 아파트에 말년의 마지막 집이라며 입주를 기다리는 중이다. 옷가지를 비롯하여 나의 소유물을 최소화하고 무소유의 여유를 즐기며 홀가분하게 살다가, 조용히 떠나는 것이 나의 최상의 노후 준비라고 생각하였다. 나는 지금 그날을 기다리며 준비 과정에 있다. 이것이 완성되어 내 일상이 되는 날, 나는 구름에 달 가듯이 여유자적하며 살다가 그분이 나를 부르시면, 봄바람에 꽃잎 날리듯 그렇게 따라나설 것이다.

인생은 누구에게나 주어진 긴 여행이며 궁극적으로는 마지막을 준비하는 기간이다. 이 긴 여행은 모습도 주어진 몫도 각기 달라서 준비도 목표도 색깔도 각양각색이다. 그러나 무엇이 더 아름답고 무엇이 덜 하다고 말할 수는 없는 것 같다. 자기가 숙고하고 가는 길이 최상의 길이 아닐까? 싶다. 그러나 내가 마지막 가고자 하는 그 길은 서산에 지는 빛고운 저녁노을 그것이었으면 한다.

2021. 6

김용한 수필집

동행

2021년 12월 20일 초판 인쇄
2021년 12월 25일 초판 발행

지은이 / 김용한

발행인 / 강병욱
발행처 / 도서출판 교음사
편 집 / 隨筆文學社 出版部

03147 서울 종로구 삼일대로 457 수운회관 1308호
Tel (02) 737-7081, 739-7879(Fax)
e-mail : gyoeum@daum.net
등록 / 제 2007-00052호

* 잘못된 책은 바꿔 드립니다. 값 12,000원

ISBN 978-89-7814-848-1 03810